北京日报
理论周刊文存

文化前沿

北京日报社理论部　编

北京日报出版社

图书在版编目（CIP）数据

文化前沿 / 北京日报社理论部编. —北京：
北京日报出版社, 2018.11
 （北京日报理论周刊文存）
 ISBN 978-7-5477-3027-0

Ⅰ. ①文… Ⅱ. ①北… Ⅲ. ①中国特色社会主义—
文化事业—建设—文集 Ⅳ. ①G12-53

中国版本图书馆CIP数据核字(2018)第174528号

文化前沿

出版发行：北京日报出版社

地　　址：北京市东城区东单三条8-16号东方广场东配楼四层

邮　　编：100005

电　　话：发行部：（010）65255876

　　　　　总编室：（010）65252135

印　　刷：廊坊市博林印务有限公司

经　　销：各地新华书店

版　　次：2018年11月第1版

　　　　　2018年11月第1次印刷

开　　本：710毫米×1000毫米　1/16

印　　张：17.5

字　　数：300千字

定　　价：55.00元

北京日报理论周刊文存

编委会

守正出新，宣传好当代中国马克思主义

（代序）

北京日报社社长　赵靖云

作为首都党报，《北京日报》坚定"四个自信"，坚持以内容建设为中心，扎实推进媒体融合，充分发挥传统主流媒体的政治优势、内容优势、权威性公信力优势和新媒体的传播优势，利用《理论周刊》《七日谈》《纪事》等名牌版面栏目，在弘扬优秀传统文化、坚定文化自信、传播当代中国马克思主义方面积极探索，守正出新，取得了一定成绩。

一、不"左"不右，谨守中道

党报是党的重要思想武器、执政工具，也是意识形态工作的前沿阵地和理论传播、舆论引导的重要平台。宣传贯彻好当代中国的马克思主义——习近平新时代中国特色社会主义思想，致力于"两个巩固"，是党报的首要政治任务。我们为《理论周刊》确立的办刊原则之一，叫"不'左'不右，谨守中道"。这个"中道"，就是中国特色社会主义。中道是正道，要以中国特色社会主义为根本，来解说阐释中国的改革发展实践，用胜于雄辩的事实和事实所印证的科学理论，来讲清马克思主义与中华文化、中国实践的内在契合性，深入探究中国特色社会主义的根源，破解马克思主义中国化的文化基因，不断夯实文化自信的学理基础，凝聚文化自信的思想共识。

真理要大声讲出来，重要的话要说三遍。"三"是多的意思，正确的道理也需要反复讲。我们讲自信的底气，既来自理论本身的科学性，也来自辉煌的"中国实践"，还来自对本民族优秀文化传统的重新审视。正如《理论周刊》刊发的原中央文献研究室副主任陈晋的一篇文章所言，对中华文化的自觉和自信，从根本上有助于增强和丰富对中国道路的自觉和自信，具体而言，中华文化是中国道路的历史来源、精神支撑、高点优势。

二、守正出新，形神兼美

理论的生命力在于创新。社会总是在发展，理论所面对的新情况新问题总是层出不穷，如果不能及时地自我更新，不断地有所发现、有所发明、有所创造、有所前进，理论就会脱离现实，变得苍白无力。讲好中国故事，坚定"四个自信"，同样需要不断创新。《北京日报》理论宣传的另一原则叫"守正出新，形神兼美"。"守正"才能心中有谱、脚底有根，"出新"才能春风化雨、润物无声。

紧跟热点，直面问题。作为一个大众媒体平台，《北京日报》高度重视理论宣传的时效性和问题导向，《理论周刊》的同志们长期坚持自我加压，他们的口号是"人无我有，人有我新，人新我更新"，努力用准确权威的阐释让科学理论第一时间到达需求现场，武装头脑，释疑解惑，影响舆论。通过长期创新积累，《理论周刊》日常四块版面已涵盖"新论""学习与答疑""文史""读书""话题""争鸣""前沿调查""学界万象""特稿""参考文选""党史""世界视野""北京策论"等十几个版性，分别刊发体裁、风格不同的理论文章，形成了"杂花生树"的格局。

大家小文，深入浅出。这是《北京日报》理论宣传的另一个追求。小文就是篇幅小、切口小、能以小见大的文章。越是小文越不容易写，唯大家能要言不烦、深入浅出。要让领导讲群众的话，学术讲生活里的话，马克思主义讲中国话。经过多年经营，我们已建立起一个涵盖国内外各领域著名专家学者的"大家库"，目前有来自中央政策研究室、国务院发展研究中心、中央党史和文献研究院、中国社科院、北大、清华、人大、复旦等研究机构和高校的近千名知名专家成了《理论周刊》的铁杆作者。中央党校原副校长李君如解读《全面净化党内政治生态》的一篇文章，只有1800字；北大厉以宁教授分析判断2016年经济大势的一篇文章，仅用500字。虽然短，但很有说服力。

史论结合，史为今用。理论的说服力，不仅仅在于它严谨的学理性，还在于它是对历史经验的总结，历史规律的发现和验证。理论和历史本来就分不开，历史带给我们启示，理论是我们对历史深入思考的结果。另外从一般读者阅读体验的角度看，理论常偏于抽象艰涩，把坚硬的理论内核用易读好看的文史内容包裹起来，就更容易入口和消化。《理论周刊》的文史版、读书版，都是通过讲文史、讲党史来讲今天，讲"自信从哪里来"，讲"不忘初心、继续前进"的心路历程与历史逻辑。这些版面都深受读者喜爱，很多文章获得网上网下的广泛转载。

三、善于引导，敢于亮剑

马克思主义作为一种科学理论，本身就是在与其他理论、其他主义、其他学说的竞争中脱颖而出，显示出它的真理性的。在今天，对于担负着宣传当代马克思主义重大责任的主流媒体来说，面对一切模糊认识善于引导，面对一切错误主张敢于亮剑，自然也是应有的担当和作为。明辨是非从来都不像说起来那么容易，尤其在一个利益已经高度分化、观念思潮多元多样多变的社会。这个时候，就愈发彰显了主流媒体存在的价值。善引导、敢亮剑，本身也是基于对科学理论、正确道路、灿烂文化的自信。

近年来，《北京日报》重新审视了新传播时代自己作为一份党报的核心竞争力，提出了"三个强化"的办报方针，即强化党报功能特色、强化舆论引导和理论阐释，强化深度深读内容。有所主张要循循善诱，有所反对要直接表明，这是我们的态度。一切媒体本质上都不是纯粹的"新闻纸""信息纸"，都是带着倾向和主张的"观点纸""意见纸"，既然如此，党报就应该在舆论场里鲜明地发出我们的声音、宣传我们的理论，亮明底色，在众声喧哗中定基调，在思想多元中立主脑，在人潮涌动中举旗帜。

四、两翼齐飞，融而为一

新媒体大行其道的当下，一个毋庸讳言的现实是传统媒体的受众在减少，份额在缩小。对于传统媒体来说，这不是内容的失败，而是渠道的挫折。由于技术的突飞猛进，受众选择了另外的载体，这并不意味着他们不再需要内容。今天我们讲媒体融合，就是要适应这个渠道变化，把我们的内容送到新的渠道和平台上去。人群在哪里聚集，新闻宣传、理论宣传、意识形态、舆论引导的工作就要做到哪里，这才是媒体融合的要义。

　　《理论周刊》同名微信公众号于2015年2月底上线，推送的很多文章被朋友圈和其他新媒体转发，有的获得了近百万的阅读量。理论文章的读者本来就相对小众，在手机上读理论文章的人大概更少，由于《理论周刊》新媒体的创办，我们的理论宣传开始拓展到移动端上的人群，这是令我们十分欣慰的。下一步我们将继续强化互联网思维，改进新媒体上理论宣传的呈现方式，更短小、更贴近，主动设置话题，增强编读互动，并运用小动漫、微视频"以形象说理论"，推动报网端微深度融合，形成多层次、立体化的理论宣传格局。

目 录

人文·文化·文明

史料·史事·史识

传统·现代·未来

人
文
·
文
化
·
文
明

中国古代伦理政治中的精粹思想

张岂之

中国古代道德伦理思想都和一定的政治联系在一起。在儒家看来，个人修养的目的最终是为了治国平天下，因而在中国历史上存在伦理与政治的结合。有些学者说，中国古代封建社会实施的是伦理政治，这是有道理的。我们反观历史，可以看到，这种伦理政治有其长处也有短处。从古代伦理政治长处看，可以从四个方面归纳。

1. "民本"思想

《尚书》中的两句话"民惟邦本，本固邦宁"，可以说是这种思想的起源。后来《管子》强调："政之所兴，在顺民心；政之所废，在逆民心。"孟子把"民本"思想归纳为："民为贵，社稷次之，君为轻。"（《孟子·尽心下》）这种思想浸透于古代的哲学、政治和文学著作中。在古代哲人看来，一个人的思想和行为真正体现了"民本"，就意味着他的道德修养达到了很高的水平。因此，道德与行事是联系在一起的。其思维方式是这样的：一个人的道德修养越高，他越是明白事理，他立身处世也就越能顺从民意，并且能够为黎民百姓办实事好事。同样，一个人为百姓办的好事越多，说明他的道德修养越高。这也是古代士大夫们为之奋斗的目标。今天看来，伦理政治将道德与行动联系起来，这是一个好传统。当然，古代所谓"民本"，并不是真正以黎民百姓为本，那时的历史条件做不到这一点，只是在以君主和社稷为主体的条件下来讲民本。封建社会在皇权至上的状况下才讲顺民心、顺民意，这无疑带有很大的历史局限性。

2. 忧患意识

孔子说："德之不修，学之不讲，闻义不能徙，不善不能改，是吾忧也。"（《论语·述而》）孟子也说："天将降大任于斯人也，必先苦其心志，劳其筋骨，饿其体肤……然后知生于忧患，死于安乐也。"（《孟子·告子下》）在他看来，道德君子将忧患留在生时，安乐存于死时；人在逆境中艰苦磨炼才能增加才干，实际上这是一种以天下为己任的博大胸怀。

春秋末期大思想家老子发现了"物极必反"的规则，要人们注意防止事物向坏的方面转化。《易·系辞下》有这样的话："安而不忘危，存而不忘亡，治而不忘乱"，在安定中不要忘记危殆，在兴旺时不要忘记失败。努力消除危殆和失败的因素，如临深渊，如履薄冰，谨慎行事，以民心为心，为民谋幸福，这才是长治久安之策。这些都是忧患意识的哲学基础。关于忧患意识，最典型也是最动人的话，是北宋时期杰出的政治家和文学家范仲淹在他那千古名篇《岳阳楼记》一文中所说的"居庙堂之高，则忧其民；处江湖之远，则忧其君；是进亦忧，退亦忧。然则何时而乐耶？其必曰：先天下之忧而忧，后天下之乐而乐乎"？这可以说是中国古代伦理政治中的精粹思想。

3. "和而不同"

中国人的思维方式，是要在大一统中包容多样性，从多样性中去寻求统一性。"和"，即是多样内容的统一；"同"，是单纯的一致。"和而不同"是在统一中包含多样的内容，而不是只此一家别无分店的简单一致。"和"与"同"是春秋时代的两个常用术语。晏子曾对齐景公说，"和"就像八音的和谐，一定要有高下、长短、徐疾各种不同的声调，才能组成一首完整和谐的乐曲。"同"就正相反，如果琴瑟的声调都是一个样，怎么会有动听的声音呢？孔子说过这样的名言："君子和而不同，小人同而不和。"（《论语·子路》）他认为，君子以"和"为准则，但不盲从附和，而且有自己的思想，小人则反之。"和而不同"的思想观点，对于个人来说，应多方面吸取知识；对于执政者来说，避免独断专行，广泛听取意见，处事公正。这也是中国伦理政治中值得肯定的思想。

4. "身正令行"

中国伦理政治很重视执政者个人的道德修养，主张言行合一，不能双重人格，不能说的是一套，做的又是另一套。孔子说："苟正其身矣，于从政乎何有？不能正其身，如正人何？"（《论语·子路》）这里的意思是：执政者自身端正，才能治好国家；如果己身不正，怎能使别人端正？孔子这些话，说出了一个客观真理：治理国家的人，应着重从自身找原因；事情的成或败，往往不在外部而在于自身。

以上四方面似可认为是中国古代伦理政治所积累的丰富经验，值得我们借鉴。

古代的伦理政治也有糟粕，最有代表性的一点就是封建主义等级制。中国封建社会是一个等级森严的社会，其等级是以政治权力为标志的。这就是说，谁的官位大，谁的身份地位就高。而作为国家主宰的皇帝和皇权则是这个权力的核心。统治者为巩固封建社会的等级制，便制定了各种礼制。古代的礼制从主要方面看是用来区别尊卑贵贱的。这种礼制终于发展成为封建主义官僚政治。在这种状况下，道德伦理对于统治者的约束作用便显得微乎其微了。这说明只靠伦理道德来调节政治，那是很不够的。

历史早已过去，但是它给后人留下了经验和教训。我国正在进行社会主义现代化建设，其中，经济建设和民主法治建设占有十分重要的地位，而道德建设则不能离开经济和法治这样的主题。我们提倡道德，不是把它作为一种抽象的学理来探讨，而是把它视为为经济和法治服务的实践活动，其目的是为了提高人们遵纪守法和勤恳工作的自觉性和主动性。

（作者为西北大学名誉校长）

孔子的幽默大度

叶匡政

　　如今人们在网上发表言论，常会遭到匿名的白眼和谩骂。这些人往往以隐士自居，所以索性也隐匿了自己的名字。隐者们究竟是不屑说出自己的大名，还是不敢署上真名，也无人愿意探究。不过要追溯历史的话，这种隐士在《论语》中就已有了，不仅有，而且很多很活跃。那时的隐士虽然也骂人，也翻白眼，但大多还是留下了自己的真名实姓。

　　孔子到楚国，就遇到一个狂士叫接舆。既是狂士，你就自己在家狂吧，他偏不甘寂寞。他跟在孔子的车旁，一边走路一边唱歌。那时没网络，没报纸，狂得想让别人知道，还真得现出真身。他唱得还不错："凤凰呵，凤凰呵，为什么你的德行会如此衰败？！过去的已无法挽回，未来的还可以回头呵！算啦，算啦，如今执政者实在很危险呵！"孔子一听这么好的歌声，连忙下车，想和他聊一聊。哪知此人根本不买孔子的账，急行避去。

　　另一次，孔子要寻找过河的渡口，让子路问路。当时有两个隐士，叫长沮和桀溺，在田里耕作。子路先问长沮，长沮反问子路："车上坐的是谁呵？"子路答："是孔丘。""是鲁国的孔丘吗？"长沮又问。说明当时孔子已有了一点名声。子路答："是的。"于是长沮说道："他不是长期周游列国吗？他应该知道，还来问我干什么？"子路没办法，只好问桀溺。桀溺问："你是谁呵？""是仲由。"子路回答。"是鲁国孔丘的门徒仲由吗？"子路答："是的。"一看是孔子的门徒，桀溺便多说了几句："你看这滔滔浊水中，尽是一些弃礼绝义、寡廉鲜耻的人，谁能使他们改变呢？你与其跟随那个避人之士周游列国，还不如跟从我们这些避世之士在一起呵！"说完，他就径自耙土，不理睬子路了。你想子路，就过去问个路，不仅问不到，还遭来这么一番抢白，差点被别人收作徒弟。孔子心里能好受吗？孔子听说后，只是失望地说："唉，我们总不能与鸟兽一起生活吧。我不是人类的一分子，又是什么呢？如果天下有道，我才不会去寻求什么改变呢！"

还有一次，子路走慢了，落在孔子后面。正好迎面碰到一个挑担老人，便问："你看到我的老师了吗？"哪知老人答道："四体不勤，五谷不分，谁是你老师呵？"说完便锄草去了。后来孔子听说此事，说："这是隐士呵。"反而让子路回去寻找这个隐士。

这三个故事在《论语》中很著名。《论语》是一本内容真实的书，不仅记下了孔子正面的言行，也记下了这些遭隐士白眼或嘲讽的故事。孔子对这三件事，都未做过多的评价，但可看出，他很尊敬这些避世而居、洁身自好的隐士。孔子曾说：我和这些隐士不一样，没什么可以，也没什么不可以。孔子的这种灵活，不仅体现了人作为个体的主动性，也是他深厚仁心的一种自然流露。

孔子与这些隐者志趣并不相投，但他依然期望能和他们对话，以广其心志。这也是儒、道的分别。道家主张"避世"，干脆不问世事；而儒家则强调"避政"，只要避开坏政治就行了。不能与坏政治同流合污，不能为坏政治唱赞歌，这是儒家对知识分子的基本要求。所以后代儒家，常常"身在江湖，心悬魏阙"，从不会对国家大事不闻不问，对政治更是多有关心，与孔子奠定的这个传统有关。这可以说是中国知识分子的基本文化心理，从屈原到鲁迅，从孔子到熊十力、梁漱溟，都是这样。

孔子肯定不喜欢别人对他翻白眼或骂他，但他从来不会如此对待别人。孔子说他一以贯之，并一生遵循一个字：恕。孔子对"恕"的解释是：己所不欲，勿施于人。你不希望别人这样待你，你也不要这样待人。这八个字前些年还载入了世界宗教会议的《走向全球伦理宣言》，并称"应当在所有的生活领域中成为不可取消的和无条件的规则"。

孔子说"六十而耳顺",意思是:他60岁时,听什么批评和谩骂都能坦然接受了。所以他60岁时,经过郑国,别人骂他像条"丧家狗",他听了反而欣然笑道:人的样子,并不重要,说我像条丧家狗,然哉!然哉!

然哉!孔子比今天的很多知识分子幽默大度多了。

(作者为文史学者)

儒学是学问，更是一种文明体系

朱汉民

儒学究竟是一门什么学问？这一个问题对于许多儒学或国学的研究者来说，并不是一个十分容易回答的问题。

记得20多年前，我在北京参加一个儒学会议。在正式讨论之前，有学者建议：我们能否先给儒学下一个定义再讨论？大家认为这是一个好的建议。于是，到会的学者纷纷发表自己认可的儒学定义。几个小时以后，与会学者一下子就给儒学下了20多种不同的定义。有的是从儒学的传统含义下定义，包括将儒学看作是仁学、礼学、内圣外王之学；有的是从儒学的现代学科含义下定义，包括将儒学看作是一种文化哲学、政治学、伦理学、宗教学、教育学等。应该说，这些不同的定义都能够从不同的角度体现、表达儒学的一个方面的学术主张和学科特点。但是，我们也会发现，任何一种定义，都不能完整表达儒学的丰富内涵。

事实上，儒学不是某一门具体的学科，既不是一门传统的仁学、礼学、内圣之学或外王之学，也不是一门现代的哲学、伦理学、政治学、宗教学、教育学、历史学等学科。儒学是全面涉及中国人的精神世界、文化价值、生活方式的文明体系，它广泛而深入地渗透到全体中国人和中国社会的信仰、道德、审美、政治、法律、经济、教育、习俗、心理、性格等各个方面。如果要给儒学下一个定义，似乎只能说儒学是一门涉及中国和东亚地区人民和民族的全体大用之学，是集中代表中华文明、东亚文明的价值体系与知识体系的综合性学科。

既然儒学是全体大用之学，现代学者以不同学科的多维视域，对儒学的某一方面的内涵、思想展开研究，应该是一个有意义和有价值的事情。因为任何一门现代学科的形成和发展，都是人类认识世界、建构知识体系的需要，是人类的认识水平进一步深入化、系统化的结果。学科的分门别类，有利于人类知识体系的深入发展和进步完善。当代学者研究丰富多彩的客观世界，必须借助于不同学科的多维视域。同样，现代学者研究儒学时，从各种不同学科的视域出发，研究儒学中的信仰、道德、审美、政治、法律、经济、教育、习俗、心理、性格等各个方面，均有利于加深对代表中华文明、东亚文明的价值体系与知识体系的儒学的认识。

但是，我们应该知道，无论是传统学科或者是现代学科的视域均是有限制的，我们又不能受到学科视域的限制，将某一学科视域描述的儒学看作是儒学的全体。确实有许多学者在研究儒学时，容易将某一学科视域描述的儒学看作是儒学的全体。克服这种学术片面、狭隘的途径，就是能够以不同学科的多维视域，来研究、思考这一全体大用之学的儒学。

当然，我们也注意到，主张以多维学科视域来研究儒学，并不是现代学者以多维学科来肢解、分化儒学，不能以现代学者、现代学科的傲慢与偏见，将儒学看作是现代学者肢解、分化的对象。实际的情况是这样的，作为全体大用之学的儒学，其本身具有信仰、道德、审美、政治、法律、经济、教育、习俗、心理、性格等各个方面的丰富内涵。我们之所以要以多维学科视域来研究儒学，只是因为全体大用之学的儒学本身就具有各种学科知识的丰富内涵，为了将儒学本身就具有的各种学科知识的丰富内涵挖掘出来，我们似乎只能以多维学科视域来研究儒学，否则，就不能全面地、正确地理解和把握全体大用之学的儒学。

我的研究领域大多与儒学有关，而且往往是从几个不同的学科视域探讨儒学的思想文化特征。我自己这些年来的儒学论著中，曾分别以经学、哲学、伦理学、政治学、教育学、人格心理学、文化地理学等不同学科视域解读儒学。我认为以多维学科视域来研究儒学，对理解、解释这个全体大用之学的儒学，这个中华文明价值体系与知识体系意义的儒学，是有帮助的。

但是，我也深知，我的学科视域和知识框架仍然是狭隘的，故而我描述的儒学仍然是片面的。我之所以愿意特别选出一些比较能够体现不同学科视域的论文，命名为《儒学的多维视域》，纳入《岳麓书院国学文库》出版，是希望通过这部书的整理、出版过程，重新思考这些年的儒学研究还存在哪些缺陷和不足。我深信，作为中华文明价值体系与知识体系意义的儒学，它既是历史的存在，也是现实的存在。作为历史存在，儒学是我们思考和研究的对象；作为现实存在，儒学就不仅是我们思考和研究的对象，还是我们选择、实践的价值与理念。

（作者为湖南大学岳麓书院国学研究院院长）

无法无盛世

张晋藩

中国古代历史上盛世局面的出现，固然有其多方面的原因。但是毫无例外的是，每一个盛世都与法制的状态密切相关。盛世的开启，离不开法制的推动；盛世的维持，离不开法制的保障；盛世的衰落，也与法制败坏密切相关。只有制定了治国之法并且加以认真实施，盛世才能得以开创和维持。

立善法于天下，则天下治

盛世的开创，需要用立法来加以引导，而已取得的成果，也需要用立法来加以确认和保障。如大唐盛世的开创，就是和法律的完善密不可分。从经济上而言，唐朝建立之后，国家掌握大量无主荒地，从而可以全面推行均田法，使得农民获得口分田和永业田。均田法的实施，使民安于时、农安于田，既抑制了贫富差距的扩大，又实行租庸调的税法，减轻农民的赋役负担。这是贞观之治的物质基础。从行政上而言，国家实行三省六部制度，法律确认"中书取旨，门下覆奏，尚书施行"的运行机制，从而使秦汉时期宰相专权之弊不复存在，收到中央机关各有分工、相互制约之效，使国家机器运转有序，提高了治国理政的效能。从法制上而言，自武德起至开元时，朝廷始终注意完善国家的立法，建立了以唐律为主体的令、格、式、典、敕、例等各种法律形式相配合的法律体系。在司法上强调依律断罪、刑讯有度、死刑复审、大案要案会审等一系列司法制度，一扫以往枉法裁断、擅自刑讯之弊端，特别是提出了"德礼为本，政教为用"的法制原则，形成了中国古代法文化的最基本的特点。

唐代陆贽在《唐陆宣公奏议序》卷四中提到："官吏多自清谨，制驭王公妃主之家，大姓豪猾之伍，皆畏威屏迹，无敢侵欺细人。"说的是，贞观年间，官吏多数清廉严谨，王族大户都不敢欺压百姓，这充分说明了厉行法治所起到的震慑作用。这正应了北宋王安石的那句名言："立善法于天下，则天下治；立善法于一国，则一国治。"

法既定之后，择贤吏执法

法既定之后，择贤吏执法，才能维护法律的权威与治世的功能。法既定之后，如何有效地实施法律，执法之吏就成为关键。诚如荀子所论："法不能独立，类不能自行。"再好的法律，如果没有良好的执法官员来执行，也很难收到预期的效果。古代盛世的出现，与大批奉公守法的贤吏是分不开的。如汉文帝时有人"犯跸"（侵犯皇帝通行御道），文帝欲处重刑，但司法官廷尉张释之只判罚金四两。文帝不悦，责问张释之，释之对曰："法者天子所与天下公共也，今法如此而更重之，是法不信于民也。且方其时，上使立诛之则已，今既下廷尉，廷尉，天下之平也，一倾而天下用法皆为轻重，民安所措其手足？"意思是说，国家的大法，并不是天子一人之法，而是与天下共同遵行之法。朝廷司法官如果不依法断罪，所造成的恶劣影响就是全国的司法官都不依法断罪。这对国家是非常危险的。张释之的答对使汉文帝警醒，遂听从张释之的判决，维护了法律的尊严。再如，贞观年间唐太宗曾发话，对伪造资历的官吏处死刑。不久，温州司户参军柳雄伪造资历案发，朝廷司法官大理寺少卿戴胄"据法断流"。"太宗曰：'朕初下敕，不首者死，今断从流，是示天下以不信矣。'胄曰：'陛下当即杀之，非臣所及，既付所司，臣不敢亏法。'太宗曰：'卿自守法，而令朕失信耶？'胄曰：'法者，国家所以布大信于天下，言者，当时喜怒之所发耳。陛下发一朝之忿，而许杀之，既知不可，而置之以法，此乃忍小忿而存大信，臣窃为陛下惜之。由于戴胄强调"法者，国家所以布大信于天下"，如果违法行事，法律就失去了信任，不能使法取信于天下。这深深打动了唐太宗，表示："朕法有所失，卿能正之，朕复何忧也。"这些为吏者都是执法如山的典范，而这些为君者同样也是遵法奉法的明君。

所以，古代盛世的出现，明君贤吏均不可或缺。安史之乱以后，均田制遭到破坏，藩镇拥兵自重，皇帝庸懦无为，官吏枉法行私，大唐由盛转衰。此时，法虽为旧时良法，但执法之吏却难称良吏，所以白居易感概说："虽有贞观之法，苟无贞观之吏，欲其行善，不亦难乎！"明末清初，王夫之在《读通鉴论》中总结历史的经验，提出选择贤吏，任用他执行"画一之法"，避免单纯任法与任吏的弊病。他的法与吏的统一论很值得研究与借鉴。

"法者，天下之仪表也"

要使吏民都知法、习法、守法。管子说："法者，天下之仪表也"，意思是法是天下人行为的规范。法家主张"法莫如显"，意思是法律要公开，以便天下吏民知法守法。唐朝《永徽律》制定以后，为了使执法之官和百姓都能懂得法意，正确理解律文的规定，特别集国家博学硕儒共同制成了《永徽律疏》，疏解律文，便于吏民知晓。在科举中还特别设明法科，培养执法的官吏。明清时期，朝廷为了弥补士人以制艺（八股文）作为跻身官场的敲门砖，却对法律茫然不知的缺陷，在明清律中特设"讲读律令"条，每年定期考核官吏的律例知识，不合格者，或罚俸或议处。这条法律规定，明清时期曾经认真执行过。明清律学的发展，特别是清朝《大清律例》简易读本的普及，是和官吏准备的法律考试有一定的联系。这种官吏的普法教育，是每年定期举行，是常态化的，不是只搞一次一时，也颇有借鉴意义。

除要求官吏习法执法外，也要求百姓知法守法。商鞅曾讲过一段名言："吏明知民知法令也，故吏不敢以非法遇民。"就是说，当官吏知道百姓懂得法律，所以不敢以非法对待。中国古代还在闹市公布刑象之图，向百姓宣传法律。明太祖朱元璋为了使老百姓懂得法律，还特别制定了《大明律直解》，他说：有了这本书，老百姓可以"寡过矣"。历史的经验证明，老百姓知法是施行法治的广阔的群众基础和保证。

（作者为中国政法大学终身教授）

"现代新儒家"扭曲儒家思想

张分田

近年来，中国出现了一股被称为"现代新儒家"的思潮。这股思潮的一般特征是：掩盖儒家学说的本质属性，摘取儒家经典的某些话语，将其判定为"民主主义""自由主义""宪政主义""社会主义"等，进而宣扬"回到孔孟去""立孔教为国教""立儒学为国学""重建儒教中国""推行儒家宪政"之类的主张。一些学者将其视为"儒家"一个新的发展阶段。然而，从其本质属性看，"现代新儒家"不是真儒家。

"现代新儒家"是一个对象混乱的概念

孔丘曰："名不正，则言不顺。"概念属于"名"的范畴，而概念是揭示思维对象的特有属性的思维形式。在特有属性中，本质属性既具有区别性，又具有规定性，为一个事物内部所固有，并能决定这个事物成其为这个事物的性质。如果一个概念不能反映特有属性，特别是不能反映本质属性，就会"名不正"，进而"言不顺"。然而，一些学者往往制造一些指称对象极其混乱的概念，导致一些张冠李戴、指鹿为马的学术现象出现。"现代新儒家"这个概念便是典型例证之一。

儒家学派，门户繁多，流派丛杂，概括"儒家"的特征并非易事。例如，司马谈用"序君臣父子之礼，列夫妇长幼之别"论说"儒者"的特有属性，而实际情况是："墨家""法家""阴阳家""名家"及"道家"中的多数也讲究这一套。又如，班固《汉书》用"留意于仁义之际"论说"儒家者流"，许多学者将"讲仁义"视为儒家的特有属性，而实际情况是孔丘之时还没有"仁义"这个词，主张"仁""仁义"的也并非仅限于儒家。又如，许多学者称"儒家讲王道，反霸道"，而实际情况是孔丘对"霸"也有正面的评价。荀况、陆贾、董仲舒、桓谭、李觏、司马光、陈亮、陆九渊等名儒都认为"霸""霸道"具有正面价值。又如，许多学者称"儒家讲性善"，而《三字经》的"人之初，性本善"只反映孟轲一派的观点，包括孔丘在内的先秦、汉唐名儒大多不赞成性善论，诸如荀况讲性恶、董仲舒讲性三品、扬雄讲性善恶混。就连推崇《孟子》的张载、朱熹也明确指出：孟轲的性善论有重大理论缺陷，无法解释性恶的来源。儒者天道论的分歧更大。董仲舒将"天"视为"百神之大君"，朱熹将"天"视为"自然之理"，二者分属两大哲学类型。儒者大多讲究"天人合一"乃至"天人感应"，而柳宗元、刘禹锡等主张"天道自然""天人相分"，二者也分属两大哲学类型。

历代儒者的最大共同点是：论证君主制度、宗法制度、等级制度的一般规定性并维护"尊者专制"的观念

重要证据之一便是：孟轲、荀况、董仲舒、扬雄、张载、朱熹运用各自的人性论，共同论证了实行君主制度及尊者专制的必然性、合理性和绝对性。"天人感应"与"天道自然"的重大哲学分歧并没有影响董仲舒与朱熹"三纲"论的内在一致性。下面再列举几个判定儒家本质属性的重大事实依据。

孔丘是儒者宗师，而"孔子尊君"乃古人之定评。从《左传》《论语》《史记》的记载看，孔丘赞美西周王制，阐发"文武之道"，论证"君臣之义"，抨击"礼崩乐坏"，儆戒"乱臣贼子"，主张"贵贱不愆""事君尽礼""以道事君"，倡导"君君、臣臣、父父、子子"。他将"礼乐征伐自天子出"视为理想

政治境域的主要标志，曾为强化鲁国公室而"堕三都"，被敌国视为"为政必霸"的卓越人才。其弟子称颂孔学为"百世之王，莫之能违"。司马迁也赞扬孔丘作《春秋》以"明王道"。战国诸子多有非儒之论，却没有人否认"孔子尊君"。汉唐以来，"孔子尊君"乃是朝廷之定见、儒者之定论和世人之定评。

孟轲被尊为"亚圣"，而《孟子》是帝制法则的经典。《孟子》有一批制度性命题，诸如论证立君治民的"天佑下民，作之君，作之师"，论证君权天赋的"天与之"，论证君主独一的"天无二日，民无二王"，论证天下王有的"普天之下，莫非王土；率土之滨，莫非王臣"，论证治权在君的"无君子莫治野人，无野人莫养君子"，论证君为政本的"一正君而国定"，论证忠君孝父的"无父无君，是禽兽也"等。孟轲以"天与贤，则与贤；天与子，则与子"论说帝位的传承，认为帝王权位的终极合法性取决于"天命"，无论禅让、革命、世袭，凡是"非天与"的都属于"篡"。这些命题所设定的政体形式和权力结构完全符合现代政治学的"君主专制"定义。《孟子》之所以成为帝制官方学说的主要载体之一，正是由于这个缘故。古人云："孔子尊君，孟子尊道"，而孟轲之道"无害于尊君"。这个判断是正确的。

先秦儒家的核心要素，上承商、周，下启汉、唐，始终是中国古代的统治思想。只要仔细比较一下先秦儒学、汉唐经学、宋明理学的理论结构和命题组合，就会发现，《孟子》的各种理论要素，包括"民贵君轻"与"民无二王"，不仅完完整整地保存下来，而且占据了官方学说和主流学术的地位。就连下令删节《孟子》的明太祖朱元璋，也曾一度将"民贵君轻"书写于宫廷殿堂，还曾下诏称赞"孟子传道，有功名教"，并免除孟轲后裔的赋税。清朝的乾隆皇帝甚至自幼修习"民贵君轻"，多次撰写体认"民贵君轻"的诗歌文章，他下令编辑的《钦定四书文》收录了两篇阐释"民贵君轻"的明朝科举范文，收入《钦定四库全书》的阐发"民贵君轻"的著作更是不胜枚举。这也说明，"民贵君轻"并不违逆"尊者专制"，二者恰好相辅相成。

显而易见，"孔孟民主"是帝制及礼教覆灭之后冒出来的一种新说法。这一类说法的要害是变换儒家本质，扭曲儒家思想，打着"弘扬传统"的旗号，宣传所谓的"儒家宪政"。一些人甚至声称《孟子》的"民贵君轻"为"最高民主精神"乃至"世界民主论之先驱"。于是原本众口一词的"孔孟尊君",演化为"孔孟专制"与"孔孟民主"之争。

"现代新儒家"的这种做法曲解了儒家的纲领、灵魂、精髓,悖逆了儒学的"圣道""王制""名教"。

（作者为南开大学教授）

了解中国和了解世界冲突吗

顾　骏

最近，有学者因为一个问题而激烈争论：为了中国继续融入世界，实现进一步发展，到底应该多了解一点世界文明，还是多了解一点中国历史？如此宏大叙事已多时不见，现在有学者愿意讨论，是件好事，自近代以来，中国直面外部世界，两者关系在理论上始终是个问题，需要进一步理顺。只是问题提出的角度有些费解，为什么要在两者之间人为地加以分隔乃至对立？为什么不能在更加努力地了解世界文明的同时，更努力地了解中国历史？

了解中国历史是应当的，但了解中国历史还需要借助世界文明

在"睁眼看世界"之前，中华民族对自身文化的欠缺认知有限，只有在切身体验到西方列强不只有坚船利炮及其背后的强大工业，还有文化和制度上的优胜，国人才幡然醒悟，承认"挨打是因为落后"，从此开始奋起直追，终于在今日成为发展程度最高的"发展中国家"。认识中国和认识世界至少在近现代，是不可分隔地联系在一起的。

今天，学者之所以要拿出这个不成问题的问题来各执一端，一则可能因为有了电脑，写作不那么费时间了，有条件为问题而问题争论一番；二则更可能因为

中国渐趋强大，在学习世界那么多年之后，需要考虑自我学习、自我完善了。毕竟，当年在"亡国灭种"的现实威胁下，中华民族为了轻装上阵，赶超世界，"割断尾巴往前赶"，将文化传统丢弃于身后，现在到了重新找回的时候。况且，随着中国综合实力日益强大，世界可供中国学习或者中国愿意学习的东西越来越少，逼得中国不得不从"学习、学习、再学习"转向"创新、创新、再创新"，而以创新为主要突破口，不好好认识固有传统，发挥文化优势，只顾"了解世界"，岂非缘木求鱼？要求了解中国历史的观点错不了，尤其在今天。

可问题在于，中国在现代的强大，确实是通过学习西方为主的世界文明而实现的。现在不是大家不愿意了解中国历史，而是了解中国历史还需要借助世界文明，首先是各种理论和概念。今天向国人讲解中国历史和文化，用西方术语还是传统概念更能让人明白，问问那些冒牌的"国学大师"或"国医大师"就可以了，他们最清楚，要忽悠普通人相信他们那套"传统文化"，还得大量借用当代科学包括自然科学、心理科学和社会科学概念和术语，不是连算命都用上星座乃至电脑了吗？所以，真正吃透世界文明尤其是掌握其中的理论和方法，对于了解中国历史仍然必不可少。

不能反省民族文化的长处和短处，
盲目"弘扬传统文化"不但无益，而且有害

中国传统文化并非如许多学者所想象的，就是那些写在书本上的"国学"甚至就是被科举考试所框限的儒家经典及其标准解读。这些"国学精髓"当年抵挡不住西方入侵，今日就成了中国继续发展乃至超越西方的"核动力"了？中国的文化优势到底何在？弱势又何在？如果一边声称优先了解中国历史，一边却对到底了解中国历史的哪些内容不甚了了，那即便不遗余力，又能了解到什么？今天一些热心复兴"国学"的人士在孩童中推广"弟子规""二十四孝"等"经典"，却没有想过其中有不少伦理观念同法治社会的平等权利和未成年人保护格格不入，不对这些远远落后于时代的内容加以清理或无害化，简单回归传统文化，不说理论上能否成立，就是实践中，又有多少孩子习得了这些伦理观念，一

且进入现实生活，还会身体力行、持之以恒？浮萍一般扎不下根来的观念只是泡沫，称不上文化。

回归文化传统，弘扬民族价值观念，确为当下中国所亟须，但必须在重新认识历史、传统和文化的前提下才行得通，否则只是南辕北辙、缘木求鱼。试想，研究审美的传统文化爱好者，最后寻回了古人对"三寸金莲"的欣赏品位，即便文章做得再好，有哪位女士愿意脱下"恨天高"，给自己"小鞋穿"？

今日了解中国历史不只是为了中国的未来，更是为了世界的明天

今天一讲了解历史，就要求学习儒家经典，重中之重是"四书五经"和"至圣先师"，似乎"国学"就是一家之学。其实"五经"之首的《易经》本来就是诸子百家共同的思想来源，只不过经过孔子修订而已。《周易》是中华文化的原根，诸子百家都是这根上长出的枝丫，虽然千姿百态，生物基因还是一样的，彼此之间不但有差异，更有互补。孔子说仁者爱人、推己及人，孟子说爱有原则、道义在先，老子说人道之上有天道，墨子说不能只爱家人，兼爱才能收"非攻"之效，韩非子说落实原则要求法不容情，庄子说规则之外还有个人逍遥，后来介入的释家则说跳出轮回才有解脱，如此等等。一切学术都是在同反对者对话的过程中发展的，诸子百家中哪一家少了与别人的对话能独立发展？历史上儒家之所以独占鳌头，是因为有"罢黜百家"的国家意志，今天倡导思想解放和观念创新，不会重演历史。说白了，如今一些打着推广"国学"幌子的人中，既有"龙的传人不知龙"，也不乏"叶公好龙"故作姿态，不可不察。

深入了解中国历史之所以离不开进一步了解世界文明，还在于今日了解中国历史不只是为了中国的未来，更是为了世界的明天，正深入走进世界的中国，不会让了解中国成为关起门来自得其乐的游戏。通过把中国历史置于人类文明的长河之中，人们得以发现中国文化之所长、之所短，发现独立起源、自成一体、兼容并蓄、与时俱进的中华文明中到底有何基因或密码，让中国达致今日之成就，同时因为深刻了解世界，才知道如何将中国智慧提供给世界，为各国解决自己的问题、人类解决共同问题做出自己的贡献，这才是了解中国历史之深层次意义。

如此立意不是故作惊人之语，其实中国在领先于世界的年代，早有过这样的经历，"遣唐使"就是最好体现。而在中国日益融入世界，希望增加在"全球经济治理中制度性话语权"的今天，不能少了这样的立意、胸襟和实力。

中国与世界不是对立的，了解中国历史和了解世界文明也不是非此即彼的。

（作者为上海大学社会学系教授）

钱穆历史书写中的学术精神

刘　巍

钱穆写通史强调"一条线通贯而下"，这"一条线"指的是什么——

笔者读钱穆先生的书，不免会费心琢磨他一再强调的写通史要"一条线通贯而下"的"一条线"指的是什么？《国史大纲》以"社会经济""政治制度""学术思想"为三项基本"历史事态"，他又常常有"学术指导政治，政治转移社会"一类的历史表述与讲演提示。我觉得，"学术指导政治，政治转移社会"这句话，颇能揭示他所理解的三项基本"历史事态"之间的相互关联，颇可指示他那"一条线"的内在逻辑，反映他的历史观。

以文化为基准的民族意识

首先，最值得指出的一点，是他在中国近代史论述中表现出来的民族意识，而这种民族意识又是以文化为基准的，可以叫作"以文化为基准的民族意识"。

我们不妨从其历史书写或历史表述的关键词入手。如果要精选钱氏史学的核心观念或关键词，而且只限于一两个的话，我会毫不犹豫地举出他的一本书的书名——《民族与文化》。

《国史大纲》有云：治国史之第一任务，在能于国家民族之内部自身，求得其独特精神之所在。

全史之不断变动，其中宛然有一进程。自其推动向前而言，是谓其民族之"精神"，为其民族生命之泉源。自其到达前程而言，是谓其民族之"文化"，为其民族文化发展所积累之成绩。

"变"之所在，即历史精神之所在，亦即民族文化评价之所系。

不烦再有所征引，也无须乎更多的解释。这几句话，足以说明"民族""文化"这两个概念及其组合名词"民族文化"之内涵、相互关系及其在钱氏史学中的位置与意义。与一般对历史表述漠不敏感的人完全不同，他很清楚："'民族'一语，乃是近代译自西方。""今人用'文化'二字，亦由西方语转译而来。"同样鲜明的是，钱氏讲"民族文化"充满了中国的人文精神。

这可以从钱穆对中国历史上的非汉族政权之史见来看。在钱的中国史框架内，有两个全面主宰中原的异族政权。"蒙古之入主"，是"中国史开始第一次整个落于非传统的异族政权的统治"，他用"暴风雨之来临"这一作为整个元代之部的总章题概括了它对中国史的意义。"满洲入主，为史上狭义的部族政权之再建"。所谓"再建"，显然是继蒙元之后的第二次。稍有历史感的读者，或会归咎于钱氏拘泥于晚清种族革命的成见过甚。经过"五族共和"意识的洗礼、又受到民族政策教育后的读者，难免不作此想。更为细心的读者，会往时代背景方面去推论，处于烽火连天的抗战时代，古典即是今事，日本人当年不是魂牵梦绕于元清两朝的所作所为而亟亟期以自代吗？我们读他详叙明末汉奸引清人入关的史实，好像就是针对着当时在中华大地的日本的走狗而发的。我认为上述方面或多或少存在于《国史大纲》中，但仅此绝不足以充分了解钱先生的史识，这就需要深入体会其批评的着眼点所在了。在此不作详细讨论，只能略举数事以为说明。钱穆强烈批评蒙元"政治上之显分阶级，一切地位不平等"（依种类分四等：蒙古、色目、汉人、南人）和社会等级森严："大概当时的社会阶级，除却贵族军人外，做僧侣信教最高，其次是商人，再其次是工匠，又次是猎户与农民。而中国社会上自先秦以来甚占重要位置的士人，却骤然失却了他们的地位。"不过，与其说他在严厉控诉种族压迫的残酷，不如说是重在揭示中国历史在社会政治文化演进过程中的倒退。徒"恃其武力之优越""而并不重视其文治"，使汉唐时代之政治文明在暴力冲击下只成为此下中国人的魂梦，而社会阶级等级之严判，也只成为唐宋以降社会日趋平民化平等化大趋势下的逆流。只要再将之上比钱氏对北魏孝文帝虚心接纳中国文化锐意改革的礼赞，就更可知作如此评判的苦心了。

批评激进革命而又力反全盘西化的文化保守史观

钱穆中国近代史论述的第二个鲜明特色，是他坚持批评激进革命而又力反全盘西化的文化保守史观。

在"最近期的中国"近代，"革命"与"西化"是时代的主旋律，钱氏根据其对中国历史文化带有明确"温情"与"敬意"态度的内在理解，面对这一股强大的时代风潮，尽了一个独立的批评者的责任。当然，他的史观也不能说就是反革命的，寰宇而观："即以王室而论，如英、如日，至今犹有王室。如德、如俄，当时王室亦存在。"如果清廷顺势而为，中国亦可另有出路，无奈"中国以满族坚持其狭义的部族政权之故而不得不推翻王室"，所以革命（准确地说是民族革命）是不可避免的。从这个角度，他敏锐观察到戊戌变法的"革命"意味，及由此而至辛亥革命的历史延续性。

但民国以来的乱象（军阀割据、帝制复辟、政党纷争等），只激起 "文化革命""社会革命"等之"呼号与活动"，均为海通以来中国"过激思想"之"逐步成长"——"愈易传播流行，愈易趋向极端"之必然结局。（康有为主张"速变、全变"的口号，可算标语）五四新文化运动以西人所独擅中国所欠缺的"民主"与"科学"为目标，但在钱穆看来，汉唐文治已臻"民主"之境，由此所孕育发展出的"考试与铨选"，尤为举世公认之善制，惜乎国人不自护惜，自戕国本，以滋纷乱，所谓"惟求一变故常以为快者"，此自晚清已然矣。从"政治理论"说："中国政制，本求政府领导民众，不能觊觎民众操纵政府。清政府以不能尽领导民众之使命而推翻，而民国以来之政治理论，忽变为民众指导政府，于是政府躲卸其责任，民意亦无法表现，而变成两头落空。"

一般来说，钱穆先生会予人以"保守"的印象，其实从保守中国文化和中国历史精神来说，他确是保守的。但绝不可理解为深闭固拒、排斥外来文化之类。事实上，他不仅拥有开放的文化心态，而且此种胸襟正本于中国自身的历史。以"晚清兴学"为例，他认为"在政治上，其效力不能与北宋时代之书院讲学相比。在接收外来文化上，其成果亦不能与魏晋南北朝时代之佛学寺院相比"。如此高标格的批评，明显是建立在宏阔的历史比较基础之上的，未尝不是国史之伟大开放精神通过史家笔墨的自然流露。

以儒学为宗的文化意识

他对儒学之社会作用有扼要的概括："儒家思想之表现，往上是政治，往下就是教育。"他对"儒家精神"之历史功效也有中肯的评价："中国读书人在乡村做土豪劣绅，跑到政府做贪官污吏，在历史上亦不可胜数。可是一部中国历史是由儒家精神、士的精神维持下来，这是无可否认的。"就整部中国近代史来说，他最服膺和着力阐扬的是宋、明理学——"新儒学"的精神。我想再引一下《国史大纲》初行若干版所无而为后来增补的话：

宋、明理学精神乃是由士人集团，上面影响政治，下面注意农村社会，而成为自宋以下一千年来中国历史一种安定与指导之力量。晚清以来，西化东渐，自然科学之发展，新的工商业与新的都市突飞猛进，亟待有再度兴起的新的士阶层之领导与主持，此则为开出此下中国新历史的主要契机所在。

对于"宋、明理学精神"，钱先生本人无疑有深切的理解与热烈的呼应，他是非常自觉地承当这一"精神"的，所以在"最近期中国"近代史书写中常常流露出刻骨的"士"的自责，而其国史之通体书写则明彻地展现着"士"的自觉。我认为，在钱穆的国史系统中，牵引着那"一条线通贯而下"的线之线头的主角，正是"士"。然而，这绝不仅仅只是书写的问题了。

（作者为中国社会科学院近代史所研究员）

宋代兴起的"城市文明"

陈国灿

在中国古代城市发展史上,宋朝是一个重要的转型期。一方面,各级城市普遍突破原有政治性质所构成的限制,从封闭走向开放,由单一趋于多样,进而实现发展形态和文明结构的重大调整;另一方面,商业市镇的广泛兴起,不仅推动城镇体系的形成和都市文明的重构,也引发农耕社会的一系列重要变革。在此基础上,中国特色传统城镇化的历史进程开始起步。

摆脱政治束缚:都市形态的转变

宋代的城市变革,表面上看是传统坊市制解体所带来的都市风貌的变化和经济、社会、文化功能的显著增强,实质乃是摆脱政治中心的附属地位,实现由统治据点向文明实体的飞跃。

就经济领域而言,随着商业活动由政府规定的封闭的"市"散布到各个街区,进而越出城墙向外扩散,城市经济逐渐摆脱政治强力的严密控制,走上了产业化和多样化的道路,成为与乡村农耕经济相对应的独立形态。

就社会领域而言,随着以商业精神为核心的城市意识的觉醒,数量日益增加的工商业者,各种商业性文化娱乐业的演艺人员,融入商品经济大潮的官僚士人，乃至部分移居城市的乡村地主和城郊从事商品化经营的专业农户，逐渐超越各自的身份隔阂和职业差异，构成有着共同价值取向和利益关系的社会群体，促成市民阶层的全面兴起，由此改变了城市原有社会结构，推动城市社会关系的重新组合。"行""作""团"之类的工商业组织和"社""会"等文化组织的兴起，正直接地反映了市民阶层群体意识和自主意识的成长。

就文化领域而言，原本高高在上的士人文化走出"唯我独尊"的精英意识和等级观念，融入到普通民众之中，从而实现由"雅"到"俗"的转变。与此同时，原本粗糙自然的民间文化突破下层社会的活动空间，跻身于主流文化行列，由此实现从"俗"到"雅"的转变。这两方面的结合，直接推动雅俗共赏的市民文化体系的形成，进而取代政治文化，成为城市文化的主体。

相对于传统州县城市的转型，各种形式的市镇（包括镇市和草市）的大量涌现，从某种程度上讲有着更值得关注的文明意义。据不完全统计，两宋时期各地先后兴起的市镇，迄今尚有史可考的就超过了3600处，其中2200多处属于较为成型和稳定的市镇。作为新兴的农村商业中心，市镇并不以政治中心为依托，而是基于商业和市场活动兴起，又以商品经济体的形式发展，因而具有鲜明的经济中心的特征。就发展趋向而言，由于较少地受到政治因素的控制和干扰，市镇有着较州县城市更大的自主发展空间。从起初简单的商品交易和流通活动到较为完整的商品经济体系，从聚散不定的村落交易点到初具专业化特点的商贸聚合地，从形式单一的乡村聚落到结构复杂的商业社区，市镇立足于乡村社会而又逐渐超越乡村文明，成为一种正在形成中的新型经济都市形态。可以说，市镇的广泛兴起和发展，既是城市文明向广大农村扩散的反映，也是乡村社会自我调整与变革的结果。

从城市到城镇：文明体系的重构

进入宋代，伴随州县城市的转型和市镇的兴起，城市文明的内在结构与发展体系发生重大调整。州县城市一统天下的传统城市体系趋于解体，城乡结合的城镇体系开始形成。与此相联系，城镇类型不断分化，城镇关系日益突破严格的政治等级秩序。

城镇类型的分化，突出反映了城市文明自我意识的觉醒和自主能力的增强。就州县城市而言，随着政治控制的放松和市民阶层的兴起，原本借助于政治强力而高度统一的发展模式显然已越来越难以维持，取而代之的是由于地域和社会经济环境差异所引发的多样化形态。就市镇而言，由于从产生之时起就具有较大的自由发展空间，并与所在地区的经济紧密地结合在一起，因而呈现出更为丰富的发展类型，诸如农业型、手工业型、交通枢纽型、港口型、消费型等。

城镇等级关系的重组，意味着城市文明冲破行政体系的束缚，代之以自身的文明阶梯结构。古代早期城市之间的关系，主要是由各自的政治地位决定的。在一定的行政区域范围内，政治地位低的城市隶属于政治地位高的城市，彼此的等级关系明确而固定。进入宋以后，城镇发展自主性的提高和类型的多样化，使其内部的等级关系由政治因素主导逐渐转变为由各自的发展水平所决定，进而形成新的多层次的城镇等级体系。

这种城镇等级体系主要可分为四个层次：一是基层城镇，主要由县城和市镇构成，是整个城镇体系的基础；二是地区性城市，以府州城为主体，构成了城镇体系的中间层次；三是区域性城市，包括影响和辐射范围越出所在府州而扩大到周边区域的城市以及具有一定跨区域影响的城市，它们将若干相邻地区的城镇联结起来，形成更大范围的城镇体系；四是全国性城市，不仅在全国范围内具有影响力，而且其影响领域也是全方位的，属于城镇体系的最高层次。如南宋都城临安，作为全国政治、文化、教育中心的地位固不待言，就是在经济领域，也是南宋全境工商业最为发达和市场辐射范围最广的城市。

农耕文明的自我调整与超越：独特的城镇化道路

从中国社会发展的角度讲，宋代城市变革的历史意义不只是都市文明的调整与转型，实现由"远传统"向"近传统"的飞跃，更重要的是开启了一条农耕文明时代的城镇化道路。

入宋以后，政治控制的相对松弛和发展自主性的增强，使城市文明走出封闭状态，由内聚转为扩散：城郊都市化现象的出现，意味着城市地域规模的扩大，其结果是城乡空间界限趋于模糊；以工商业为核心的城市经济的兴盛及其以市场活动和商品流通的形式向小农经济内部的渗透，不仅在一定程度上改变了城乡之间的经济关系，也引发农村经济的相应变革；市民阶层的发展壮大和都市文化的兴盛，推动城市思想意识、社会观念和文化生活的外溢，带来社会思想与文化的一系列调整。所有这些都表明，城市文明不再是农耕文明汪洋中的"孤岛"，而是整个社会体系的有机组成部分。

不过，在历史传统深厚的农耕社会，州县城市的发展要受到诸多因素的制约，以此为依托的文明调整也相当有限。实际上，在宋代社会变革进程中，作为新兴都市形态的市镇在很大程度上扮演了更为重要的角色。尽管市镇的兴起受到城市转型与发展的外力推动，但就其内在动因而言，实源于农耕文明的自我调整和超越。同时，市镇不仅促成农村市场体系的发育成长和商品经济的空前活跃，也带来农村社会与文化的进一步变革。就经济领域而言，随着商业的日趋兴盛，市镇吸引和汇聚了多种形式的农村经济活动，并以市场为纽带，将这些经济活动整合起来，从而实现由农村商业中心向一定地域范围内的商品经济圈的跃升。

就社会领域而言，市镇的发展过程也是多样化的社会群体不断聚集的过程，由此打破了农村社会传统的单一结构和有着宗法特点的社会关系。宋政府将坊郭户制从城市扩大到市镇，正是认识到市镇由乡村聚落向城市社区转变的发展趋势。就文化生活领域而言，作为城市以外的工商业中心地，市镇将浓厚的商业文化和丰富多彩的都市生活引入乡村，引发农村封闭、单调的生活方式的相应变化。可以说，市镇是城乡文明的结合体，其兴起和发展是乡村城镇化的直接反映，并对后世产生广泛而深远的影响。

（作者为浙江师范大学教授）

优秀传统文化是治国理政的重要教科书

刘庭华

习近平同志在主持十八届中央政治局第十三次集体学习时指出："要认真汲取中华优秀文化的思想精华和道德精髓，大力弘扬以爱国主义为核心的民族精神和以改革创新为核心的时代精神，深入挖掘和阐发中华优秀传统文化讲仁爱、重民本、守诚信、崇正义、尚和合、求大同的时代价值，使中华优秀文化成为涵养社会主义核心价值观的重要源泉。"

中华优秀传统文化博大精深，用马克思主义观点来看，从广义上讲，它是中华民族五千多年来创造的物质文明和精神文明的总和；从狭义上说，则是指意识形态、上层建筑领域的东西，如儒家、道家、兵家、墨家等诸子百家的优秀文化，简直就是包罗万象。

优秀传统文化是治国理政的重要教科书和践行社会主义
核心价值观的重要历史借鉴

习近平同志指出，"中国共产党人始终是中国优秀传统文化的忠实继承者和弘扬者，从孔夫子到孙中山，我们都注意汲取其中积极的养分。""中国优秀传统文化的丰富哲学思想、人文精神、教化思想、道德理念等，可以为人们认识和改造世界提供有益启迪，可以为治国理政提供有益启示，也可以为道德建设提供有益启发。"从这个意义上讲，优秀传统文化也可以成为治国理政的重要教科书。

改革开放30多年后的今天，大力弘扬优秀传统历史文化有着十分重要的现实意义。习近平同志要求重视中国优秀传统文化的学习、借鉴和运用。他的许多讲话，如《运用历史智慧推进反腐倡廉建设》《提高国家文化软实力》《培育和弘扬社会主义核心价值观》等，结合实际，大量引用传统文化经典中的名言、名句来阐述，其中《培育和弘扬社会主义核心价值观》，即与北师大师生座谈会上的讲话，共6000多字，引用古典名言名句达44条之多。如孔子的德治仁政思想所主张的以德治国、以文化人；提倡修德，"忠信笃敬""君子喻于义""言必信，行必果"；强调"仁者爱人""己所不欲，勿施于人"等，认为这些是今天我们培育和弘扬社会主义核心价值观的重要源泉之一。

习近平同志在《运用历史智慧推进反腐倡廉建设》的讲话中提出，"需要积极借鉴世界各国反腐倡廉的有益做法，也需要积极借鉴我国历史上反腐倡廉的宝贵遗产。研究我国反腐倡廉历史，了解我国古代廉政文化，考察我国历史上反腐倡廉的成败得失，可以给人以深刻启迪，有利于我们运用历史智慧推进反腐倡廉建设"。进而提出，要坚持"老虎""苍蝇"一起打的思想。他在谈到毛泽东在延安的"窑洞对话"，即朝代轮换周期律问题时说，今天我们党反腐倡廉的斗争，是历史上党反腐倡廉的继续，使共产党能永远保持先进性和执政地位。得民心者得天下，不反腐倡廉，就可能亡党。国民党历史的变化就是一面历史的镜子，它由成立初期的进步党，发展到后来不断腐化、老化、分化，失去民心，先是败退大陆，后则由民进党取而代之。

儒家思想不能成为建设中国特色社会主义文化的主体内容

近年来，社会上出现了传统文化热，特别是一些电视节目如百家讲坛的开播，把国学推向了一个全新的高度。应该说，这对弘扬中国传统历史文化起到了积极的作用，但是，也出现了另一种过头的倾向。这是与我们党历来对待历史传统文化的态度和政策背道而驰的。

大家知道，所谓传统文化，实际上就是以儒学为主要内容的儒家思想文化，它是封建社会经济基础的产物，反映的是封建社会的上层建筑和意识形态。因此，它既不能成为建设中国特色社会主义文化的指导思想，也不能成为建设中国特色社会主义文化的主体内容。

毛泽东在《新民主主义论》中是批孔的，他认为，"凡属主张尊孔读经、提倡旧礼教旧思想、反对新文化思想的人们"，是属于"半封建文化、奴化思想文化"。鲁迅《在现代中国的孔夫子》一文中曾说："孔夫子曾计划过出色的治国的方法，但那都是为了治民众者，即权势者设想的方法，为民众本身的，却一点也没有。"

如何认识和对待儒家思想？中国思想学术界，从司马迁至今，一直存在分歧。我认为，儒家之道乃王者之道，其主体意识是为封建统治阶级服务的，它压制制度内部的任何改革，是有负面作用的，比如，第一，儒家主张泛道德主义，认为道德可以解决一切问题，强调德治（崇尚道德教化）、礼治（崇尚尊卑区别）和人治（崇尚榜样示范），它与现代法治存在诸多冲突矛盾。法治强调法律面前人人平等。应该说，道德在现代国家治理中起重要作用，但起决定作用的是法治。第二，孔子提出平均、趋同求一的思想。他说："不患寡而患不均，不患贫而患不安。"这对防止两极分化有一定警示作用，但孔子思想的落脚点是主张经济上平均。

我们应该历史地、辩证地看待孔子及儒家思想，他是一位伟大的思想家、教育家、学问家，是中国文化的一张名片！以孔子为代表的儒家思想学术，自汉武帝到清朝的2000多年时间里，一直占头把交椅的重要位置，它对中华文化的影响极其广泛和深刻。

坚持批判扬弃的科学态度

有人说，传统中国人没有信仰。其实是有的，这就是"三教合一"的信仰，即"儒家治世，佛教治心，道教治身"。其实，道教对中国的士大夫而言也是治心的，是一付治疗精神疾患的"云南白药"。为什么会如此呢？因为封建统治者2000多年来一直把儒家思想作为统治思想。

对待传统文化，应该取批判扬弃的科学态度和"取其精华，去其糟粕"的原则。因为社会制度变了，经济基础变了，上层建筑也应有变化。毛泽东曾说过，"清理古代文化的发展过程，剔除其封建性的糟粕，吸收其民主性的精华，是发展民族新文化提高民族自信心的必要条件；但是决不能无批判地兼收并蓄。必须将古代封建统治阶级的一切腐朽的东西和古代优秀的人民文化即多少带有民主性和革命性的东西区别开来……对于人民群众和青年学生，主要地不是引导他们向后看，而是要引导他们向前看"。他还指出，就孔子儒家思想统治中国2000多年，禁锢人们的思想，也应该受到批判，但他也不是全盘否定，而是具体情况具体分析。如对孔子的中庸观点，毛泽东就对它进行一分为二的分析："孔子的中庸是孔子的一大发现，一大功绩，是哲学的重要范畴，值得很好地解释一番。中庸的合理性，在于肯定事物的安定性，从这个意义说，它是辩证的一个要素，但'中庸'整个（整体）是反辩证法的，因为它害怕量变引起质变……把旧质绝对化，即把平衡作为追求事物的最高目标，否定斗争、变革等，把旧质绝对化，反对革命。所以，'中庸'是维持封建制度的方法论。"

陈独秀、鲁迅等新文化运动的代表人物，虽然对孔子儒家思想持激烈的批判态度，但他们也充分肯定孔子非（反对）宗教迷信的态度和知其不可为而为之的积极进取精神。

习近平同志指出，"优秀传统文化是一个国家、一个民族传承和发展的根本，如果丢掉了，就割断了精神命脉。我们要善于把弘扬优秀传统文化和发展现实文化有机统一起来，紧密结合起来，在继承中发展，在发展中继承"。今天，我们继承五四新文化运动的精神，如蔡元培提倡的"兼容并包，思想自由"和胡适提出的"研究问题，输入学理，整理国故，再创文明"，对中国传统历史文化取批判扬弃和"取其精华，去其糟粕"的原则，汲取并弘扬传统文化中的精华，也吸收世界其他民族优秀文化中的养料来充实，从而形成具有中国特色的民族文化。如何解决好中西文化的关系，使中华文化走向世界？这也是中华文化复兴的重要课题。

（作者为军事科学院军史研究部第四研究室主任）

"国之大事，在祀与戎"

刘梦溪

"国之大事，在祀与戎"，这是《左传》里的话，见于成公十三年，出自刘康公的一段说辞。

事情的起因是晋侯要攻打秦国，派特使郤锜向鲁成公借兵，但这位郤锜在行事的过程中，不够恭敬有礼，因此遭到孟献子的非议。孟献子是鲁成公的高级副手，遇有朝拜周王等重要事宜，每与之同行。该孟氏批评郤锜说："礼，身之干也。敬，身之基也。郤子无基。且先君之嗣卿也，受命以求师，将社稷是卫，而惰，弃君命也。不亡何为？"等于说郤氏的失礼不敬有负君命，无异于自己找死。因为在孟氏看来，礼的重要相当于人的躯干，而敬则是人的立身之地，失礼不敬将导致无以立足。何况这位特使郤锜是晋景公的上卿之子，现在又作景公的儿子晋厉公的上卿，是为"嗣卿"，地位不可谓不显要。越是地位显要的官员如果行事不敬，后果越发严重。

而当同年三月，鲁成公与晋侯朝拜周简王，会同刘康公、成肃公准备一起伐秦的时候，成肃公在社庙接受祭品，也发生了失礼不敬的行为，这引起了刘康公的强烈不满，大发议论说："吾闻之，民受天地之中以生，所谓命也。是以有动作礼义威仪之则，以定命也。能者养以之福，不能者败以取祸。是故君子勤礼，小人尽力，勤礼莫如致敬，尽力莫如敦笃。敬在养神，笃在守业。国之大事，

36

在祀与戎，祀有执膰，戎有受脤，神之大节也。今成子惰，弃其命矣，其不反乎。"这段议论的名句便是"国之大事，在祀与戎"。

"祀"即祭祀活动，在传统社会是为祭礼，仪式庄严而隆重。"戎"则是军事行动，对一国而言，是不得已而采取的战略举措。两者同为"国之大事"应无问题。因此一旦涉此二事，必须严谨如仪，慎之又慎。具体说，起码要守住"敬"这个礼仪环节。因此刘康公对成肃公的批评，以及前面提到的孟献子对郤锜的指斥，都是把"敬"提到"礼"与"不礼"的原则高度。出征时，"受脤"是"神之大节"，不敬的行为既不符合戎典，又有悖于祭礼。"祀与戎"两件大事，都因这位成肃公的不敬而遭到了破坏。

事实上，《左传》里有不少战例，都是因为国与国之间的失礼不敬，而构成兵戎相见的导火索。例如，桓公二年："秋七月，杞侯来朝，不敬。杞侯归，乃谋伐之。"同年九月："入杞，讨不敬也。"宣公十二年，潘党曰："古者明王伐不敬，取其鲸鲵而封之，以为大戮，于是乎有京观，以惩淫慝。"成公二年，"晋侯使巩朔献齐捷于周，王弗见，使单襄公辞焉，曰：'蛮夷戎狄，不式王命，淫湎毁常，王命伐之，则有献捷，王亲受而劳之，所以惩不敬，劝有功也。'"定公六年，范献子言于晋侯曰："以君命越疆而使，未致使而私饮酒，不敬二君，不可不讨也。"斯可见作为"国之大事"的"祀与戎"，不仅"祀"的时候直接与敬相关，"戎"也常常关乎是否有敬存焉。

国与国之间交往中的失敬，极易导致交恶，甚至走到极端，犹不思转圜，忍无可忍，便只好兵戎相见，是为大不敬也。《礼记·曲礼》云："毋不敬，俨若思，安定辞，安民哉。"则"敬"为"安定辞"，小则可令一个人的之身心安适，中则可使家庭和睦，大则可以安国安民，岂虚言哉，岂虚言哉！

（作者为中国艺术研究院终身研究员、中国文化研究所所长）

文化自信：更基础、更广泛、更深厚的自信

陈 晋

习近平总书记在庆祝中国共产党成立95周年大会上发表重要讲话，指出："全党要坚定道路自信、理论自信、制度自信、文化自信。""文化自信，是更基础、更广泛、更深厚的自信。"之前，我们一般讲"三个自信"：道路自信、理论自信、制度自信，现在又加上一个文化自信，构成了"四个自信"，而且讲文化自信"是更基础、更广泛、更深厚的自信"。为什么这么强调文化自信呢？

我的体会是，从历史和文化的角度来审视今天，是我们自信的一个重要依据。中国道路是一个大概念，全方位地体现中国特色社会主义的理论与实践，中华文化则是其中的一个领域，更多的属于精神层面。因此，讲道路不能不讲文化，讲文化则不能不指向道路。习近平总书记指出，"中国有坚定的道路自信、理论自信、制度自信，其本质是建立在五千多年文明传承基础上的文化自信"。对中华文化的自觉和自信，根本上有助于增强和丰富对中国道路的自觉和自信。

理就是这么一个理。要问为什么？还可以说得具体一些。

中华文化是中国道路的历史来源

中国道路是从哪里走出来的？由远及近地说，它经历了5000多年的文明传

承，近代以来的发展历程，新中国成立以来的持续探索，改革开放以来的伟大实践这样几个阶段的总结和选择，才形成共识。其中每一个阶段的总结和选择，毫无疑问，都呈现着思想理论的先导和引领风景，跳荡着价值观的追逐和淘洗浪花，积累着中华文化的传承和创新成果。中国道路是中华民族在独特的文化传统、独特的历史命运、独特的基本国情基础上，经过长期奋斗和探索做出的选择，不是哪个人、哪个政党简单凭主观愿望来决定的。

讲清楚这一点，人们很容易体会，中国道路既是政治选择，也是文化选择；中国道路既是中华民族的命运共同体，也是中华民族的文化共同体。讲清楚这一点，我们的道路自信便有了精神高地和文化依据。

中华文化是中国道路的精神支撑

一个人要在路上走得像模像样，顺利接近目标，得有精气神。沿着中国道路去接近和实现中国梦，不能没有精气神。中华文化就是我们的精气神，是走好中国道路的精神支撑，主要表现在树立方向引导、凝聚民族精神、提供思想资源、倡领道德新风、激发向上力量等方面。

我们今天说的中华文化，应该是一个大概念。它起码有三个方面的内容，即中国特色社会主义理论体系，社会主义核心价值观体系，中华优秀传统文化体系。设想，如果弱化了这三大文化体系的支撑，中国道路还走得下去吗？即使走得下去，也不知走向了何方。正是在这个意义上，习近平总书记提出实现中国梦必须弘扬中国精神；他还具体地说到，走中国道路，离不开哲学精神的引导，历史经验的镜鉴，文学力量的推动。这样的现实要求，是增强我们文化自信的重要动力。实事求是地说，我们对这三大文化体系的研究、培育、弘扬和实践，与现实要求还有距离；而实现三者你中有我、我中有你的交融，形成合力和共识，体现中华文化的气概风貌和整体魅力，进而为中国道路提供强大的精神支撑，就更有距离了。

中华文化是中国道路的高点优势

不同文明类型各有自己的优长，建构在自身文明基础上的国家道路，各有各的理由。经历这么多年的风雨，中国道路日益彰显出它在促进发展稳定方面的优势和长处，这是不争的事实。究其根源，不能不说它在相当程度上得益于中华文化的滋养，中国人民心中那股特有的精气神，得益于以爱国主义为核心的民族精神和以改革创新为核心的时代精神，得益于中国梦和美好前景的召唤，得益于人们在现实奋斗中的获得感日益增多。

毛泽东讲社会主义是"可亲的"，邓小平讲社会主义是"可爱的"，便是从道德情感角度来揭示中国道路的本质，同时也说明，中国道路传承和弘扬了让老百姓有情感认同的文化价值观，因而拥有特殊的精神优势和道德高地。中国道路深刻地改变了中华民族和中国人民的命运，与之相应的是要让中华文化塑造和提升人们的道路自信。我们要弘扬社会主义核心价值观，弘扬以爱国主义为核心的民族精神和以改革创新为核心的时代精神，不断增强全党全国各族人民的精神力量。

世界上最难的事之一，是把想法装进别人的脑袋，以影响人们的价值观和对事物的看法。中华文化要在这方面发挥应有的强大作用，对内对外虽然都不是件容易的事，但它蕴含的中国道路的高点优势毕竟就在那里。

在5000多年文明发展中孕育的中华优秀传统文化，在党和人民伟大斗争中孕育的革命文化和社会主义先进文化，积淀着中华民族最深层的精神追求，代表着中华民族独特的精神标识。讲好中国故事，不能没有文化自信；讲好中国故事，不能不讲中华文化故事；讲好中华文化故事，目的是讲好中国道路故事。

当今世界，要说哪个政党、哪个国家、哪个民族能够自信的话，那中国共产党、中华人民共和国、中华民族是最有理由自信的。有了"自信人生二百年，会当水击三千里"的勇气，我们就能毫无畏惧面对一切困难和挑战，就能坚定不移开辟新天地、创造新奇迹。

（作者为中央党史和文献研究院院务委员）

我党"传统文化观"的基本内涵

石仲泉

中国共产党是以马克思主义为指导思想的先进政党。以马克思主义为指导，不是将马克思主义教条化，而是让它与中国实际相结合。这个中国实际，既包括中国的现实斗争实际，也包括中国的历史文化实际，即让它吸纳中国优秀的传统历史文化，使它根植于中国土壤，最后成为具有中国特色、中国风格、中国气派的马克思主义理论，即不断与时俱进的中国化的马克思主义。但是，要达到这样的认识高度、思想境界和把握得炉火纯青，取得伟大成就是不容易的。以毛泽东为代表的中国共产党人不仅是把马克思主义与中国优秀传统文化相结合的典范，而且在相结合过程中，提出并实践了正确对待中国传统文化的基本原则。这里以毛泽东同志的看法为例进行分析。

基本原则："取其精华，去其糟粕"

中华民族的传统文化极其丰富，但这些文化主要是在长期的封建社会中形成的，因而也异常庞杂，良莠并存，有其阶级的、历史的局限性。中国共产党人非常尊重自己民族的历史，热爱本民族传统文化，但是不能继承和吸收任何封建性的毒素。中国共产党信奉的马克思主义，既然是人类文明优秀成果的继承者，对于中国传统文化也要加以分析，要有所区别，只能吸取最优秀的部分来丰富和营养自己。毛泽东指出：中国的长期封建社会中，创造了灿烂的古代文化。中国历史遗留给我们有很多好东西，但是也有许多毒素和糟粕。这些东西对于今天的中国不仅不适用而且有害，必须抛弃。清理古代文化遗产，"剔除其封建性的糟粕，吸收其民主性的精华，是发展民族新文化提高民族自信心的必要条件"。这里讲的"封建性的糟粕"，就是那些毒害青少年、毒害人民的迷信文化、腐朽文化、厚黑文化、邪恶文化和反动文化等；"其民主性的精华"，主要是那些属于"真、善、美"，对教育人民有益无害的文化，对推进社会发展起积极作用的优秀文化；要发展的"民族新文化"，就是马克思主义与中国优秀传统文化相结合的新民主主义文化和社会主义文化。这样的新文化，无疑是"提高民族自信心"，使中华民族自立于世界先进民族之林的必要条件。这是正确对待中国传统文化的首要基本原则。

基本方法：批判改造，推陈出新

对于传统文化中那些属于"民主性的精华"的许多好的东西，是否就可以照抄照搬了呢？也不能简单地"继承"，必须进行一定的改造，即"批判地继承"。毛泽东说："对中国的文化遗产，应当充分地利用，批判地利用。""反封建主义的文化当然要比封建主义的好，但也要有批判、有区别地加以利用。"这个"批判地利用"，就是"推陈出新"。怎么"批判地利用"或"推陈出新"？他本人对孔夫子给予的总结，为"批判地利用"传统文化中的"民主性的精华"，使其"推陈出新"，提供了很好的借鉴。

毛泽东对孔子的认识尽管多有变化，但在"文革"以前总的说是肯定的。一方面，毛泽东认为孔子是中国古代的思想家、教育家、音乐家。特别是他办学校，教出了颜回等许多有才干的学生，著有《春秋》历史书，贡献不小。毛泽东还说：孔子参加造反，"周游列国，就是哪里造反他就到哪里去。哪里想革命他就到哪里去。所以此人不可一笔抹杀，不能简单地就是'打倒孔家店'"。"我们共产党看孔夫子，他当然是有地位的，因为我们是历史主义者。但说是圣人，我们也是不承认的"。"孔孟有一部分真理，全部否定是非历史的看法"。另一方面，毛泽东又认为孔子有不少缺点，不注意人民的经济生活，不民主，没有自我批评精神，有些恶霸作风，法西斯气味；毛泽东也不赞成孔子的许多思想，但又不采取简单否定态度，而是具体问题具体分析。他在1939年曾专门讲过这个问题：一是认为孔子的思想体系是唯心主义的。所谓"名不正则言不顺，言不顺则事不成"，从哲学上说是唯心论。二是认为对孔子的道德论，应给以唯物论的观察，加以更多的批判。在毛泽东看来，孔子讲的"知仁勇"，其"知"（理论）是不根于客观事实的，是独断的，唯心论的；则其见之于"仁勇"（实践），也必是"仁"于统治阶级而不"仁"于大众的。其"勇"是"勇"于压迫人民，"勇"于守卫封建制度，而不"勇"于为人民服务的。"知仁勇"被称为"三达德"，是历来的糊涂观念。"仁"这个东西在孔子以后几千年来，为唯心论的昏乱思想家所利用，闹得一塌糊涂，害人不浅。对"孔子的这类道德范畴，应给以历史的唯物论的批判，将其放在恰当的位置"。三是认为孔子基本上是形而上学的，又有若干辩证法因素。毛泽东对"中庸"思想做过详细分析。他说：依照我们的观点说来，"过与不及"乃指一定事物在时间与空间中运动，当其发展到一定状态时，应从量的关系上找出与确定其一定的质，这就是"中"或"中庸"。说这个事物已经不是这种状态而进到别种状态了，这就是别一种质，就是"过"或"左"倾了。说这个事物还停止在原来状态并无发展，就是老的事物，是概念停滞，是守旧顽固，是右倾，是"不及"。毛泽东认为，孔子从量上去找出与确定质而反对"左"右倾的这个思想，是"一大发现，一大功绩，是哲学的重要范畴，值得很好地解释一番"。同时他又认为，孔子的中庸观念没有"发展的思想，乃是排斥异端树立己说的意思为多"，"孔子在认识论上和社会论上的基本的形而上学之外，有它的辩证法的许多因素，例如孔子对名与事，文与质，言与行等等关系的说明"。

对于传统文化中的"民主性的精华"，应该如何"批判地继承"，经过改造后"充分地利用"，是长期困扰学界的一个难点。就学术研究言，或简单化地"一分为二"，或贴标签后全盘肯定的现象比较多。像毛泽东这样深入地分析，丝丝入扣地讲道理进行剥离，实在太罕见了。即使对毛泽东关于孔子的个别观点在学界可能还有不同意见，但这种分析问题的辩证方法运用得这样到位、精准，是以马克思主义研究传统文化的学者们也不能不叹服的。只有这样，才能既做到对历史文化的"充分地利用"，又能使马克思主义更加中国化、民族化。这就是学术领域的推陈出新。

基本态度：古为今用，百花百家

中国共产党人对传统文化采取深入分析的态度，固然是其科学精神的体现。但是，这里也显示了中国共产党人的革命精神。因为作为马克思主义的先进政党，中国共产党集革命精神与科学精神于一身，对于传统文化也是努力将革命性与科学性统一起来。毛泽东说：对于中国的优良的历史传统，"我们是要继承的，但是目的仍然是为了人民大众"。对于过去时代的历史文化形式，"我们也并不拒绝利用，但这些旧形式到了我们手里，给了改造，加进了新内容，也就变成革命的为人民服务的东西了"。因此，他明确提出"古为今用"原则。当然，对这个原则要有一个科学理解，既不能搞实用主义的简单化，也不能搞形而上学的片面性。一个时期出现的这样那样的不良倾向是对它的误解和曲解。

应当说，"古为今用"是总原则、总要求，怎样体现这个原则、这个要求，可以有多种多样的形式。毛泽东提出"百花齐放""百家争鸣"，对于古为今用也是适用的。其实，"双百方针"的提出，本身就是古为今用的绝佳体现。"百花齐放"，指各种花同时开放，语出清代章回小说《镜花缘》。在该书第三回讲"百花仙子只顾在此著棋，那知下界帝王忽有御旨命他百花齐放"。毛泽东用此语比喻，提倡艺术上应有不同形式和风格的自由发展。"百家争鸣"，本来是说在春秋战国，社会处于大变革时期，产生了各种思想流派，有儒、道、法、墨、阴阳、名、纵横、杂、农等各家，著书讲学，展开争论，呈现出空前的繁荣景象。后世赞赏这个时代的学术为百家争鸣，毛泽东用此语也是以此比喻学术上的不同学派应当自由争论。他在1956年提出"双百方针"时说：在艺术方面的百花齐放的方针和在学术方面的百家争鸣的方针是必要的。现在春天来了嘛，一百种花都让它开放，不要只让几种花开放，还有几种花不让它开放，这就叫百花齐放。百家争鸣是说2000年以前那个时候，有许多学派，诸子百家，大家自由争论。现在我们也需要这个。当然，这个方针在后来的实践中没有得到很好的贯彻，那是另一个问题，但这个思想和方针是正确的。

文化大革命以前，中国共产党总体上践行了这些原则，从而成为马克思主义与中国优秀传统文化相结合的典范。文化大革命时期，违反了长期以来形成的对待优秀传统文化的正确原则和政策，大破"四旧""批林批孔""评法批儒"，对孔孟之道大加鞭挞，使许多优秀传统文化遗产遭受严重破坏和损害。但有幸的是，那时对文化大革命的抵制和抗争，也包括了对破坏传统文化遗产倒行逆施的抵制和抗争，因而也保护了不少优秀传统文化遗产。随着对极左思潮的批判和对文化大革命的全面整顿，党对传统文化的正确政策逐渐得到恢复和贯彻。

总之，中国共产党尽管对中国传统文化的认识经历了一个曲线过程，但一直致力于马克思主义与中国优秀的传统文化相融合，创造马克思主义的民族形式，在大多数时间形成了与时代要求相适应的中国化马克思主义理论。

（作者为中央党史研究室原副主任）

传统哲学思维的一个盲区

李德顺

　　能够区分"实然"与"应然"，是一种基本的思维能力。比如，要说明你对某件事情的某种主张，就要交代它是从哪里得出来的？具体说，是观察真实的历史所得出的描述性事实判断（为此须有确切的证据），还是从现在的体会和需要出发所提出的规范（评价、倡导）性价值陈述（为此须提出合理的理由）？简单说，你讲的是一种"事实"描述（实然），还是一种"价值"取向（应然）？在中国传统哲学中，存在这个问题，即主要是一种"以应然引导实然"的走向：经常是先确定了"应该"是怎样的，然后选择一定的实例来证明它就是"实然"的，以此来强调价值规范源自"天地之道、万物之理"，并相信万物之实也从来就是如此。

　　中国传统文化"以应然引导实然"的思维习惯，通过"道器之辩"和"体用之辩"可以看得很明显。它们都属于对世界、人生和文化中"本末"问题的大思考。而其中最明显的盲区，恰恰在于对"实然"和"应然"的未加区分。

　　在中国古代哲学中，"道"作为最高范畴，貌似揭示万物存在的终极起源，即表达一种最高的"实然"状态，实则是在猜测万物生息的内在义理和理想化的逻辑，即表达一种普遍的"应然"秩序。老子说："有物混成，先天地生，寂兮寥兮，独立而不改，周行而不殆，可以为天下母，吾不知其名，字之曰道，强为之名曰大。"尽管"道可道，非常道"，但可以看出，用今天的话来讲，所谓"道"有点像是包罗万象的统一性，是先天地之生的万物本源，或一切事物永恒规律的代表。古人虽然赋予了"道"以至大无外、至小无内、至高无上的形象和地位，却并不主张充分地了解它，分析它，描述它，而只是强调要无条件地接受和运用它。

这意味着，在中国，对"道"的追求和把握，主要是走向人文化，而不是科学化的道路。而最能代表这条道路的，当然是孔子和儒家。孔儒不否认"天道"，却并不多讲"天道"。他们主要讲伦理政治，是将恍如"实然"之理的"天道"，直接落实为世俗"应然"体系的"人道"——人世的最高原则、治国的根本原则。

与"道"相对的是"器"，指各种派生的、有形的或具体的事物，即已成实然的存在物。"道"与"器"的关系，被看作是"本末"关系，"道本器末"。既然道是根本，器是从生从属的东西，那么在追求根本、注重高远的人看来，就应该重本轻末、重道轻器，"以道御器"。

与"道器"相联系的是"体用"。"体用"是比"道器"晚些（魏晋时期）形成的概念，其含义复杂多变。唐朝崔憬的解释是："凡天地万物，皆有形质，就形质之中，有体有用。体者即形质也。用者即形质上之妙用也。"若按这种解释，"体用"有些接近于"实体和功能"；但崔又说："动物以形躯为体，以灵识为用；植物以枝干为体，以生性为用"，结果就如孙中山所说："何谓体？即物质。何谓用？即精神。"于是"体—用"就成了"物质—精神"；而张之洞对"中学为体，西学为用"的解释，则将"体用"与"可变不可变"联系在一起，强调"伦纪""圣道""心术"之为"体"，是不可变的，而法制、器械、工艺等代表"用"，是可以因时势而变的。这样，"体用"又有了"目的与手段"的价值含义。

总之，在中国传统话语中，无论"道器"还是"体用"，都被赋予了"存在"与"价值"的双重含义。作为存在范畴，它们分别指存在物的不同层次和状态，如实体与现象，绝对与相对，核心的与外围的，等等。而这些存在层级和状态的划分，并不引导人们对存在和有关概念本身进行深入的追究，因为它们直接就是用来说明"重要不重要""可否取舍改变"的，即直接为价值判断服务的前提预设。所以自老子、孔子以来的传统，总是循环论证来强调"重道轻器""重体轻用"。这正是典型的把实然和应然混为一体，并让实然服从于应然的价值

（道德）主义理路。这种理路必然有其内在的缺陷和历史局限性。

1. 它人为地割裂了存在者和它的存在方式、事物的本质和现象、文化的本质内容和外在形式等之间的联系

它把"道、体"与"器、用"割裂开来，只看到前者高于后者、统率后者的一面，没有看到前者寓于后者、依赖于后者的一面。如此必不能完整地认识事物的存在及其价值。如严复在其《与外交报主人论教育书》中就曾指出：所谓体用，只是就同一事物而言。譬如，有牛之体则有负重之用，有马之体则有致远之用，没听说要"以牛为体以马为用"的。

2. 它所体现的思维方式，是一种主观先验的思维方式，不注重科学论证，因此也不利于哲学和人文科学的发展

对道体和器用的实践把握，往往归结于"运用之妙，存乎一心"，即过分依赖于个人的智谋权术，不重视形成社会的普遍精神、方法、规则、程序、法制等。所以它只是支持"人治"而非"法治"的理论。使"认人不认（道）理""重成事不重立规矩"成为一个影响深远的社会风尚。这不能不说是观念本身的缺陷所致。

3. 它所承认的思想境界，至多表现了少数"君子"们的兴趣和志向，而且只有更少数人才能达到其境界

对于大多数人来说，这种要求则太高、太难了。因此若将这些作为社会的应然理想和原则，就往往意味着脱离实际、脱离群众，不关心广大人民百姓的疾苦，更不尊重实践的现实和人民日常生活的境界。这也为统治者以"守道"为名，牺牲人们的现实利益，动辄强加于人，甚至"以理杀人"，提供了基本的理由。

毫无疑问，"重道守体"本身是非常重要的。但是，道本身不是先验的、一成不变的简单公式和绝对教条，对于我们来说，唯一正确的根本之道，是科学的真理体系和为人民服务的价值原则，它们是要在实践中把握，在实践中检验和发展的。忘记了这一点，也就违背了最根本之道——实事求是。

（作者为中国政法大学终身教授）

中华文明最大特色是什么

张岂之

中国自古以来一直注意中外文明交流。西汉时期开辟了丝绸之路，这是经济交流之路，也是文明互鉴之旅。中国的丝绸改变了西方人的穿着，而西域的物产和音乐、舞蹈也影响了中国人的日用习惯和艺术风格。中华的儒学推动了东亚日本、朝鲜文化的发展，而南亚印度的佛教也充实了中华文化，中国翻译印度的佛教文本，在汉语中增加了许多词语，丰富了中华文化的表现力。

中外文明交流是阻挡不住的。时至明清之际，尽管官方采取了"海禁"政策，但民间的海上交往并未止步。在明代郑和下西洋终止以后，中国的一些商人和平民，经过海上丝路往来贸易，甚至到东南亚以及世界各地定居，成为今天海外华人的祖先。他们为远播中华文明作出了很大贡献。

中华文明的特色是什么？我认为，中华文明是人文文明与政治文明相结合。英国史学家汤因比和日本学者池田大作的对话集《展望21世纪》一书有这样的评论："（中国人）比世界任何民族都成功地把几亿民众，从政治文化上团结起来。他们显示出这种在政治、文化上统一的本领，具有无与伦比的成功经验。这样的统一正是今天世界的绝对要求。"文化与政治的结合，这是一个很大的题目，可从其中抽出若干点进行论证。

民族融合与文明创造

中华文明在世界上独树一帜，渊源于中华各民族的创造与发明。例如：汉族首创了造纸、印刷、指南针和火药四大发明；维吾尔族和黎族最先学会棉花的种植和纺织；回族建筑师亦黑迭儿丁规划并主持修建了元大都（今北京）宫殿和宫城，为北京成为世界名城奠定了基础；藏族保存的两大古代佛学著作《甘珠尔》和《丹珠尔》（即藏文大藏经），至今仍是中华文明的珍品。

几千年来，中华各民族日益密切地交往、团聚和统一的过程，是各民族融合的过程。各民族经过不断迁徙、杂居、通婚和各种形式的交流，在文化上互相学习，在血统上互相融合，你中有我，我中有你，逐渐形成了中华民族共同的文化和心理特征。

中国的主体民族——汉族，就是各民族大融合的结果。早在先秦时期，我国存在华夏、东夷、北狄、西戎和百越五大民族集团。华夏族是在夷夏融合过程中发展起来的。

中国自古就是一个统一的多民族国家，统一是中国历史的主流。现在的56个民族及其祖先几千年来一直生活在中国这片土地上。

中国的统一与辽阔的疆域，是中国各民族共同缔造开发的。中国的文明与历史，也是中国56个民族及其祖先在几千年的发展过程中共同创造出来的。其中汉族居于主导地位，每一个少数民族都做出了自己的贡献。

制度革新与文明创造

我们考察中国古代的政治、法律、选官制度，可以看到其政治文明具有丰富的内容，它体现了政治方面的自我修复和自我完善的趋向。

隋唐在官吏选拔上最显著的贡献是创建了科举制，在此之前实行察举制，由他人推荐成为官员，而科举制则是以考试定取舍。

中国的科举制改变了前代选官制度中的权力下移之弊，适应了加强中央集权的需要，把官吏的选拔权收归朝廷。正因为如此，唐太宗才说出了那句得意之言："天下英雄入吾彀中矣！"科举制扩展了统治集团的社会基础，打破了官僚世家依仗门荫资历对政权的垄断，形成了由下层社会向上层社会流通的政治途径，吸引莘莘学子"老死于文场而无所恨"，特别是科举制将教育制度与选官制度结合为一个整体，在一定程度上保证了官僚队伍的知识化，有利于陶冶官员的操守品行。因此，科举制得到唐以后历代王朝的重视，成为传承中华政治文明的可靠途径。

唐代在法制监督上也有新进展，沿用汉晋以来的御史台建制，以御史台监督百官，整顿吏治，在当时起了积极的作用。

隋唐创立的科举制，在宋代又有所完善。宋代完全以试卷作为考察评价标准，消除了举荐制的痕迹。在考试程序和方法上，也有严密的规定。

中华政治文明中的科举制，有利于统治集团吸纳社会精英，形成素质较高的官员队伍。不过，这种制度并未改变中国封建社会君主专制制度的实质，皇帝把法制作为治民治吏的一种手段，自己则凌驾于法制之上。因此，中国古代的政治、法律和选官制度虽然能不断自我修复完善，却并不能促进制度实质性地改变。

全面实现小康与中华文明

当前，我国越是临近实现"两个百年"奋斗目标，就越发感到中华文明与实现中华民族伟大复兴的梦想深深地联结在一起。2014年10月15日，习近平在全国文艺工作座谈会上发表了重要讲话，其中第一个题目是："实现中华民族伟大复兴需要中华文化繁荣兴盛"。习近平在讲话中指出："历史和现实都证明，中华民族有着强大的文化创造力。每到重大历史关头，文化都能感国运之变化、立时代之潮头、发时代之先声，为亿万人民、为伟大祖国鼓与呼。中华文化既坚守本根又不断与时俱进，使中华民族保持了坚定的民族自信和强大的修复能力，培育了共同的情感和价值、共同的理想和精神。"这就是今天和未来中华文明的发展趋向及其承担的重大历史使命。

　　人们不会忘记，在20世纪中叶，当西方文明优越论甚嚣尘上的时候，英国哲学家罗素在《西方哲学史》中表达了不同的论点："我认为，如果我们要在世界上有一种家园之感，我们就必须承认亚洲在我们的思想中享有同等的地位——不只在政治上，而且在文化上。我不知道这将带来怎样的变化，不过我相信它们将是深远的，而且有着极其重大的意义。"今天，我们要感谢罗素先生的先见之明。

（作者为西北大学名誉校长）

亦史亦哲的"诸子散文"

边家珍

先秦诸子的文章习惯上被称为"诸子散文",主要是说理。那个时代文学还没有独立出来,也就是处于文史哲不分家的状态,不纯粹,可以说亦文亦史亦哲。当然,具体到不同的作家作品,文、史、哲三者所占的比重是不一样的。相比较而言,《老子》《论语》《孟子》《庄子》文学性都很强。《老子》是韵文,像哲理诗。《论语》文风迂徐含蓄,意味深长。《孟子》《庄子》不仅饱含着作者丰富的情感,而且多用寓言故事说理,个别地方甚至带有小说的意味。熟悉诸子经典名篇,能够增加文学修养,提高文学艺术的阅读鉴赏能力,这是毫无疑问的。比如说读了《庄子》里的"庄周梦蝶",理解了"梦蝶"意象的文化内涵,那么再读晚唐李商隐《无题》诗"庄生晓梦迷蝴蝶",就比较容易理解诗人要表达什么了。

诸子文章产生在百家争鸣的春秋战国时期,当时社会动荡不安,思想活跃多元。诸子对政治经济、社会人生等问题都非常关注,他们大都希望社会能进入某种理想的状态,希望人们具有理想的品德。我们现在所说的不少表达传统美德的概念,与他们的言说都有一定的渊源关系。如《老子》里说的"吾有三宝:一曰慈,二曰俭,三曰不敢为天下先";《论语》里说的"仁者,爱人";《墨子》里讲的"兼爱""非攻";《孟子》里讲的"恻隐之心、人皆有之""舍生取义""我善养吾浩然之气";《荀子》里讲的"学不可以已""君子敬其在己者,而不慕其在天者"等,都已沉淀为中华民族传统美德的重要元素。

先秦诸子中不少人都有招收门徒、传道授业的经历,他们大都重视个人修养,注重陶冶情操。相对而言,儒家较为重视上下尊卑之礼,讲君君臣臣、父父子子,倡导个人对礼制的顺从。墨家则看到了等级制度对个人的损害,所以提倡无等差的兼爱,也就是基于平等的爱。法家将王权置于法律之上,不讲个人权益,甚至有意识地压制个人权益,所以很少讲个人如何自处、如何处世的问题。道家的庄子力图从现实压迫中寻求精神上的超脱,强调"不以好恶内伤其身",追求逍遥自在。一般说来,儒、道两家对古代文人士大夫的个人修养的影响比较大。

诸子百家是在社会大变革的背景下、在百家争鸣的氛围中产生的,他们的文章不仅包含知识层面的内容,而且包含很多创造性的智慧层面的内容,如老子指出"反者道之动",他看到相反的东西能相成,于是不厌其烦地强调对立面的积极意义,如尚柔、尚雌、处卑、居下、不争等。这对于今天我们转识成智、提高思辨能力,仍然有不可低估的参考价值。先秦诸子大都是从解决现实问题出发来著书立说的,他们都力图进入公共说理领域进行言说,故而大都关注思维方法及语言表达问题。例如,墨子极为重视逻辑学,孟子说"予岂好辩哉?予不得已也",荀子甚至说"君子必辩",韩非子借助老子的"道"来讲他所谓的"道理",庄子文章里也讲到言意之辨、得鱼忘筌的问题等。可以说,诸子文章就是他们思辨的成果,至今仍值得我们好好研究、学习与借鉴。

(作者为山东大学文学与新闻传播学院教授)

不同文明相遇、相融的一条纽带

张西平

汉学或中国学，是世界各国关于中国人和中国文化的研究。在过去几个世纪里，不同文明在西去东来的道路上相遇、相融，而汉学恰似一条纽带，它以独特的方式连接着中国与世界。《纽带：东学西鉴四百年》首次系统介绍了海外汉学的发展历史，这是一次很有意义的尝试。

为了重建自己的学术系统，让中国学术走向世界，我们必须了解海外汉学

中国人文社会科学要走向世界，展示自己的学术成果，扩大自己的学术影响力，第一步就是要了解国外中国学研究的历史与现状，唯有此，才能迈出走向世界的坚实步伐。那么，为何这样看待海外汉学呢？

1. 海外汉学是世界各国人文社会科学了解中国的窗口

由于语言的问题，中国绝大多数学术成果不被各国人文社会科学界所知，随着近年来中国的崛起，世界各国的人文社会科学界开始关注中国，但此时他们所借助的基本材料、基本文献仍是海外汉学家们的翻译和研究成果。对于一般民众来讲，他们对中国的了解和认识完全掌握在这些汉学家手中。了解国外的汉学，

团结知华、爱华的汉学家，不仅是中国学术走向世界的第一步，也是中国大的文化战略和重要的学术文化政策。

2. 海外汉学与中国近现代的中国学术进展紧密相连

从晚明时开始，在全球化的初期，中国已经被卷入世界的贸易体系之中，关于中国的知识、文化、历史、典籍已经开始被这些来华的传教士、外交官、商人所研究。从那时起，中国的知识已经不归中国学者独有，开始有了另一套讲述中国文化和学术的新的叙述，正如《纽带》中所记载的那样。而且在1814年的法国，他们已经把中国研究列入其正式的教育系统之中，在西方东方学中开始有了一门新学问：汉学。尤为引起我们注意的是，1905年中国科举废除，经学解体，中国知识的叙述系统发生了根本性变化，目前我们这套人文社会科学体系，完全是从西方传过来的。作为后发性现代化国家，自己的知识系统的独立发展已经被打断了，而在帮助我们建立这套现代学术体系的人中，西方汉学家是很重要的群体。在这个意义上，如果不了解国外的中国学或者汉学，我们就搞不清我们自己的近代知识系统的形成与变迁。

更为重要的是：要在中国崛起后，走出百年"欧风美雨"对我们的影响，重建中国的学术体系，也要了解域外汉学，如果不这样做，我们自己的近代到当代的学术历史就搞不清，中国学术的当代重建也是一句空话。

如何展开海外汉学的研究

1. 要了解各国汉学研究的历史与传统

每个国家对中国的研究都有自己的历史和传统，当代的汉学家也是在他们老师的带领下进入这个领域的，所以，摸清其历史和传统应该是与其对话的基本要求，不然会闹出笑话。但对很多具体学科来讲，特别是社会科学的具体学科，这些年随着中国的崛起，国外对中国的现当代研究十分活跃，对中国经济、能源、环境等的研究如雨后春笋般涌现，这些都需要国内的学者关注，摸清其基本情况。

2. 要注意海外汉学的学术背景和政治背景

西方的中国研究是在西方的学术背景下展开的，学术的基本理论、框架、方法大都是西方的。因此，在把握这些国外的中国研究，特别是西方的中国学时要特别注意这一点，万不可以为他们讲述的是中国的知识和内容，就按照我们熟悉的理论和方法去理解他们。对待域外的汉学要特别注意从跨文化的角度加以分析和研究。这在中国历史、人文研究中是要特别注意的。

3. 积极与海外汉学展开学术互动，建立学术的自信与自觉

在解释中国文明与文化，在解释当代中国的发展上，西方中国学研究领域已经形成了一整套的理论和方法，这些理论和方法中有些明显是有问题的，这就需要我们和他们展开学术性的讨论。所以，在与国外汉学研究者打交道中，文化的自信和自觉是一个基本的立场。世界的重心在向东方转移，走出"西方中心主义"是一个大的趋势，西方文明和中国文明一样都是地域性的文明，同时都具有普世性的意义，一切理论都来自西方的趋势肯定是有问题的，尤其在中国研究上更不应如此。因此，既要结交国外的汉学家，又要和他们展开学术对话、学术交流。建立一种批评的、对话的汉学是十分重要的，这就是我们的双重任务。其实这个过程就是汉学走向世界的过程，就是中国学术重建的过程。

（作者为北京外国语大学教授、博士生导师，亚非学院院长）

中华文化具有竞争力

郭万超

中华文化在历史上对世界产生过重要的影响，美国汉学家孟德卫指出："至少到18世纪末，欧洲接受来自中国的影响是因为他们视中国文化为更优越的文化，且乐意向中国借鉴。"

在这样一个中国崛起的伟大时代，坚定中华文化自信，还必须深入考究中华文化的独特优势或比较优势，这是确立中华文化自信的根本。毛泽东说过：一个民族能在世界上在很长时间内保存下来，是有理由的，就是因为有其长处及特点。与之类似，文化亦然。中华文化的独特优势主要有以下方面。

1. 中华文化是一种"和"的文化

中华民族的血液中没有侵略他人、称霸世界的基因。西方文明是一种竞争性、排他性文明，自希腊、罗马时代的独立城邦，到中世纪欧洲大陆的封建诸侯，直至近代的民族国家，国家之间的利益冲突与实力竞争构成了西方世界体系的基本模式。"力量所及，则尽力扩张"，国家"以实力来确定自己的利益"，国家战略的核心是在相互冲突的国际环境中如何使用国家权力以实现国家目标和扩张国家利益。而从历史传统看，中国注重以文明的力量来影响周边国家。突出的天下情怀与鲜明的道德意识是中国文化的一大特征。在中国历史上极少出现以掠夺其他国家土地、财富、人口为目的的征伐，而西方国家从古希腊以来就充斥着对外扩张的历史，古罗马帝国的征伐就长达100多年，后来的"十字军东征"长达200多年，14世纪以来，西方对外扩张的历史更是达到600余年。

2. 中华文化的整体思维方式源远流长，影响深远

它不仅表现在考察和分析自然现象方面，而且在工程、建筑、医学、艺术等社会实践中，也充分体现出整体思维的魅力。人类思维的进步、升华，既需要科学的分析，更需要整体的把握，需要二者的有机结合。中华文化中的整体思维和系统方法对推动现代科学技术的整体化、综合化的发展，对后现代化社会的思维方法都会产生深远的影响。

中国的人学思想最丰富。中华文化强调人的自我修为、自我提升，注重人的道德的自律与自觉，明"人伦"、讲"中和"、求"致和"，蕴含着协调人际关系、讲究心态平衡的深刻思想。

3. 中华文化具有高度的包容性

早在中国古代就有思想家明确地提出"和而不同"，但"和为贵"。中华文化可以将各种类型文明的优秀因子加以黏合，其他文化的种子如佛教、社会主义、市场经济都在中华文化的母体内找到自己发展的土壤。保罗·柯文认为，西方文明是最狭隘的文明，西方人从不把其他民族的观点放在眼里。而且，西方人为了留存自己的文化，往往强迫别人放弃自己的观点。在未来的日子里，西方必须了解其他国家并向他们学习，不再假定自己拥有根本的优越性。如果西方不能改变自负心态，这将成为其衰落的最终原因。

4. 中华文化具有丰富的人文精神

比如，天人合一、爱国主义、君子文化、礼仪文化、尚贤文化、忠孝文化以及人道主义精神等。这些精神资源为中华民族生生不息、发展壮大提供了丰厚滋养，孕育了一代代优秀的中华儿女。这其中有啮雪苦节的苏武，有舍身求法的玄奘，有"鞠躬尽瘁，死而后已"的诸葛亮；从"先天下之忧而忧，后天下之乐而乐"的政治抱负，到"位卑未敢忘忧国""苟利国家生死以，岂因祸福避趋之"的报国情怀；从"富贵不能淫，贫贱不能移，威武不能屈"的浩然正气，到"人生自古谁无死，留取丹心照汗青"的献身精神等，都成为激励中华民族自强不息的强大力量，演化成中国人民独特的民族精神，支撑着中华民族勇往直前。美

国花旗集团高级顾问罗伯特·库恩在《环球人物》2008年第24期的一篇文章中写道：中国国家副主席习近平认为，"中国人对祖国悠久文化传统的自豪感是推动现代化发展的重要因素"。2006年3月，时任浙江省省委书记的习近平对记者说："要理解中国人为什么那么执着地为民族复兴而努力"，"必须了解中国人对古代文明的那种自豪感，这是激励现代人去振兴民族的历史动力。""中国的发展变化，至少在一定程度上，是由爱国热情和民族自豪感推动的。"如从孙中山先生到当今领导人都有着强烈的民族复兴信念，体现了中华文化的爱国精神和自强不息精神。

中华文化的许多方面有助于中国的现代化进程，对于现代化弊病的救治是一种有效的思想资源。中华文化本身就具有融合包容的特质，她最有希望融合中西之长，形成当代极具竞争力的文化。

（作者为北京市社会科学院传媒研究所所长、研究员）

一个纠缠千年的文化心理公案

杨念群

京派海派之争背后所隐匿着的南北文化差异是更有意思的话题

20世纪30年代北京和上海文人之间曾经发生过一次对骂，被称为"京派"与"海派"之争，这段公案最初仅限于讨论作家的写作风格，后来延伸到对京沪两地文人行为和气质的评价。论争的发难者沈从文在《论"海派"》一文中概括海派的特征是"名士才情"与"商业竞卖"相结合，并用尖刻的语气大损海派是一帮新斯文人，说他们如名士相聚一堂，吟诗论文，冒充风雅，或远谈希腊罗马，或近谈文士女人，行为与扶乩猜诗谜者相差一间。

又有一个评价是："海派有江湖气、流氓气、娼妓气；京派则有遗老气、绅士气、古物商人气。"（姚雪垠：《京派与魔道》）矛头直指京派领袖周作人。周作人则直接回应"上海气"是"买办流氓与妓女的文化，压根儿没有一点理性与风格"。当然还是大先生的话一锤定音，说是"要而言之，不过'京派'是官的帮闲，'海派'则是商的帮忙而已"。不过，这些议论都把自己圈在了北京、上海两个城市里比较，实际上，京派海派之争背后所隐匿着的南北文化差异才是更有意思的话题。

宋代就有重南轻北的习惯，其"心理补偿论"
特别容易在朝代更迭的过渡期频频发作

南人和北人相互看不起不知始于何时，我们可以大致推测宋代就有重南轻北的习惯。宋人是出了名的尚文轻武，自宋太祖杯酒释兵权，夺了军人带兵的念想后，文人领军成了时髦风尚，连皇帝都纷纷把自己装扮成高级文化人。与此相对应，宋朝军人与北方蛮族交战就经常显得柔若无骨，不堪一击，听杨家将的故事，我们常常误以为北宋已经靠寡妇在打仗。

有一位华裔美国史学家形容宋代的气质内敛封闭，面对北方金人的狰狞强霸，像个柔媚害羞的女子。仔细想，这"害羞论"还真不是没有一点道理，不但宋代文人气质儒雅，皇帝脾气也好得不行。传言某个北宋皇帝和某个丞相整日勾肩搭背，有说不完的知心话，这位丞相爷更大言不惭地说要和皇帝"共治天下"。有些皇帝姿态谦卑低下，常请一些没功名的布衣文人到宫中做客，在殿上听其娓娓清谈，搞得一些文人得意忘形地说要"格君心"，做皇帝的思想辅导员。只不过当时文人再得势，也无法遮掩宋军一败再败的现状，一种奇怪的心理补偿论才逐渐流行起来。这种怪论把辽金人想象成没有文化品位的种族，只会在马背上打仗撒野，一旦遭遇大宋的文明气象，外表虽硬充好汉，心理却矮了三分。这论调故意严格划分汉族和北方民族的界限，两相比较，贵贱分明，似乎只有这样才能显示汉人血统的纯粹高贵。

"心理补偿论"特别容易在朝代更迭的过渡期频频发作，比如宋元之际和明清之际就是如此。由于宋代之后南北军事形势被彻底逆转，汉族王朝在对北方少数族群的征战中从没占到过什么便宜，江山一旦易主变色，南方文人彻底屈从在北方蛮族手下讨生活，用文化优越的心理去补偿国土丧失之痛就变成了不得已的选择。清初残留下来的明朝遗民尤其不相信"命定论"。"命定论"是清初流行的一种说法，认为帝王多定都北方，所以凡能统一天下者都是自北而南，顺势而下，地气生成蔓延也是如此；相反，天下动乱的发生多是由南向北，因为南方地气柔弱，北方风气骠劲。清初皇帝如康熙就特别喜欢这种"地气论"，他说，金陵虽凭借长江天险，却地脉单薄，所以凡是建立在南方的政权总是逃不脱偏安的命运，成不了大事，他暗讽的当然是南宋和南明这类建立在江南的小朝廷。这与南方文人的想法显然南辕北辙。

"南胜于北"的思维根深蒂固，甚至近代革命党人还利用宋人那一套说法来做助推革命的燃料

宋人心理补偿论引发的南人优越感一直延续至近代，突出的一个例子是革命党人还是利用宋人那一套说法来做助推革命的燃料。刘师培就用典型的宋人语言描述南北分立的历史态势，如说"金元宅夏，文藻黯然"，金元是异族统治的朝代，代表北方势力，自然压抑住了南方优雅的文明，这太像宋人的语气。又如以下这段："及五胡构乱，元魏凭陵，虏马南来，胡氛暗天，河北关中沦为左衽，积时既久，民习于夷，而中原甲姓避乱南迁，冠带之民萃居江表，流风所被，文化日滋。"大意是说中原原来是文明的核心，让北方胡人污染后，文明人才纷纷南迁，造成南方文化远胜于北方的局面。

这种"南胜于北"的思维根深蒂固，即使表面上讥讽南人奢靡，处处小家子气，也远胜于北人的粗野不文。刘师培比较南北文人的差异说是："大抵北人之文，猥琐铺叙以为平通，故朴而不文；南人之文，诘屈雕琢以为奇丽，故华而不实。"这种对北人的贬词好像带着些许醋意，对南人文辞雕饰的批评也似乎显得言不由衷。

革命党人想打出反满的旗帜，也是沿了宋人的思维一路走下来，否则革命似乎缺少合法性。比如朱谦之就强调广东地理位置特别重要，因为它是中国"科学"和"革命"的策源地。近代以前，人们总是把广东想象成未开化的南蛮之地，经朱谦之一点拨，广东不但摇身一变成为吸纳近代科学文明的重要入口，而且也是推翻北方蛮夷出身的清朝统治的发轫之地，真可谓是宋人自恋的近代极致版。

南人和北人的区隔在近代已经被虚化了，虽然有宋人唠叨的阴影在

近代以来，为南人说话的人占据大多数，敢为北人说话者不是没有，但并不多见。也偶有例外，如2012年正逢清帝逊位100周年，还真寥寥出现过几声异辞的鸣响，与前一年的辛亥革命热唱了点反调。有人说，革命党单靠潜伏于南方草根的秘密会社闹起事来，有点像当年高调反清复明的天地会，要不是北人袁世凯逼使满人皇帝光荣退位，就靠这几个会党作乱掀不起什么大浪。袁氏虽心狠手辣，却在形式上承接了清帝禅让的大统。这番话一出炉，明摆着是想和南人抢夺首倡革命的风头，遭遇围攻当属意料之中，却毕竟为早已被后人念歪的"重南轻北论"制造出一点异样的动静。

即使在20世纪30年代，南北文人的写作风格也相互交融互渗。就如京派领军人物沈从文也是从湘西土匪窝子里爬出，浑身带着南蛮的粗鄙闯到京城，哪里有什么帝都遗老的气质，故一直自称是城里的"乡下人"。但文字又是那般水润，有南国的媚气。他会说写字如同造一座希腊小庙，"精致、结实、匀称，形体虽小而不纤巧，是我理想的建筑，这庙里供奉的是'人性'"。这种相当小资的语气中哪里还荡漾着湘匪的蛮横？也看不出和帝都绅士有什么瓜葛。

可见，南人和北人的区隔在近代已经被虚化了，虽然有宋人唠叨的阴影在，毕竟随着时代的进展渐渐抹平了心理的计算和纠葛。

（作者为中国人民大学清史研究所副所长）

自觉自律精神是中华文化的一个根本特点

楼宇烈

中国文化历来都是一个多元的、包容的文化，在形成自己主体的根基上，吸取其他文化有益的部分来发展自己。简单来讲，中国文化跟世界其他文化的最大区别，就是中国文化是以向内为主的，而其他文化是以向外为主的。中国文化注重于人自身。

中国文化的根本特色是管好自己、管住自己

我们个人的言行举止，都是由什么来支配的？用中国传统的说法来讲，就是"心"。我们的心怎么想，我们就怎么去讲、怎么去说。当你成为一个人以后，支配你肉体的活动都是你的思想、你的心。我们常说：一个人的心念很重要。一念之差，就会万劫不复。我们需要端正自己的心术。

《礼记·礼运》说："人者，天地之心也，五行之端也。"人在天地之中的位置，就像心在人体上的地位。人是集五行（金、木、水、火、土）的精华而成的。人的一言一行、一举一动，都会让天地万物发生各种各样的变化。所谓"天人感应"，天地本有自己运行的规则，但人去干预以后，天地就会发生各种各样的变化。人是很渺小的，但他又能对整个万物的变化发生作用。道家讲顺应自

然，"辅万物之自然而不敢为"，就是告诫人们要认识万物自身发展的趋势，不能按照人类的想法去随意改变。

在人类社会中，存在人与人之间的各种关系。在人与人的关系中，又有内在的和外在的关系。在中国文化中，宇宙万物都是自然生成的，不是造物主造出来的，物与物之间有着内在的关系。人与人之间内在的关系，体现为生命之间的血脉联系。在人与人的关系之间，中国文化强调的是"向内"而不是"向外"，强调任何事情都要反求诸己、反躬自问。

中国的教育传统是"为己之学"。《论语》说："古之学者为己，今之学者为人。"《荀子》说，"为己之学"就是君子之学，就是"美其身也"，让自己的人格更加完美。"为己之学"，就是"入乎耳，箸乎心，布乎四体，形乎动静"的过程。而"为人之学"，就是"以为禽犊"，把学习当作一种积攒财富的手段，然后拿着这些财富去做交易。荀子讲，为人之学没有对人生发生任何的作用，只不过是贩卖家而已。

中国文化认为，一切的学习都是为了提高自身。《大学》说："自天子以至于庶人，壹是皆以修身为本。"中国文化又是一种"修身文化"。《大学》有"三纲领""八条目"。"八条目"其实是一个修身过程。朱熹在《大学章句序》中，把它分为"小学"和"大学"两个部分。小学的年龄段是8—15岁，主要学习洒扫、应对、进退之节（日常的生活规范）和礼乐、射御、书数之文（六艺）；15岁之后入大学，学习的是穷理、正心、修己、治人之道。这是对"八条目"的简化与总结，强调把自己"修"好，才能"治人"。中国文化的根本特色，是管好自己、管住自己。

发扬中国文化的自觉自律精神

孔子思想中最重要的，就是强调"仁"的概念。孔子之所以强调"仁"，是为了挽回春秋时期礼崩乐坏的状态。怎么挽回呢？就是把你一切的行为都回到周礼上去，回到原原本本的"仁"。《荀子》说："智者自知，仁者自爱。"《老子》说："知人者智，自知者明。"中国文化最根本的精神，就是自爱。只有自爱的人，才会去爱人，也才会被人爱。一切都要从自身做起，才是中国文化自觉自律的理念。

自觉自律，也是一种道德的观念。在先秦时期，"道德"是与"仁义"相对的。道德是一种天性，而仁义是一种规范。在某种意义上讲，仁义也就是一种修饰。"质胜文则野，文胜质则史。文质彬彬，然后君子"。能够把内心的质朴与外在的修饰结合起来，这才是真正的君子。外在的表现都是内心本质的一种表露。文明以止，也就是要通过外在的教育，让人明白"止"的道理。

所谓的"礼"，它的作用在什么地方？"礼别异"，就是通过礼，让我们认识到人与人之间的不同状态及区别。人与人是平等的，但不等于人与人的身份是一样的。我们要通过礼来认识不同的身份，还要认识到不同身份背后担当的责任和义务。作为父母，"生而养，养而教"就是他们的责任；作为子女，"父慈子孝"，对应的责任就是孝（还包括顺、敬等）。父母养育子女，子女孝敬父母，是一个自然的过程。魏晋玄学家王弼对"孝"的定义最为妥帖："自然亲爱为孝。"孝是一种自然亲爱的伦理。相比于西方文化，中国的传统文化更强调职责，强调尽伦尽职。教导人们通过礼乐教化明白自己的身份，然后按照自己的身份去尽自己的职责。

人类不仅需要自我管理、自我节制，还需要把这种管理与节制扩之于万物中。1955年，我到北大求学，那时的海淀区，还随处可见水塘。而现在，很多水塘都消失了。现在我们强调"生态伦理"很重要，但还要建立"科技伦理"。什么是"科技伦理"？就是在我们人有能力去做的时候，还要考虑该不该做。要更多地考虑到我们跟万物的关系，考虑子孙万代的事情，考虑到能不能可持续发展。这是一个人的自我认识问题，也是一个科技伦理的问题。我们人要有一种自觉性，也需要发扬中国文化的自觉自律精神。

人文文化，还可以相对另一面来讲，就是"物文文化"。物文文化，就是一切以物为中心。20世纪的两次世界大战，引起了西方很多人的思考。人从神的光环下站出来了，本来应该更理性。可是，人怎么能做这样没理性的事情，去发动战争呢？一切战争最后的目标，不就是争夺资源和财富吗？为了争夺资源财富，人类可以互相残杀，做出非常不理性的事。人的自我主体丢失了，变成了物的奴隶。有的学者提出：我们现在还应举起人本主义的大旗，被称为"新人本主义"。也就是要重新树立人的主体性，回归自我。但真正要做起来，却是很困难的事情。

（作者为北京大学宗教研究院名誉院长）

"虽不中，不远矣"
——儒家道德教化思想三题

沈湘平

一般而言，价值观教育总是预设了一个自上而下的过程，目的在于让大众认同和接受已经确定的价值观并履践以行动，即所谓内化于心、外化于行。在一定意义上，传统儒家思想就是一种道德教化学说，是一种致力于社会核心价值观建构与教育的思想。儒家在进行道德教化或价值观教育时，特别强调"君子以人治人"，即注意考察被教育者具体的主客观条件，包括被教育者目前所达到的道德境界、所处情景、可以预期的效果等，以此为基础循循善诱、有所提升，而不是把被教育者看作白纸一张，更不是强人所难，一味地抽象灌输。

"套近乎"：俯下身来，真正接引上大众的道德智慧

在儒家看来，要符合"五常"的核心价值观，直至达到至善是难的，但人人都有不学而能、不虑而知的良能良知，差别只在于光大的程度。因此百姓大众即使没有通过学习、教育，也会在世俗的日常生活中养成一定的道德智慧。故《论语》说："贤贤易色，事父母，能竭其力。事君，能致其身。与友交，言而有信。虽曰未学，吾必谓之学矣。"这样一来，教育者要做的事情就是，肯定大众在生活中养成的道德智慧，并努力架构起这种自在的道德智慧与儒家核心价值观

之间的关系，使之最终为后者所统摄。

儒家苦口婆心地告诉被教育者，你的道德智慧离核心价值观本来就很近，只要稍做努力，"跳起来就够得着"。在文本中，反映这一思想最明显的标志就是各种"近乎""近于""近"等字眼。例如，《论语》有"信近于义""恭近于礼""刚毅木讷近仁"；《孟子》有"强恕而行，求仁莫近焉"；《礼记》有"恭近礼，俭近仁，信近情""仁近于乐，义近于礼"，还有"贵有德，何为也？为其近于道也。贵贵，为其近于君也。贵老，为其近于亲也。敬长，为其近于兄也。慈幼，为其近于子也。是故，至孝近乎王，至弟近乎霸"；《大学》有"物有本末，事有终始，知所先后，则近道矣"；《中庸》更有有名的"好学近乎知，力行近乎仁，知耻近乎勇"，等等。另一个显著的文本标志就是"近"的反向释义词"不远"。例如，《大学》有"心诚求之，虽不中，不远矣"；《中庸》有"道不远人""忠恕违道不远"，等等。

我把这种拉近被教育者既有价值观与核心价值观之间距离的教育方法称为"套近乎"，目的就是打消大众对核心价值观的陌生感、外在感，而代之以一种亲切感、内在感，为核心价值观在大众道德层面的落实架起桥梁、打通关节。这样，儒家通过"套近乎"的方法，俯下身来，真正接引上了大众的道德智慧。我想，这也是几千年来，传统儒家思想能为不同阶层、不同文化层次的人较为普遍地接受与践行的重要原因吧。

"求其次"：从被教育者实际出发，在理想与现实之间达成一种实事求是而又保持积极向上可能性的平衡

一般认为，儒家教化充满理想主义色彩，甚至有些迂腐。其实，儒家对人性、人的素质、教育过程及其效果都有着实用理性意义上的清醒认识和复杂考虑。一方面，孔子感叹"吾未见好德如好色者也"，强调复礼为仁就必须克己。但是，克己的自觉性和最终克到什么程度是因人而异的。譬如，"近于知（智）"的"学"，就有"生而知之""学而知之""困而学之""困而不学"等多种情况。另一方面，人们往往是"可与共学，未可与适道；可与适道，未可

与立；可与立，未可与权"，践行核心价值观既不可能齐步走，也不可能效果一样，一定会有多样性的、多层次的结果。"'伐柯伐柯，其则不远'。执柯以伐柯，睨而视之，犹以为远。故君子以人治人"。尽管如此，儒家还是主张志存高远，因为在价值观教育中确实存在"取乎其上，得乎其中；取乎其中，得乎其下；取乎其下，则无所得矣"的规律。事实上，儒家是怀着一种"知其不可而为之"的悲壮心情去实施理想化的教化的，既坦然地接受并不完善的状态，又矢志"取乎其上"以获得次佳的结果。

在《论语·述而》中，孔子有两句句式完全相同的话："圣人，吾不得而见之矣。得见君子者，斯可矣"；"善人，吾不得而见之矣。得见有恒者，斯可矣"。君子、有恒者相对于圣人、善人而言，虽然不完美，但更具有现实性，也是"取乎其上，得乎其中"的结果，孔子认为这是可以接受的。我们知道孔子崇尚中庸之道——"中庸之为德也，其至矣乎"！但孔子清醒地认识到，达到中庸、中行的理想状态是多么不容易，所以老夫子并不教条，他指出，"不得中行而与之，必也狂狷乎！狂者进取，狷者有所不为也"。后来孟子从中读出了孔子的无奈与妥协，他说："孔子岂不欲中道哉？不可必得，故思其次也。"在我看来，孔子本人可能更为豁达、积极，对人性有更为通透的理解，也更懂得权变，故一以贯之地发扬"套近乎"的精神。他认为，对于很多人来说，"其次"已经是努力"取乎其上"的结果，"虽不中，不远矣"，是非常不错的结果了。思其次、求其次，儒家在价值观教育过程中，从被教育者实际出发，在理想与现实之间达成了一种实事求是而又保持积极向上可能性的平衡。

"因材因境"：强调对被教育者的不同素质、条件进行准确把握，并视之为教育有效性的基本前提和保障

众所周知，因材施教是儒家重要的教育方法，"子路、冉有问同一个问题，孔子给出不同建议"的故事传颂千古。事实上，从孔子把人分为上中下三种材质，到董仲舒的"性三品说"和韩愈的"性情三品说"，儒家都强调对被教育者的不同素质、条件进行准确把握，并视之为教育有效性的基本前提和保障。孔子

甚至明确指出，"中人以上，可以语上也；中人以下，不可以语上也。"用今天的话说就是，对于大多数人（大众），是不能以抽象的、形而上学的道德哲学或价值观念体系来进行教育的，他们能懂得的和在一定程度上能真正践行的是与他们日常生活直接相关的道德规范，因为他们拥有这个层次的道德智慧。

纵向地看，其实一个人的材质也与其年龄有关，因材施教因之也表现为因龄施教。儒家明确把教育内容区分为小学与大学，小学主要学其事，大学主要穷其理。朱熹就指出，"小学之事，知之浅而行之小者也"；"大学之道，知之深而行之大者也"。而且，"学之大小，固有不同，然其为道，则一而已"。由浅入深，先小后大，以止于至善，是次第之当然。其实，对于不同文化程度的人来说，这种因龄施教的次第性也就转换回因材施教的层次性了。

儒家价值观教育还特别强调遇物则海，根据不同情境得出不同理解，而不是给出一个统一的标准答案。例如，在《论语》中我们看到，樊迟、颜渊、仲弓、司马牛、子张等都先后问过孔子"什么是仁"的问题，孔子的回答都不同。这其中固然有因材施教的缘故，但樊迟一人前后三次问了这个问题，孔子的答案也是不同的，一个重要原因就是，孔子在不同情境下强调了仁的不同内涵、外延与应用。

总之，在儒家看来，现实的被教育对象都有着一定的道德素质与智慧，但每个人所处的道德水平、领悟能力是参差不齐的，以理想为目标的价值观教育，有近与至之分，必须由近而至；有远和近之别，必须由远近近；有中与次之效，允许由次及中；有材和境之异，必须因之施教。

立足中国当下实际，温习传统儒家相关思想，对我们培育和践行核心价值观有重要启示。那就是，在承认、尊重大众道德智慧的基础上，取法乎上，把大众道德智慧"团结"和"接引"到与核心价值观"近乎""不远"的水平，使之始终为核心价值观所统摄和辐射，始终保持着一种可以继续提升的、积极向上的可能。

（作者为北京师范大学北京文化发展研究院执行院长）

"文明以止"：中华文明的一大精华

林存光

在中华民族生生不息、源远流长的文明历程中，形成了自身独具特色的文明理念与文明特性。英国哲学家罗素曾说："中国与其说是一个政治实体，还不如说是一个文明实体——一个唯一幸存至今的文明。"而在我看来，中华文明之所以能够成为人类历史上唯一绵延至今、从未中断湮没的文明实体或文明形态，就主要得益于中华民族拥有其独具特色且持久一贯的文明理念与特性，这一理念与特性，可以用《易传》中的"文明以止"一语来概括。

"文明以止"的基本内涵

对中华民族的文明发展道路和人文精神脉络作一整体的观照与反思，以下六个方面是最为突出和鲜明的：一是"旧邦新命"的"中国"意识、"与时偕行"的通变思想和自强不息的进取精神；二是"和而不同"的和谐观念、多元一体的综合智慧和"有容乃大"的包容精神；三是"以人为本"的价值理念、贵仁尚义的道德信念和学行一致的教育思想；四是"民为邦本"、以德治国的政治思想和经世济民、天下己任的担当精神；五是"天下为公"的大同理想和"协和万邦"的天下情怀；六是"天人合一"的精神境界和天人协调的生态智慧。以上六个方面可以说最集中而鲜明地体现了中华文化在意识特性和思想内涵方面的精华，也可以说体现了中华人文传统最具特色的精神特性。

"文明以止"一词出自《易传》中的一句名言："刚柔交错，天文也；文明以止，人文也。观乎天文，以察时变；观乎人文，以化成天下。"所谓"天文"是指阴阳迭运、刚柔交错的自然变化过程与法则，而"人文"是指人类制作的礼乐典章制度及其对人的行为的规范教化作用。由"人文"与"天文"并举对称可知，"人文"并不与"天文"相隔相离而形成对立，这一点最能彰显中华民族"人文"意识与精神的特异处。也就是说，对于天下的治理化成而言，治国平天下者既须"观乎天文，以察时序之变化"，又须"观乎人文，以化成天下之人"。两者须相资为用，而不可偏废。可以说，中华民族虽然重视和强调以"人文"化成天下，但其"人文"意识却并不以逆天而行或支配自然为前提，相反，天文或天道自然法则乃是人类所当取象效法的对象，而取象效法天文或天道自然法则却又以人文化成为目的。

"文明"一词在《易传》中凡六见，其一见于《乾文言》，余皆见于《彖传》，《彖传》作者可谓揭示和阐发了一种极富"中国"特色的"文明"观念，而其中"文明以止"的说法尤其值得我们注意。所谓的"文明以止"，其本意是说如果一个人（特别是统治者）的德行能够像天地日月一样正大而光明，并用礼乐来教化世人，那么，天下的人民就会被他的光明之德所感召和指引而遵从礼义，以至行其所当行、止其所当止。

因此，在中华民族的这一"人文"观念与"文明"意识中，重要的不是通过强权霸道的治理方式来追求实现国家富强的目标或强制人民屈服，而是通过充分发挥礼乐对人的文明化的教化作用来引导人民过一种道德化的伦理文明生活，从而实现社会治理的目标；不是通过武力扩张或威服的方式来胁迫异族人民认同和接受自己的文化，而是通过中国式文明典范的内在文化特性的吸引力或修文德以来远的方式来引导对方实现文化上的自我转化与提升，从而实现"协和万邦"、天下一家的目标；不是通过征服自然或无止境地掠取和耗竭自然资源的方式来满足自身不断膨胀的欲望需求，而是通过节制自身欲望、协调天人的方式来追求实现物与欲"两者相持而长"乃至人与自然万物可持续和谐共生的目标。

中西两种不同的文明类型及其精神特性

在西方，所谓"文明"，乃是一个意涵极为错综复杂的概念。西方学者根据其各自对文明发展的一般理论反思而提出了各种不同类型的文明观或文明史观，首先，影响最大的是一种过程论的文明观或文明史观，即把文明看作是一种人类不断脱离野蛮生存状态而持续发展和演变的历史过程。其次，是一种衰落论的文明史观或文明衰落论，把文明看作是一个发生、成长、衰落和解体的过程。再次，是一种单位论的文明史观，把文明看作是一个分析和研究的"单位"，每一种文明也就是一个文明的"单位"，据此我们可以将从古至今在世界上出现过的文明区分为各种不同的文明单位。最后，是一种价值论的文明观，在这一意义上，所谓"文明"乃是指"一个特定人类群体所共有的价值观和生活方式"，或者所谓文明"只存在于一种生活态度之中，存在于某些思想和感受方式之中，因而只能用撒播种子的办法达到目的"，"准备让别人也文明起来的人必须允许人家自己去发现他得到的是较好的生活方式"，因此，"文明的主要特征"在于其"价值观念和理性思维"。

不过，就其实际的表现形态和影响来讲，尤其是随着17、18世纪近代科学技术的发展和工业文明的兴起，在西方一直以来占据着主导地位的乃是与"直线发展"的"进步"信念密切相关的第一种类型的文明观和文明史观，这使西方文明具有一种极为强烈而鲜明的以"动力衡决天下"的外向扩张性的特征与倾向。在西方，"文明"的概念形成之后，特别是18世纪以来，"文明"的概念"成了一个响彻全球的口号"，而且，西方人据以判断其他社会"文明化"的标准本身具有一种普世主义的扩张性倾向，并常常是依靠军事实力或通过武力殖民的方式来实现的。

"文明以止"内含着深刻的人文价值意涵与理性智慧，它昭示人们：文明不是无限度地开发、利用自然资源和对外扩张，而是要有所节制或依止，"止"其所当止，内修文德以化成天下。"文明以止"与无限制的文明扩张是两种根本不同的文明观，二者的区别恰恰是中西两种文明的分水岭，是它们的本质区别所在。中西文明各自植根于性质迥异的两种人文精神，一种是天人合一、物我交融、仁民爱物的人文精神，一种是人类中心主义的征服自然、以"动力衡决天下"的人文精神。以"动力衡决天下"的文明扩张，必然导致文化殖民主义和"文明间的冲突"；而富有反求诸己的道德理性、"己所不欲，勿施于人"的恕道美德与"和而不同"的和谐理念的"文明以止"，则会努力寻求一种不同国家和民族和平相处的"全球伦理"，通过"文明的对话"来化解"文明的冲突"，并乐于把宇宙万物都看成是人类的伙伴和朋友，乃至愿意善待自然万物而与之和谐相处。

"文明以止"的现代启示

在面临着许多威胁人类生存和发展的全球性难题的当今世界，"文明以止"的文明理念尤其显得富有启示性价值和意义。

现代文明正经受着考验，现代文明的弊病正是由文明发展本身即对自然资源的无限制地开发、利用和掠夺以及不断追求经济增长和文明扩张的目标所造成的，"文明以止"的理念可以纠正这一弊病；"文明以止"的理念可以引领人们实现这样的目标：使人的生命更加有尊严，人的生活更加美好幸福，人的生存更加可持续；"文明以止"可以教给人们这样一种生活态度以及思想和感受方式：为人止于真诚而不虚伪，待人止于礼貌而不谄媚，与人相交止于友善而不恶意中伤，治国理政止于关爱弱者、尊重民意、保障人权而不恣意妄为，不同国家和民族的关系止于和平共处而不以武力要挟，人与自然的关系止于协调友好、相互依存、可持续地和谐共生而不以经济的发展破坏生态环境。

"文明以止"并不是反对人类社会朝着更加"文明化"的方向发展，但它期望那种破坏自然、霸权扩张的西方式的"文明进程"或文明发展方式能够发生一种"文明转化"，从根本上转向"止于至善"的人道目标，止于人与人的友爱相处，止于人与自然的和谐共生，止于有益于人类自身可持续地生存和发展的生存之道。唯有这样的"文明以止"，才能使人类的生活变得更加美好，也唯有这样的"文明以止"，才能使人类的文明变得更加文明。

（作者为中国政法大学博士生导师）

"国学"与"国性"

彭　林

记得2005年中国人民大学成立国学院时，有很多人说：都什么年代了，还讲什么国学，这不是开历史倒车吗？还有人说：为什么中国有国学，美国怎么没有国学？

其实，在鸦片战争之前，中国社会上并没有"国学"这个词，也没叫"中医"的，没叫"国画"的。但后来为什么有这些东西呢？是因为鸦片战争以后的西学东渐，这个西学东渐不是一种正常的文化交流，而是借助鸦片和炮舰强势进来的。当时，人们把西洋文化叫"西学"，就把中国固有的文化叫作"国学"；西方的医学进来了，就把中国的医学就叫"中医"；西洋画进来了，就把中国的画就叫"国画"，西洋的体操进来了，就把中国的武术叫"国术"。这都是为了与西洋文化相区别。"国学"一词就是在这样的形势下产生的。"国学"实际上是中国在特殊历史背景之下产生的，是那个很不幸的时代产生的。

西学进入中国之后产生了一个问题，就是"国学"还要不要？社会上出现两种选择：一种是不要"国学"，全盘西化；一种是取西学所长，但是要保住中国文化的根，然后再慢慢发展，谋求将来的自强和自立。在主张要全盘西化的人里，最有名的是胡适，他在西方留过学，回国以后对西方文化顶礼膜拜，甚至说"月亮都是美国的圆"。当时还有一些人认为，连汉字、汉语都是亡国的祸根：

"汉字不灭，中国必亡。"其实，汉字是世界上最优秀的文字，它的优越性今天正日益显示出来。日本人尤其是韩国人，曾想把汉字取消了，但他们的文明是在汉文化的影响下成长起来的，取消不掉，他们的语言实际上是从汉字演化而来的。好在除了胡适这样主张全盘西化的人之外，还有许多很清醒的人。所以，中国文化在西方列强的压迫下，仍有一些知识分子勇于出来担当。

需要强调的是，"国学"与"国性"密切相关。"国性"是民族的文化个性，是一个国家、一个民族赖以凝聚的精神内核。曾任清华校长的曹云祥先生在《清华学校之过去、现在及将来》一文中说："夫国家精神，寄于一国之宗教、哲学、文词、艺术"，文化精神渗透在里面，是通过这些东西来体现的，"此而消亡，国何以立"？也就是说，如果把国家的文学、哲学、艺术等全部消灭掉，用西方的来替代，那么国家的精神、国性没有了，这个国家就消亡了。

1914年，梁启超在与清华学生座谈时说："清华学生除研究西学外，当研究国学，盖国学为立国之本，建功立业，尤非国学不为功。"在清华第三教学楼里面有一位早期共产党员的雕像，雕像下面有关于他的介绍。这位共产党员叫施滉，牺牲得很早。1924年，施滉在《对于清华各方面之建议》一文中说："清华本是预备留美学校，所以一向的方针，似乎仅是培养预备留美的人才——能够入美国大学，能够应付美国环境的人才。这是把手段看作目的的错误。""务必要使清华人亦能够应付中国环境"。他建议学校"拟订出洋前必需的国学程度"。早期的清华派出国的多是年纪尚小的中学生，当时的校长曹云祥认为，学生年幼即出国，最大的问题是"不谙国情，且易丧失国性"。就是说，那些小孩子出国以后，久而久之就丧失了作为中国人的国性。

章太炎说："国之有史久远，则灭亡之难。"孔子编《春秋》的历史功绩在于"令人人不忘前王""令国性不坠"。这些思想观点对唤醒近代中国民众争取民族独立有积极意义。国难当头，尤其需要砥砺国人的民族气节，为此章太炎在苏州、杭州等地到处作国学演讲，办国学讲习班，提倡学习和践行《礼记》中的《儒行》篇。他说："今欲卓然自立，余以为非提倡《儒行》不可。"因为《儒行》是"专讲气节之书"，"《儒行》所述十五儒，皆以气节为尚"，"今日而讲国学，不但坐而言，要在起而行矣"。鲁迅先生曾批评中国是一个喜欢当"看客"的社会,坐在看台上看你们打,一看这边赢了,纷纷聚拢;一看要输了,纷纷逃散。赢了有我一份,输了与我无关。近年来,我在上课的时候都要求学生把《礼记》中的《儒行》一篇印下来熟读。此篇有17条,每一段都非常精彩,看了以后会让人觉得荡气回肠,能够激励人去做一个大丈夫,做一个对国家、对民族有责任担当的人。

严复在《读经当积极提倡》一文中说:"夫读经固非为人之事,其于孔子,更无加损,乃因吾人教育国民不如是,将无人格,转而他求,则无国性。无人格谓之非人,无国性谓之非中国人,故曰经书不可不读也。"经典不是为别人读的。你是否读经,无损于孔子,孔子早已功成名就。文化大革命中,孔子遭到口诛笔伐,但这有损于他吗?到了今天,我们还是要回过来学习儒家文化,还要汲取儒家经典中的优秀精华涵养人格。所以,严复所讲的这番话,每一句都掷地有声。

梁启超也提倡国人熟读《论语》《孟子》,以为人格修养之资。他说:"《论语》为两千年来国人思想之总源泉,《孟子》自宋以后势力亦与相埒,此二书可谓国人内的外的生活之支配者,故吾希望学者熟读成诵,即不能,亦须翻阅多次,务略举其辞,或摘记其身心践履之言以资修养。"现在,我们应该多读读这些经典,从中可以找到做人的准则乃至人生的方向。

徐复观将某些试图消灭中华文化者称为"民族精神的自虐狂"。他在《当前读经问题之争论》一文中说:"我们假使不是有民族精神的自虐狂,则作为一个中国人,总应该承认自己有文化,总应该珍重自己的文化。世界上找不出任何例子,像我们许多浅薄之徒,一无所知的自己抹煞自己的文化。"今天,我们不能做这种"浅薄之徒"。

(作者为清华大学教授)

民族文化的扩散和内省

许嘉璐

文化，是个极其复杂、宽泛的领域。我这里所说的文化专指民族文化。"民族"是一个并不简单的概念。例如，日本国民就并不全是大和民族，韩国亦如是；"中华民族"一词，并不是一个种族概念。孙中山先生在高举"中华民族"大旗时，同时号召汉、满、蒙、回（即伊斯兰教信仰者）、藏"五族共和"（当时聚居于国家西南、西北等地的许多少数民族尚未得以鉴别、确认族名）。如果我们要脱离开"民族"这个词语，只有两个可供选择的说法：或以国家论，如日本文化、韩国文化；或按信仰分，如基督教文化、儒家文化，等等。我总觉得，民族、国家、信仰之间有着纠缠不清的关系，所以在此特别声明，我只好混用这几个概念了。

任何民族文化都要与"他者"发生关联

任何民族文化，都不是孤立地存在于地球上，因而或早或晚都要与"他者"发生关联，双方或多方关联的路径无论是什么样的，在发生和发现过程中总要含有以下选择：接触、了解、理解、发现、自省、欣赏、学习、相融。

任何民族文化都有扩散与收敛这样相反相成的两个方面。"他者"扩散过来的文化，给予"自我"（亦即民族文化主体）以刺激，是民族文化发展演变的外动力。勇敢地接受"他者"的刺激，把它转化为促进自我前行、创造的动力，这就是现在人们常说的"革新主义"；反之，如果没有或拒绝了这一外动力，任何文化都要停滞甚至萎缩、衰落，这就是今之所谓"保守主义"。所谓民族文化的"收敛"，我是指对于外来文化的自发而生的惧怕、蔑视、疏远或拒绝。扩散与收敛是文化"天性"所有。同一民族，在不同时期，对待同一外来文化可能出现不同的趋向，或者以其中一个趋向为主。

如果以上述规律观察中华文化与东亚其他民族文化的往来，则大体如是。

中国古代儒学传入日本，大约是在5世纪初（《古事记》），中国的《论语》贡奉于应神天皇，也是日本接触域外文化的开始。自8世纪起，中华经师陆续赴日，传授中国"经学"，或为"中国古典儒学传入日本遂成定局"；"自8世纪中期起中国儒学在日本以超越'经学'本体的形态，而以'史学'和'文学'作为'明经'的两翼传入日本，从而使儒学进入扩散阶段"。（严绍璗：《日本中国学史稿》）至于中国儒学传入朝鲜半岛的具体起始点，则尚无定论。多数中、韩学者认为在中国汉代已经传入。

儒学及其经典的传入，与我们今天所说的文化之扩散并不等同。因为文化是有层次的。文化经典所要传达的，是民族文化的核心或底层，是历经若干代人创造、丰富而成的民族之魂。从古至今，从东到西，社会中真正能够把握经典知识及其内涵的永远是很少数人。"百姓日用"、直接接触的，则是与己不同的风俗习惯、衣食住行。因此，我认为最初传入日本和朝鲜半岛的，只是儒学，是文化的底层，还并不是严格意义上的中华文化。从这一角度看，多年来人们（特别是中国人）常说的"汉字文化圈"或"中华文化圈"等概念应该是不存在的，甚至可以说是个伪命题：使用同一文字并不一定能被视为同一文化圈，何况在东亚只有日本还保留了少数汉字，其他国家都已改为拼音文字了。

从文化的扩散和收敛来观察东亚文化交流的情形

不同文化之间的交往，从来不是单向的。当一种民族文化传入另一民族时，双方各自成为对方的"他者",受益的绝不只是接受方,传入者一方同样可以得到在自己民族生活圈里得不到的启发。例如,当朱子之学传到朝鲜国后,经朝鲜大儒(如李滉退溪、李珥栗谷)结合自己的国情和环境,创建了具有自己特色的性理学,其成就对中国学者也有所启发。又如,日本幕府时代末期和明治维新初期的社会状况和思想动态与明代中叶相近,诸藩侯和武士们正在寻找一种思想理论作为反对幕府、以天皇为"一尊"的武器,充分发挥藩侯和武士作用,达到"尊王攘夷"的目标。王阳明的事迹及其学说传到日本,他的文武兼备之才、平乱赫赫之功,既继承又不盲从朱子学说,提出的人生价值和奋斗目标简要而透彻,并且亲身履践,这些都引得日本欲革旧图新的研究者蜂出;王阳明的知行合一、致良知、倡功夫,以及人人即凡而可圣的道德平等思想,显然对想在国事上有所作为的下层武士们是很大的启示和鼓舞(张崑将:《阳明学在东亚:诠释、交流与行动》)。

但是,王阳明去世后,其传人对王阳明某些语焉不详处或未有明确定论的言辞产生分歧,本不为怪,中外历史上几乎所有"宗师"级人物莫不是如此的身后;有意思的是,这一分歧以及其末裔深陷空疏、支离、玄虚之病,也传到了日本和韩国。进入20世纪,阳明学在日本显著地被重经济、科技、物质的风气所压倒,不能引领国家适应工业化趋势的心性之学自然遭到冷遇。即使如此,在日本学界一直有不少学者和官员在坚守阳明之学,辩护之、捍卫之,有时中日两国学者遥相呼应。日本对阳明学的不离不弃也影响了中国学界,直待又一个世纪到来,阳明学才在其故国呈现复兴之势。

我之所以简略地回顾阳明学在日、韩传播、研究的大致过程,是因为认为从中可以体味到,不管三个国家的情况如何不同,其间的文化交流始终符合民族文化扩散与收敛的规律。日、韩由中国引进朱子学与阳明学,是符合"礼闻来学,不闻往教"(《礼记·曲礼》)的传统的。这里面包含着学者和教者的相互尊重以及对于学习者主动性的鼓励,日本多次派遣"遣唐使",就是显例(附带说一句:在《奥义书》时代,婆罗门们也秉持这一原则)。儒学传入朝鲜半岛的历史久远,但对于是通过什么途径传入的问题,至今还缺乏一致的结论,也许永远得不出让所有人满意的结论。从总体上看,是中华古老的文献典籍促成了高丽王朝制度和礼仪制度的形成，由此推测，朝鲜半岛和中华文化的交流，也应该是以"来学"为主。

自16世纪始，西方的炮舰负载着誓把基督福音传播到全世界的传教士来到东方，同时也带来西方的一些科学技术知识。这就是明显的"往教"了。这种"往教"一个显著的特点是，西方强势国家以人类文化领袖、权威自居，利用现代化手段、以援助发展为外衣，把自己也并不再尊奉的价值伦理、风俗习惯"教给"众多国家、民族的人民；而在现代，又常常受到当地政府和人们的欢迎，因为它可能给当地带来"现代化"和繁荣；当然，在"往教"或"支持"面孔的背后却有着可以攫取超额资源和利润的目的。

"往教"或"来学"所传输的内容必须符合对方的国情和历史

我把中国古代所提倡的"来学"和殖民时代的"往教"连在一起，逻辑上未必严谨，而我主要的意思并不在此。我要强调的是，无论是"往教"还是"来学"，所传输的内容必须符合对方的国情和历史。

许倬云先生认为，日本原本没有自己的"原创文化"，"没有经历过枢轴时代的突破而发展为文明"（许倬云：《历史大脉络》。枢轴，大陆通常称之为轴心）。在我看来，许倬云先生所说的"文化"和"文明"是同义词，二者所指并非泛泛意义上的文化或文明，而是指有传世文献和代表人物，并形成了关注人生、社会和宇宙的比较系统的思想遗产。如果我们就此意义而言，那么儒学传入日本，正是其在轴心时代之后跻身于世界民族之林所急需的。

但是，日本的儒学毕竟是从"他者"土地上移植过来的，难以完全服其水土，所以大约于9世纪日本提出"和魂汉才"的指导思想。在此后的1000年中，两国交往时断时续，有益于日本的中华文化仍在被吸收着，但是也并不是完全照搬，这对于中华文化来说也是一个自省的机会。众所周知，以儒家为代表的中华文化，重内敛，重反诸己，而每次的反思自身几乎都有外界的刺激，包括"他者"的启示和挑战。这也是中华文化朝着多样化不断发展的一个源头，一种形式。即如日本参考汉字创制了假名，对保留下来的汉字做了一些简化，这无意中启发了中国人曾经做过的汉字拼音化的探索，在海峡两岸几乎同时进行简化汉字的工作时，也参考了假名（台湾则因政治原因而两度中辍）。又如，前面所谈到的朱子之学和阳明心学，传入日、韩之后，两国历代的学者都做了精深的研究，其中有些足以补充中华之不足。韩国学者对王阳明后学的批评，日本学者在明治维新时期对刘宗周（蕺山）的重视（牟宗三：《从陆象山到刘蕺山》），都给了中国学界重要启发，其影响所及，直至辛亥革命前后。例如，孙中山先生在《社会主义之派别及方法》的讲演中就说："强权虽合于天演之进化，而公理实难泯于天赋之良知。故天演淘汰为野蛮物质之进化，公理良知实道德文明之进化也。"此乃孙先生以心学破社会达尔文主义之论也，在全球亦应属于先发其声者。孙先生1924年6月有"训词"云："要做革命事业，是从什么地方做起呢？就是要从自己的方寸之地做起。要把自己从前不好的思想、习惯和性质，像兽性、罪恶性，和一切不仁不义的性质，一概革除。"（《孙中山全集》）孙中山先生此语，实际上突出了刘宗周所强调的"慎独"功夫，因为"自性"唯自己最为了然（"良知"），既往之事须经反省，都是在无人处得之（"慎独"）。这两个例子是否足可证明日本阳明学对近代中国之反哺？这种情形，也是任何民族之间进行文化交流所必有的。

综而言之，东亚的文化是多彩的，东亚几个国家和众多民族的内部，文化也是多彩的。文化之同或异，都是普遍存在，常常也是相对的。不同民族文化之间的交流，在蒙昧时代已经发生，人类在历史长河中反反复复品尝了隔绝、对抗和对话的不同味道。现在，人类已经深陷无尽的风险之中，在人文思想领域所急需的，是要去除"文化中心主义"，理性地认识到彼此之间虽然可能时有摩擦，但互学、相融应该永远处于主流地位。（附带说一句：我之不敢苟同"汉字文化圈"之类的说法，也是因为其中带有一定程度的中华文化中心主义色彩。）在互学、相融问题上，东亚诸国有着其他各大洲诸多地区所没有的，甚或为其所排斥的条件；因而我们在21世纪，乃至更远的未来，在重建人类道德体系过程中，负有比其他地区更重的责任。

（作者为北京师范大学人文宗教高等研究院、中国文化院院长）

历史的主体性不能丧失

汪荣祖

康熙真诚仰慕汉文化，雍正汉文书法流畅，乾隆文采风流，清朝无疑是中国历史上儒家化的朝代。

为何中国崛起而文化仍然"入超"？为何学界仍然用西方理论来解读中国学术？原因在于学术话语权的丧失而由西方掌握。

人文的自主性有异于科学，因有无可避免的个人承诺与价值判断

话语权的丧失，主要由于"主体性"的丧失。我们往往将人文社会科学与自然科学混称之为科学，特别在20世纪初，自然科学极其昌盛，所有学科莫不想要科学化以抬高身价。其实人文与自然两界之间性质不同，取径各异。人们对自然界"客体"的认知，如日出东山，夕阳西下，是可以相当一致而"客观的"，不至于有不同的解释，因自然科学的客体不涉及个人思考，主体性自然排除在外。然则，研究自然现象的自然科学如声、光、电，是可以"普世的"，不因地区或文化的差别而不同。至于人文社会科学虽也有其"客体"，如罗马帝国衰亡、法国大革命等，但对此"客体"的认知涉及个人的价值观与文化背景，就有了"主体性"。换言之，主体性也就是赋予意义的客体，意义结构犹如主体建构，客

观知识不过为我所用，而我之所用无关量化而在于质量。人在社会里的行为、关切、乐利与忧患莫不具有主观。所以在人文社会科学领域内所谓的客观，不过是某一社会或文化内的多数人的认知，往往不能普及到其他社会或文化。所以唯有各主体性之间的共识，才能说是客观。若然，就不能不重视不同文化背景的主体性。

人们在视觉世界里所见同一客体、同一事实，但有不同的观点、解释与意义，甚至因时迁势异而改观。人文学科对外界的关切而形成的主体性，牵涉同情心、同理心、憎恶心等，均不必见之自然科学，但一样需要分析与确认，以及相对的准则。总之，人文的自主性有异于科学，因有无可避免的个人承诺与价值判断。此一分界早在十七八世纪意大利历史哲学家维柯那里就有详论。维柯将自然科学视为"天界"或"外知识"，而将人文社会科学视为"心界"或"内知识"。心界或内知识就是他的"新科学"。他提升了心智之学，并将之与物质之学并肩。维柯以为心智之学属于"列国的世界"，亦称之为"人间世界"，显然想要平衡自十七世纪以来专注自然科学与自然法则的趋势。所以所谓"新科学"也就是包括思想、制度、宗教等在内的人文社会科学。

新清史的核心理论，也不很新，
实不脱"二战"前日本学者的"满蒙非中国论"

作为人文社会科学之母的历史学，当然有其主体性。近年来美国学者提出"新清史"的论述，否认清朝为中国的朝代，否认满族汉化，而认为满人有其民族国家之认同，清帝国乃中亚帝国而非中华帝国，中国不过是清帝国的一部分而已。新清史的领军人物欧立德更强调所谓"满洲风"，认为满汉之间的文化差距虽然逐渐缩小，然而族群界线却越来越严。新清史论者认为汉化淡化了所谓"征服王朝"在历史上的角色，因而要去除"汉化"在中国历史书写上的核心地位。欧立德提出满族的"族性主权"论，认为其重要性在清代超过儒教的正当性。

正因为我们习惯"用西方理论来解读中国学术"，不免有不少人将美国学者对清史的新理论，视为值得重视的新发现，更因新清史标榜取用满文资料，便认为根据汉文文献研究之不足，遂相信旧说或不足据，何不向新清史认真学习。其实，治清史者利用满文资料并非新鲜事，早已有之，然而研究清史汉文重于满文也是不争的事实。欧立德写乾隆传，大都取材汉文，只有屈指可数的几条无关紧要的满文。而新清史的核心理论，也不很新，实不脱"二战"前日本学者的"满蒙非中国论"。如果我们跟随美国人或日本人对客观历史事实的主观论述，即以别人的主体为主体，只好自失主体性，让话语权于外人。

我们若基于自己的文化背景，拥有共同的历史记忆，以及认同民族国家的共同命运，对自己的历史便会有主体意识，就不难发现清朝采用明制，创新无多，并刻意废除八旗中许多封建关系。因八旗不是认同族群，而是认同旗主，是一种君臣的封建关系。当满清入关称帝后，这种封建国体就不可能适应大一统的帝国。八旗共治、八王议政，与推选之制实有碍皇帝之至尊。欧立德以为八旗直到20世纪始终是"纯正的制度"，岂其然哉！清帝崇儒，对孔子有前所未有的尊敬；儒家经典以及各类文集大量流通。何炳棣教授指出，清朝比汉人王朝更能代表正统的儒教国家与社会，说明了为何汉人社会精英诚心诚意效忠清廷。康熙真诚仰慕汉文化，雍正汉文书法流畅，乾隆文采风流，清朝无疑是中国历史上最为儒家化的朝代。满族入主中原，清帝建都北京，是要做中国的皇帝，大批旗人内移，无论宗室、王公、官员，甚至一般旗民，难能不入汉俗。汉化的事实，新清史论者如何能否定得了？

在美国红、黄、黑、白都是美国人，为什么在中国，汉人才算是中国人？

汉民族在历史过程中，不断吸纳非汉族文化与血缘。少数民族在汉文化的影响下，无论在物质生活或精神面貌上都起了根本的变化，以至于连匈奴、羯、氐等名称也逐渐消失了。清王朝开创了一个和平繁荣的"中国盛世"，大大拓展了中国的领土，并实施移民政策，大批汉族及其农业文化遂亦西播。

满、汉两族经过"同质化"而终于"同化"。带有满族血统的汉人增大了汉族的总数，而大多数的满人在长期汉化下，趋向认同中华民族，到当下形成56族的中华民族。中国是统一之称，而"汉"乃对称。以中国为汉，不晚于齐、梁，而后有胡、汉之对称；海外诸国不闻中国，唯知有唐，故称中国人为唐人。辽金元清入主中原，不再以汉人等同中国，中华民族亦非仅汉族。然而洋人坚持其主见，只认为汉人是"中国人"，遂将中国人等同汉人，于是欧立德论定乾隆是"非中国人的中国统治者"，我们能盲目相从吗？其实，中国像美国一样是一多民族的"民族国家"，而且历史更为悠久。在美国红、黄、黑、白都是美国人，为什么在中国，汉人才算是中国人？

欧洲白人移民北美，建立美国，不曾闻印第安原住民有"族群主权"，境内各族裔也不闻有"族权主权"，而只有美国的国家主权，在上帝的名号下同属一国。美国学者论述历史之主体性实甚昭然，不仅见之于其本国史，且亦见之于他国史，双重标准遂即显露。由其主体性再提升为"中心论"，借其文化优势而又形成文化霸权。请看美国主流史家陆卡克斯信心满满说，历史意识唯西方人有之，并引哈斯狂言："印度、中国、波斯、日本诸国的可靠历史皆出之于西方人之手"。然则，东方国家岂不是要授历史话语权于欧美史家？

中国自"五四"以后，抛弃传统，倾心西化，自然科学的成就固然由循序渐进而突飞猛进，但在人文社会科学领域，因主体性未能落实而一意追随西方，因文化、语言以及价值观的隔阂，终难并肩，唯有仰其鼻息而已，甚至中国历史也要仰赖西方诠释。所以，欲建立主体性，必须要借助于自备而悠久的历史与文化，使之不再是博物馆内的陈列品，而是具有生命力的遗产。有了主体性，才能具有批判眼光或接受、或修正、或推翻外来学说、或自建本土新说，斯其宜矣。

（作者为复旦大学客座教授）

关于国学、儒学成为独立学科的思考

朱汉民

国学、儒学本来属于中国传统学术，在当代中国，国学、儒学日益受到重视。但是，有一个问题一直在困扰着这一个领域的专业人员：尽管当代中国大学已经创办了越来越多的国学院、儒学院、书院，但国学、儒学等中国传统学术在现有的学科体系中并没有独立的一席之地。那么，现代大学是否应该将国学、儒学等中国传统学术纳入到现代大学学科制度中来呢？我认为，将国学、儒学纳入现代学科制度既有必要，又有可能。

国学应该是一个独立的学科门类

学术界、教育界在讨论如何将国学列为独立学科时，往往要面临两个问题："国学"这门学科是否成立？"国学"这门学科应该归于哪一个学科门类？我认为：

1. "国学"这门学科可以成立

国学作为一种原文化生态的、有机整体的学问，要保存国学知识内在的完整性，是国学有它存在的必要性和合理性的依据。在确立国学的学理依据时，还可以参考西方大学的"古典学"概念。在西方世界许多著名大学都设立了古典学系。这个古典学最初是以古希腊、罗马的文献为依据，研究那个时期的历史、哲学、文学等。"国学"其实也可以说是"中国古典学"。如果我们用"中国古典学"来理解"国学"，完全可以将"国学"作为一门独立学科来看。在几千年的漫长历史中，中国形成建立了自己特有的具有典范意义的文明体系，建立"中国古典学"，也就是以中国古人留下的历史文献为依据，将中华文明作为一个整体来研究。与此同时，"中国古典学"还可以与西方的"汉学"相对应。尽管"国学"概念仅仅能够为中国人自己使用，但是西方学界的"汉学"与此很接近。这样，"中国古典学"意义上的"国学"，其实可以与国际汉学做对等的学术交流，就能够满足知识共享、学术交流的现代学科的要求。

2. "国学"这门学科应该是一个独立的学科门类

多年来学界在不断努力呼吁国学应该成为一个独立的学科，并且希望国学成为一个一级学科。但是，这个一级学科到底应该归于哪一个学科门类，则存在很大的分歧。有的主张属于历史学，有的主张属于哲学，也有的主张属于文学。国学之所以要成为一个独立学科，就是希望保存国学知识内在的完整性，使这一种原文化生态、有机整体的知识体系不被分解，将其归属于历史、哲学、文学的任何一个学科门类，都会有缺陷。

儒学是国学门类下的一级学科

如果说国学应该成为一个学科门类，那么儒学则应该是国学中的一级学科，而且是国学系统中最为系统、最为成熟的一门学科，最应该、也是最容易纳入到国学门类中去的一级学科。我的主要理由如下：

1. 儒学是中国文化的主干，在中华传统学术中居于十分重要的地位

中华文明在国际学术界被称为儒教文明，如果说国学是中华文明的知识化、学术化形态，作为中华文明核心的儒学当然是国学中最重要的一级学科。事实上，在国学或者是"中国古典学"的知识体系中，儒学一直是其中最核心、最重要的组成部分。在经、史、子、集的国学典籍中，只有儒学是贯穿到每一个部类之中的学问。另外，儒家的价值观念、制度文化、学术典籍，在"史部""子部""集部"的国学典籍中所处的地位、所占的分量，均是最为重要的。

2. 儒学在中国传统学术中形成了最为系统的知识体系

儒学重视知识与教育，关注知识体系的建构。在孔子的原始儒学的知识体系、教学实践中，就将学习科目分为四门：德行、言语、政事、文学。正因为儒学在中国文化史、中国学术史、中国教育史上的重要地位，儒学在两千多年的演变中，不断衍生、开拓、发展出一系列知识学问，使儒学体系更为丰富、更为完备、更为系统。

3. 儒学是中国传统文化中影响最深、也是最有现代意义的价值体系

儒学不仅仅是一套知识体系，也是一套价值体系。儒学重视知识教育，但其教书始终与育人是联系在一起的，知识教育的目的是做人（内圣）、做事（外王）。所以，指导人们如何做人（内圣）、做事（外王）的价值教育，就是儒学的根本。将价值教育融入到知识教育，或者是通过知识教育实现价值教育，这向来是儒学的长处而不是其短处。将国学、儒学纳入到现代学术制度、教育制度，当然也包括恢复儒学的价值教育，将这一种教书育人的传统引入到现代教育中来。

总之，原来作为一个传统学科的国学、儒学，一旦进入到现代的学科体系和大学体制中，一方面，可以恢复中国传统学术知识体系的完整性、系统性，可以更加全面深入地呈现其潜在的文化价值和知识贡献，实现5000年中华文明的历史传承；另一方面，通过与现代学科体系对接，可以复活其具有现代性、普遍性的文化功能，实现中华文明的创新发展。

（作者为湖南大学岳麓书院国学研究院院长）

善待我们的母文化

彭　林

《礼乐文明与中国文化精神》一书源自我近年开设的"中国古代礼仪文明"课程。我开这门课程的一个意图是想让更多的人了解中华文明，了解中国文化精神，善待我们的母文化。

第一堂课我都要讲解钱穆先生的几段名言

我跟大家分享一下钱穆先生《国史大纲》的弁言。在清华上课的时候，每门课的第一堂课我都要讲解几段名言。抗日战争的时候，钱穆先生以一个人的力量写了一部《国史大纲》。钱先生在回忆这部书的写作过程时讲，当时昆明西南联大经常会听到空袭警报，警报响起来的时候，大家都拼命跑，跑到野外，跑到防空洞去。钱先生的《国史大纲》，就是在那样一个不时要跑警报的特殊环境下写成的。

我特别推重钱先生，因为他不是一个书虫，也不是为了个人的功名利禄而奋斗一辈子的所谓学者，他把自己的学术与民族存亡紧密联系在一起。当年他在北大的时候，胡适那些人都西装革履，一副外国教授的做派，钱先生穿中装，陈寅恪、王静安先生在清华也都是穿中装。胡适看到钱先生穿中国的衣服，就挖苦说：你能代表中国文化？钱先生理直气壮地说："是的，我就代表中国文化。"在那个年代说这种话，是需要勇气的。

《国史大纲》扉页上的几段话，是我的座右铭。这几段话的内容如下：

凡读本书请先具下列诸信念：

一是当信任何一国之国民，尤其是自称知识在水平线以上之国民，对其本国已往历史，应该略有所知。否则最多只算一有知识的人，不能算一有知识的国民。

二是所谓对其本国已往历史略有所知者，尤必附随一种对其本国已往历史之温情与敬意。否则只算知道了一些外国史，不得云对本国史有知识。

三是所谓对其本国已往历史有一种温情与敬意者，至少不会对其本国已往历史抱一种偏激的虚无主义，即视本国已往历史为无一点有价值，亦无一处足以使彼满意。亦至少不会感到现在我们是站在已往历史最高之顶点，此乃一种浅薄狂妄的进化观。而将我们当身种种罪恶与弱点，一切诿卸于古人。此乃一种似是而非之文化自谴。

四是当信每一国家必待其国民备具上列诸条件者比数渐多，其国家乃再有向前发展之希望。否则其所改进，等于一个被征服国或次殖民地之改进，对其国家自身不发生关系。换言之，此种改进，无异是一种变相的文化征服，乃其文化自身之萎缩与消灭，并非其文化自身之转变与发皇。

理应对中国的母文化有温情和敬意

这四段话，有严谨的逻辑。作为国民，如果不了解本国的历史，即使有知识，也不配叫有知识的国民，因为没有尽到一个国民的义务。中国的母文化与中国历代先祖的生活经历等密切相关，是我们的先祖一代又一代辛勤创造的，所以我们理应对中国的母文化有温情和敬意。我们读外国史，往往不容易有温情和敬意，因为它们与我们的生活相隔太远。如果对本国历史没有敬意，那么所读就相当于外国史。

什么叫"偏激的虚无主义"呢？即认为中国历史一团漆黑，没有一个地方可以让其满意，认为自己站在历史的最高点，历史上没一个人比得上自己。它表面上看起来是一种进化论，实际上是一种浅薄的、狂妄的进化论。抱有"偏激的虚无主义"的那些人自认为站在历史最高之顶点，他们把中国被八国联军侵略怪罪到孔子身上。其实，那是资本主义的侵略本性使然，与孔子无关。其他国家的情况亦是如此。比如德国的古典哲学非常发达，康德、黑格尔、费尔巴哈都是哲学大师，后来德国走上了法西斯道路，但是没有一个德国人说，德国之所以会走上法西斯道路是因为康德和黑格尔这些人。德国人照样以它历史上的古典哲学而自豪。可是，在我们中国人中却有人把一切问题都诿卸于孔子，这表面上看是懂得反省、自觉，其实是在推卸自己的责任。中国人应该把当下的事情做好，不要总是逃避。中华民族要振兴，首先是文化的振兴；而文化要振兴，要有大批有民族自尊、有文化自觉的知识青年。

一个国家首先要有稳固的本位文化

我们现在之所以要起来呼吁，是因为我们的母文化在近百年来流失得非常严重。我并不是排斥外来物品，而是强调一个国家首先要有稳固的本位文化，然后再去吸收外来文化之长。可我们现在的情况并不是这样的。自1840年以来，中国本位文化的流失已经到了非常危急的关头，如果我们还不去努力地打造本位文化，做大做强，反而嫌西化得不够，那么历史悲剧就有可能发生。

我们现在讲礼仪，讲文化，讲中国人的基本道德，归根到底是要把我们民族文化里面最优秀的东西找出来，把民族精神找出来，然后引领我们民族向上。钱先生的几段话，我在清华开课的时候第一堂课就讲，感叹自己这样一句一句地讲，也不知道有几个人能听进去，可是我能做的也就是这么多了。作为一名大学教师，我站在讲台上，只能讲我的立场。没想到过了一个学期，清华新闻传播学院有一位名叫李强的学生，他回家乡山西写了一篇调查文章叫《乡村八记》。有一天，我无意中在网上看到一篇文章讲有人去采访李强，问他怎么想到写《乡村八记》？他说："是因为钱穆先生的一段话，这段话是彭老师在第一堂课上满怀深情地逐字逐句作了讲解的，我被震撼了！这段话成了我写《乡村八记》的座右铭。"我当时看了很感慨：总算没有白讲！听课的500位学生只要有一个人听进去了，影响了他的人生之路，足矣。希望今后能够有更多的人肩负起这种责任。

（作者为清华大学教授）

西方文明的悖论

钱乘旦

西方文明发展到今天，许多悖论已经显现了，而且越来越严重。现代文明中有许多有价值的东西，但也有很多要引起我们的警惕。有许多问题已经摆在我们面前了，需要我们去思考。

科学究竟给我们带来什么？科学从西方开始，科学已经把飞船送上太空，把人类送上月亮，下潜深水一万米，还有电脑、互联网诸如此类的创造发明，这些都是科学的伟大成就，造福于人类。可是，同样是科学，它也给人类带来许多危害：塑化剂是科学，它使瓶子中的液体纯净、好看，可是它带毒，添加在饮料中可以损害健康。转基因也是科学，转基因食品就是用生物工程的方法生产的，但转基因的后果直到现在仍旧争执不休，也许要到几十年后才会有结论。现在的蔬菜，水果都能保存很长时间，从今年秋天一直保存到明年夏天，可是这些东西的问题越来越大，其中的化学物质一定有副作用。以上这些还只是我们身边能体会到的，其他问题更大了，比如环境问题、生态问题、核安全问题，这些都和科学有关，是科学衍生出来的。时至今日，科学究竟是解决的问题多还是制造的问题多？

物质丰富了，精神却贫乏了，有毒的食品是怎么出现的？仅仅用精神贫乏这四个字就可以解释吗？你们看现在全世界到处都出现食品安全问题，不仅中国大陆，而且台湾；不仅台湾，而且香港；不仅香港，而且美国；不仅美国，而且德国。人的道德正在沦丧，为了赚钱，什么都可以做！人间的一切都商品化了，体育是商品，艺术是商品，教育是商品，医疗也成为商品；离开商品，地球就不转了，于是上帝也要变成商品。西方的经济是商品经济，西方的文明是商业文明，这种文明现在扩散到全世界，全世界也都要变成商品。

商业文明扩张到巅峰，它对人类究竟是好、还是不好？很多问题都是由此而产生的，环境问题、资源问题、生态问题等都与此有关。我们这个时代问题丛生：人口问题，贫穷问题，安全问题，发展问题……西方文明发展到今天，其实这些问题都还没有解决，并且有些问题似乎更严重了。比如战争与和平的问题，这个问题前些时候好像被人忘记了，人们觉得经历过两次世界大战后，大家对战争已经厌倦了。但事实其实不是这样，最近一段时间我们总是看见有一些国家对其他国家动武，不断炫耀自己的武力，而这些国家无一不是西方国家，被打击的无一例外都是非西方国家。那么，究竟是因为西方国家认为自己强大而无所顾忌，还是因为他们的文化中一直有一种强加于人的冲动？

人类走到今天，走进了一个现代文明。现代文明是从西方首先开始的，可是很多问题不得不使我们去问：人类将走向何方？

（作者为北京大学区域与国别研究院院长）

涵养正爱和亲的家风

穆光宗

当前，家庭结构、家庭关系和家庭风气的关系问题值得关注。从家庭规模和家庭类型来看，在社会大转型的过程中，我国不少家庭已经演变为结构脆弱、亲情疏淡的家庭。家风是一个家族代代相传、家家信守的核心价值观，也是中华民族传统美德发扬光大的过程。家风重在代际传承，家风实际上是家系绵延"看不见"却客观存在的一脉传统。家庭成员越团结，家风就越好。从家族的范畴看，家庭发展是开枝散叶的过程，社会学里讲的"生身家庭"和"再创家庭"即母家庭和子家庭的关系，在家风严谨并绵延的家庭，背后隐伏着一个看不见摸不着的"影子家庭"，即在再创家庭里可以发现生身家庭为人处世、做派风格的端倪。

正为大：家风正则人正

家风正是第一要事，根正才能树直，根深才能叶茂。什么是家风中的正气呢？概言之，就是三观要正，要树立正确的世界观、人生观和价值观。在培育家风正气方面，父母扮演着家长的角色、上梁的作用，不可小觑。上梁不正下梁歪说的是家教的重要性，父母是孩子的第一任老师，父母正则孩子正，父母的言行举止起着涵化家风的作用。在《论语·子路》中，孔子曾经说过："其身正，不令而行；其身不正，虽令不从。"正人先正己，身教重于言教，守身在于守德，则社会有幸，家庭有福。在促进家庭发展进而社会发展的过程中，家风建设要从正心做人开始，需要传承"正心修身齐家治国平天下"内圣外王的责任意识和修身意识。

南北朝时期的文学家和教育家颜之推著有《颜氏家训》，被后世誉为家教典范，影响很大。给爱一个正确的导向是《颜氏家训》的核心思想。颜之推主张并重视早教。他认为，人在小的时候，精神专一；长大以后，思想分散。学习的目的在于完善自己，读书明理，磨炼心志，涵养操守，专心致志，勤奋刻苦，培养敏锐眼光，使我们待人处世不致出现差错。人生在世，应当从事一种事业，不能醉生梦死一无所事，蹉跎岁月以终老天年。他主张爱子与教子相结合，反对溺爱。为此提出爱而有教，严而有慈；说父母威严而有慈，则子女畏慎而生孝心。他还提出了重要的"爱子贵均"思想。在对待多子女问题上，主张一视同仁而不能偏爱，这样做才合父母之道。家长有意无意地偏爱不仅使得遭冷落的子女在心灵上受到无形伤害，而且受偏爱的子女也容易出现家长意想不到的伤害，这对他们的成长极为不利。这不只是教育方法问题，而是家长的心地境界问题。我国需要在"仁义礼智信、温良恭俭让"的传统文化中开展早期的人格扎根教育。颜之推认为，有志向的人，自然能刻苦用功，成有用之材；操行未立的人，自我放纵、堕落和散漫，自然沦为平庸之辈。由此可见，家教家训的重要性。

爱为上：爱出者爱返、福往者福来，
包括慈爱、孝爱和情爱的付出和回馈

西方有句谚语："有爱的地方才算是一个家，没有爱的地方只能算是一栋房子。"可见爱对一个家庭是多么重要！英语谚语中还有：Love begets love（爱产生爱）、Love is the mother of love（爱是爱的母亲）、Without respect, love cannot go far（没有尊重的爱难以久存）等反映了西方文化中的爱之精神。俄罗斯文学家托尔斯泰说过，"所有幸福的家庭都十分相似；而每个不幸的家庭各有各自的不幸"。有慈有孝，有亲有爱，有情有义，才有幸福的家。英国哲学家培根说过，"幸福的家庭，父母靠慈爱当家"。德国诗人歌德说过，"无论是国王还是农夫，家庭和睦是最幸福的"。无论慈爱、孝爱和情爱都是责任、道义和情感的体现。

母爱永恒，母亲是爱的化身。在家风建设过程中，母亲的重要性胜于父亲，正如西方谚语所说的：Men make houses, women make homes（男人造屋，女人成家）。新家风建设要把握好爱的方向、重心和尺度，提倡夫妻的忠诚之爱、亲子的责任之爱。家庭是社会细胞，是最基本的社会组织，是儿童社会化的第一场所，儿童在家庭里学习获得做人礼仪和社会规范，父母和家长需要做好榜样。《爱心》曰："富从爱中生，贵从敬中来。念念是良善，日日心花开。"父母要教育孩子注重心灵的宝藏，富贵内求。敬天礼地，爱人包容，厚德载物。赠人玫瑰，手留余香。要用爱呼唤爱，用生命爱护生命。善良是善良者的护身符，善良是善良者的通行证。

和为贵："家和万事兴"体现了中国传统家风信守的共同价值观

家和万事兴、天伦之乐、尊老爱幼、贤妻良母、相夫教子、勤俭持家等，都体现了中国人的这种观念。在处理家庭矛盾的时候，需要倡导谦德、孝道和爱心，恪守父母之道、夫妻之道、亲子之道。西方也有类似的谚语：A house divided against itself cannot stand（家破不能立）。

亲为心：自古天伦之乐就是中华民族幸福感的"高峰体验"，家庭是人类表达和享受亲情的不二之所

家庭最重要的功能是提供情感支持和爱的体验。人是感情动物，对亲情的信任、依靠和需要可谓与生俱来出乎天性，毕竟血浓于水。现在核心小家庭非常普遍，人口流动加剧、代际居住分离、老年空巢现象日趋增加，人际关系疏远、亲情淡化甚至稀缺，不少独居空巢老人患上了"亲情饥渴症"和"社交孤独症"，空巢空心，寂寞无助，度日如年。如何保持代际居住有距离的亲密，亲子之间分

而不离、离而不疏、孝亲有道，"常回家看看""常联系父母""陪父母一起老""父母老不远游"是新家风的重要表现。

总之，家风是家庭的风气和氛围，也是每个家庭和谐共处、安身立命的灵魂。如果一个家庭洋溢着正大之气、和融之气和亲密之气，那就人人心中充满着幸福的正能量。新家风建设的核心是价值观建设，正确处理家庭内外的人际关系，如夫妻关系、亲子关系、隔代关系、姻亲关系和人我关系，即正为大，爱为上，和为贵，亲为心。正生爱，爱生和，和生亲。家风建设要落实到人，要提倡个人私德、家庭美德、社会公德建设。

（作者为北京大学教授）

"人文森林工程"有特殊意义

梁　衡

　　近年来，我一直倡导应创立一门"人文森林学"。其中，实施"人文森林工程"是其主要研究内容。实施这一工程，将在更深层次上调整人与森林的关系，不但将改善森林的生存环境，也将改善人类的生存环境。说白了，就是借森林来保护文化，借文化来保护森林。从森林保护的角度来讲，引入了人文概念，增加了人们对树木的敬畏感、亲近感，将极大地减少破坏；从文化保护角度来讲，引入了绿色的人文记录和森林因素，我们身边立起了许多本活的史书，增加了许多爱国主义教育基地、国家人文历史教育基地，将极大促进人的素质的提高。这项工程包括以下几项内容：

　　评选出"中华人文古树"一百棵。挑选那些百年以上的，记录了有意义的历史人物和事件的古树，由国家林业、文化、旅游、文明委等和当地政府联合挂牌。目的是推出"人文古树"这个新概念，让人们除从物质、环境角度之外，再从文化角度加深对树木的尊重，提高保护树木的文化自觉。比如，湖南省湘潭市有一棵550多年树龄的重阳木，1958年"大跃进"时彭德怀同志由省委书记周小舟陪同回乡调查，正碰见农民在砍树炼铁，这棵树已经被砍了一个脸盆大的伤口，彭当场制止，斧下留树。第二年召开的庐山会议是党史上的一件大事，当事人大多过世，这棵树便成了一个有生命的还活着的见证物。它的意义远不是能产多少立方米的木材，或者有多大的树荫。它的文化意义早就超过了物质功能，以后谁还舍得再砍这棵树呢？

确定有文化保护意义的"国家人文森林公园"。对那些曾发生过重大历史事件的林区、林地，可辟为"国家人文森林公园"进行挂牌保护。如可开辟建设曾养育了东北抗日联军的"抗联国家人文森林公园"，曾是第一个红色革命根据地的"井冈山国家人文森林公园"，"韶山毛泽东故里人文森林公园"，孔子故里的"曲阜孔子国家人文森林公园"等。这些森林公园不但是绿色植物的聚集之地，还是某种精神、道德和正能量的聚集之地，同时也是对青少年进行爱国主义教育的基地。

将一部分有条件的"遗址公园"改造成"人文遗址森林公园"。森林是大地的服装，穿衣一是为了遮风挡雨，二是为了文明美丽。许多珍贵遗址常年裸露于风雨之中、烈日之下，如扒去衣饰的美人，实为人心之不忍。我国有许多古战场、古遗迹群，凡有森林或营林条件的都可引导建立"人文遗址森林公园"，在文物遗址的核心保护区外植树造林，为遗址披上绿装或围上一条绿纱巾。如"圆明园遗址人文森林公园""明十三陵遗址人文森林公园""金沙滩古战场遗址人文森林公园"以及各种"石窟艺术遗址人文森林公园"等。这样既有利于改善遗址环境，保护文物，又改善了景区环境，更能吸引游客，也增加了森林的存量。

建设"森林生活示范小区"。当然，我们不可能完全重回森林，但是让我们的城乡不要过分裸露则是必要的。国内现在以各种招牌推销的房地产随处可见，如温泉、海景、学区、上风上水等，很少见到"森林"二字，可见森林意识的淡薄。过去，我们曾有"四旁植树"的口号，强调屋旁、路旁必须有树。老北京的四合院，外有杨柳，内有柿枣。鲁迅先生写四合院的名句："一棵是枣树，另外一棵还是枣树"，人们印象深刻。印度洋上的小国塞舌尔，全国实施"房高不超树高"的法律，值得借鉴。至少可以制定一些"乡村森林生活小区""城市森林生活小区"的样板。其标准是"房高不超过树高，路宽仍有树荫"，现在一些小镇、老街仍然保存有这样的景象（如北京的南长街、正义路）。

城市规划要增加一个新的概念："城市灰绿比"。城市的过度开发、疯狂建筑、汽车狂增、人口涌入、道路堵塞，都严重破坏了人类的生存环境，现在城里房子越盖越高、越多。单靠森林覆盖率已不能反映生态比例。几棵树所制造的那一点氧气、保持的那一点水土，很轻易地就能被新增的一层楼、一段水泥路、几辆汽车抵消。看一座城市的生态要用灰绿比来衡量，即马路面积+房屋建筑面积+汽车保有量（灰）与绿地+绿面（绿墙面、屋顶）+水面（绿）之比。马路、建筑的外立面都有热辐射、光污染，汽车尾气有污染，这些都是环境的负面（灰）因素。只有水面、绿地（乔、灌、草）、绿面是正面（绿）因素。楼的外立面不好计算，可用建筑面积大概换算，汽车的占地、尾气、热辐射等多种污染也可用汽车数量来换算。在这个对比系数中，森林起到关键作用。"森林生活示范小区"无疑是城镇生活新概念的样板。

（作者为《人民日报》原副总编辑）

古代社会是道德天堂吗

游宇明

有人喜欢将当今社会某些弄虚造假等不良现象归咎于改革开放，常常发出所谓"人心不古"的感慨。然而历史却告诉我们：古代社会并非中国人的道德天堂。试以明清事例说明之。

在明代，银子是通用货币，一些人造假银币的水平极高，他们在白银内添加或包藏铅、汞、铜、铁等金属。假银的名称数不胜数，银锭有摇丝、画丝、吹丝、吸丝、茶花、鼎银、吊铜、包销银等。明代有人除了造假银，还喜欢制假药。陈铎《折桂令·生药铺》写道："助医人门面开张，杂类铺排，上品收藏。高价空青，值钱片脑，罕见牛黄。等盘上不依斤两，纸包中哪辨炎凉。"明代富人收藏古董已成潮流。为了牟取暴利，某些文物贩子"任意穿凿，凿空凌虚，几乎说梦。昔人所谓李斯狗枷、相如犊鼻，直可笑也"。明代少数文人还喜欢给别人伪造家谱、族谱，以此谋利。比如，有个叫袁铉的文人"绩学多藏书"，在苏州专门给人编族谱，"研穷汉唐宋元以来显者，为其所自出。凡多者家有一谱，其先莫不由侯王将相而来，历代封谥诰敕、名人序文具在。初见之甚信，徐考之，乃多铉赝作者"。

明代如此，清代也好不到哪里去。张宏杰《中国国民性演进历程》一书载：乾隆初年，英国海军上将乔治·安森不顾中国官员的警告率领船队强行进入广州湾，修理船只，进行补给。那时的清朝正处于所谓的"康乾盛世"，但人性之奸猾却无所不在：英国人花大价钱买来的物品不是腐烂变质就是缺斤短两、残缺不全，"动物的胃都灌满了水以增加斤两"。英国人买到的猪肉也灌满了水，那是屠夫宰杀时注进去的。安森在1748年出版了一本叫作《环球旅行记》的畅销书，对上述事情做了明确记载。几十年后，马戛尔尼率领使团来华时也发生了类似的事情。某次，吃饭时厨师给他们上了两只鸡，每只鸡都少了一条腿，当使团的人指出一只鸡应有两条腿时，厨师便笑着将少了的鸡腿送过来，一点也不脸红。

传统社会是一个权力社会，有权者可以操控众多的社会资源，无权者却只能老老实实听从强势者的使唤。这就使得社会的精英人物少有做民众道德榜样的意识。他们呈现于民众面前的往往是露骨的傲慢、明目张胆的谋私、彻头彻尾的虚假。明代东厂、西厂的特务们是那个时代的公职人员，他们经常无中生有地陷害富户，你舍得大把花钱，他就放过你；不给贿赂，就给你罗织罪名往死里整，有时甚至弄得人家家破人亡。嘉靖时的两广总督殷正茂"性贪，岁受属吏金万计"，但因为善于走上层路线而走红。清代的官员奸得更加大胆，他们甚至敢欺骗皇帝。1841年3月，湖南提督杨芳受命抵达广州，参与对英作战。在他主持军事的几天里，英军连续攻克磨刀、飞舒阁等而抵达广州近郊的莲花山。只是义律不知道原先主持广东谈判的琦善已被革职，在3月16日还给他发了一份照会，要求停战谈判。照会由一艘打着白旗的小船送往省城，途经凤凰岗炮台时，炮台开炮轰击，小船只好折回。杨芳将这件事写成奏折时极尽渲染，说这是"凤凰岗大捷"。这让道光皇帝梦里都被笑醒。不过，杨芳没有想到，"大捷"之后不久清政府就与英国签订《南京条约》，又是赔款，又是开放口岸。官吏们一个个品性沦丧，想让老百姓道德高尚，无异于痴人说梦。

中国古代社会有法律的历史非常悠久，秦代就有完备的《秦律》，但有法律并非就有法治。在很长一段时间里，犯法者会不会受到应有的惩罚，往往不取决于其罪行的严重程度，而取决于其是否拥有过硬的背景。在传统社会中，正因为历代的执法充满了选择性，所以法律的威慑力当然也就很低，官民为人处世更多地依赖于利益法则。

人性之奸是社会的毒瘤，必须彻底切除。但要改造人性之奸，是不能靠复古的，还必须依靠文化与体制的革新。所谓"人心不古"，当休矣！

（作者为湖南人文科技学院副教授）

民国大学教育称得上"盛景"吗

王学斌

在近年来的所谓"民国热"中，对民国大学的教育状况的评价，存在一个倾向：民国大学已渐被建构成一种"学术盛景"。如有人称民国是中国大学发展的黄金时期，政府尊师重道、大学教师待遇优渥、学术成就极高，甚至以此来对比当今的大学教育。其实若拂去那层"一厢情愿"的心理包装与人为建构，民国大学教育的真实情形未必会令人满意。

"教授治校"为何戛然而止

北京大学是北方高校中当之无愧的执牛耳者，也是北京政府统治时期唯一隶属于教育部的大学，堪称民国新式教育理念的"实验田"。自1917年始，蔡元培执掌北大，力推"教授治校"模式，时任文科教授的沈尹默也向他提议："与其集大权于一身，不如把大权交给教授，教授治校，这样，将来即使您走了，学校也不会乱。"蔡元培先后主持制定了《北京大学各科教授会组织法》《国立北京大学内部组织试行章程》等一系列具体规定，建章立制，完善制度。不惟如此，蔡在北大还努力营造一种民主平等的气氛，使师生之间、教职员之间无隔膜，没等级差别。蔡曾在出国话别会上说："现在校中组织很周密，职员办事很能和衷， 职员与学生间也都有开诚布公。"这种"集思广益、开诚布公"的民主氛围， 既是拜"教授治校"模式所赐，又利于该模式推行。正因蔡氏的实践颇见成效，引起各大学纷纷效仿。清华设立校级教授委员会，东南大学确立教授会制度，复旦大学成立由教授主导的"行政院"，名称不同，实质皆较为接近。教授治校，自然形成一股抵御行政权力干预的力量。

不过为何这看似良好的模式数年后却戛然而止？其中关键原因便是该模式与中国实情多有扞格不入之处，终陷入困局。真正实现教授治校，需要政府、校长、教授、学生等群体协力合作，其中政府与校长的态度尤为重要。当获得政府认可的校长与教授们步调一致时，教授治校便可以起码在表面上实行起来，否则将陷入困局（由此也可以看出民国大学在某种程度上存在"人治"的色彩）。1930年底，被视为蔡元培得意门生的蒋梦麟卸任教育部长，再次掌舵北大，公开提出"校长治校、教授治学、职员治事、学生求学"的办学方针，"教授治校"的潮流就此退却。其实，他国再好的教育理念，都面临一个与本国实情相接榫的问题。

大学教师待遇一直优渥吗？

极其出人意料且令人十分尴尬的是，作为部属重点大学，北大居然常常闹钱荒，根子就在教育部。彼时教育部可谓典型的弱势部门，经费短缺是家常便饭。城门失火，殃及池鱼，北大自然跟着受穷。20世纪20年代，很多北大教授、学生赴政府抗议示威，并非次次都秉持什么"崇高的主义"，而是为了实实在在的吃饭问题。更加窘迫的是，因为囊中羞涩，教育部不时拖欠北大的电费与水费，导致学校随时面临断电之虞，且游泳池常年没有水。到了1926年，连教授们的工资发放，北大都已不能保证。比如青年教师顾颉刚此时之窘境，真称得上是山穷水尽。这一年其"在两个多月之中只领到一个月的一成五厘，而且不知道再领几成时要在哪一月。友朋相见，大家只有皱眉嗟叹，或者竟要泪随声下"！迫于无奈，顾氏只好南下厦门，改换门庭谋生。蒋梦麟在《西潮》里也说：教授"通常两三个月才拿到半个月的薪水。他们如果示威，通常就可以从教育部挤出半个月到一个月的薪水"。

有财政不景气的部，当然也有殷实有余的部。比如当时外交部、交通部便油水颇大。清华大学隶属外交部，不仅学校经费充裕，可以堪称"任性"地挖其他名校墙脚，延揽人才，而且教师、学生出国深造机会也是多多，故很受时人青睐。民国上海滩有句时髦语，叫作"金饭碗、银饭碗、铁饭碗"。"金饭碗"指银行，"银饭碗"指海关，"铁饭碗"则指交通部。该部负责兴修铁路，自然财大气粗，其下属的交通大学亦惹人艳羡。首先，交大特别强调英文教育，课本一水儿的外文理工科教材；其次，校长唐文治胸怀"中学为体，西学为用"的宗旨，注重保存发扬传统文化。中西学问皆不偏废，且不愁银子问题，交大自然成为许多江浙师生的首选。

名校背后的教会与官绅势力

燕京大学与辅仁大学是北方教会大学之重镇，南方教会大学则主要分布于沿海及长江流域，这实与基督教会早期的传教策略有关。无论燕大、辅仁，还是南方的圣约翰大学，其办学对象多为租界里或者富裕的资产阶层、工商家族，于教授知识之余，同时布道传教。拥有西方背景的教会大学，其校规较之国内一般大学，要更为严格。钱穆在燕京大学任教时，曾欲更改学生考试分数，被校方拒绝。主事者讲明学校无此前例，并说："此乃私情。君今不知学校规定，所批分数乃更见公正无私。"钱颇为不满道："余一人批分数即余一人之私，学校乌得凭余一人之私以为公！？"虽然钱穆终得以索回考卷，另批送校，但经过此事，他方体悟到燕大近乎严苛的游戏规则："始觉学校是一主，余仅属一客，喧宾夺主终不宜。然余在此仅为一宾客，而主人不以宾客待余，余将何以自待。于是知职业与私生活大不同，余当于职业外自求生活。此想法为余入大学任教后始有。"

私立大学多由官绅创办，其中南方最著名的是创办于清末的中国公学与复旦公学（可视为大学之前身或雏形）。中国公学是留日学生在1904年时，因抗议日本政府对待中国学生的不公政策，愤然返回上海而组织建立，其最著名的人物非胡适莫属。复旦公学则在1905年从震旦公学分离而出，经费靠江苏巡抚衙门划拨。辛亥革命成功后，经费反而断绝，复旦因之停顿关门。后来复旦得以复校，与两个人密切相关。一是校长李登辉（近代教育家，非台湾地区前领导人），他的一大功劳便是四处筹得资金，比如说服了南洋烟草公司、中南银行等入股。另一位则是青帮大哥杜月笙，每当复旦遭遇危机，他皆能从人脉、财力等方面施以援手，因此成为校董会董事之一。与复旦类似，北方的私立大学亦步履维艰。南开大学虽贵为名校，但囿于私人背景，经费时常捉襟见肘。据南开经济研究所首任所长何廉回忆，起初依靠"捐款收入、基金捐赠和私人资助维持住局面"，"这里薪金水准很低，却起码可以按时如数照发"。然而随着每位教师学术研究的推进，经费需求越发强烈，而南开实在拿不出更多的钱来加以支持，于是不少知名教授纷纷转投他校。何廉认为这实是无奈之举，"他们曾忠诚地为南开工作过，薪水刚够维持温饱，很难有积蓄，而他们地家庭规模越来越大，开支日益增加，他们趁机到其他有关机构就任报酬更丰厚地职务也是理所当然的"。可见无政府作为稳固的财政支持，是众多私立大学发展过程中所遭遇的最大瓶颈。

称之"盛景"是以偏概全

民国大学教育版图与实况，可谓前浪与后浪并涌，背景复杂，犬牙交错，问题亦多，有得亦有失，难称"盛景"。民国的大学教师，既有薪金优厚者，也有屡遭欠薪、难以糊口者；民国的诸所大学，既有提倡学术自由、精神独立者，也有与政治、宗教、社会势力联系紧密，甚至依靠后者才能勉强生存者；民国大学的成就，多集中在历史、哲学、文学等中国已有上千年积累的人文学科，而在物理、化学、生物、机械等新兴理工学科方面，则乏善可陈。我们应当看到，民国时期中国的识字率大约在10%至20%，这些识字者中，能上大学的可谓凤毛麟角，其家庭出身可想而知，称之为"贵族的教育"亦不为过。民国大学教育的确取得了一些令人瞩目的成就，但那仅是局部现象，远远没有惠及最广大的基层民众，更难以满足现代社会发展的需要。研究历史，应当以真实、客观、全面为基本原则，倘若以偏概全，甚至借题发挥，实在不是求知求实的态度。

整体而言，此时期的高校教育一直处于向现代学术体制转型中，呈变动不居的态势。但毕竟千川百流，同入大海，众高校一道构筑了民国时期盛衰枯荣的教育气象。

（作者为中央党校文史教研部副教授）

龚自珍"狂"得妙趣横生

王开林

《清史稿·龚巩祚传》对龚自珍的评价只是一语带过："巩祚（龚自珍又名巩祚）才气横越，其举动不依恒格，时近傲诡……其文字驽桀，出入诸子百家，自成学派。所至必惊众，名声藉藉，顾仕宦不达。"这段话总的意思是：龚自珍的才名妨碍了他的仕途。清朝到了嘉庆、道光两朝，已开始加快脚步走下坡路，朝野官绅柔媚取容，明哲保身。似龚自珍、魏源、汤鹏那样的不羁之士，对世故圆滑深恶痛绝，因此矫枉过正，言行怪诞，必然令人侧目。

在科举考试中，大才子落魄落榜者多，顺风顺水者少，在以诗赋取士的唐朝，杜甫尚且屡试不第，久困场屋。龚自珍才华横溢，但他并不擅长撰写那种"万喙相因"（千篇一律、千人一面、千口一声）的八股文，若要找寻出路，谋求政治前途，又不得不"疲精神耗目力于无用之学"。龚自珍总共参加了四次乡试，才中举人；参加了五次会试，直到38岁那年，才勉强考取殿试三甲第19名，"赐同进士出身"。据《龚定庵逸事》记载：龚自珍会试时，墨卷落在王植的考房，王植认为这名考生立论诡异，于是边读边笑，忍不住笑出声来，温平叔侍郎从邻近的考房循声而至，检看这份考卷后，他用断定无疑的语气说："这是浙江卷，考生一定是龚定庵。他生性喜欢骂人，如果你不举荐他，他会骂得极其难听，天下人将归过于你。依我看，还是将他圈中为妙。"王植心想，龚自珍名噪天下，被他指名谩骂可不是好受的，除了生前遭人戳背脊骨，说不定还会遗臭万年，反正取舍予夺之权操持在我手中，这回就成全这位狂生算了。放榜揭晓之日，有人问龚自珍他的房师是谁。龚自珍笑道："真正稀奇，竟是无名小卒王植。"王植听说后，懊恼万分，他一个劲地埋怨温平叔："我听从你的建议举荐了他，他也考中了进士，我却仍旧免不了挨骂，我做到这样仁至义尽，他到底还要如何？"

清代的殿试以书法为重，龚自珍的翰墨马马虎虎，单为这一条，他就跻入不了鼎甲、二甲之列，点不了翰林。龚自珍的官运可谓平淡无奇，46岁在礼部主事（从六品）任上封了顶，再也没有任何升迁的迹象。

龚自珍恃才傲物，自我感觉一贯良好，但他对已经成名的前辈还算尊重。他在写给秦敦夫的信中说："士大夫多瞻仰前辈一日，则胸中长一分丘壑；长一分丘壑，去一分鄙陋。"26岁时，他把讽世骂人的文章结集为《仉泣亭文》，恭恭敬敬送给当时的著名学者王芑孙过目，说是请教，实则是等着对方极口赞誉。可是事与愿违，王芑孙的批评虽然委婉，却并不客气："……至于集中伤时之语，骂坐之言，涉目皆是，此大不可也。"他还对症下药："不宜立异自高。凡立异未能有异，自高未有能高于人者。甚至上关朝廷，下及冠盖，口不择言，动与时忤，足下将持是安归乎？足下病一世人乐为乡愿，夫乡愿不可为，怪魁亦不可为也。乡愿犹足以自存，怪魁将何所自处？……窃谓士亦修身慎言，远罪寡过而已，文之佳恶，何关得失，无足深论，此即足下自治性情之说也。惟愿足下循循为庸言之谨，抑其志于东方尚同之学，则养身养德养福之源，皆在乎此。虽马或蹄啮而千里，士或跅弛而济用，然今足下有父兄在职，家门鼎盛，任重道远，岂宜以跅弛自命者乎？况读书力行，原不在乎高谈。海内高谈之士，如仲瞿、子居，皆颠沛以死。仆素卑近，未至如仲瞿、子居之惊世骇俗，已不为一世所取，坐老荒江老屋中。足下不可不鉴戒，而又纵心以驾于仲瞿、子居之上乎？"

世事多半难如愿，龚自珍满以为王芑孙是一位当代嵇康，会对他惺惺相惜，却没想到冷水浇背，只收获满纸规劝。他年少气盛，如何听得进逆耳诤言？一怒之下，把文集撕成碎片。及至而立之年，龚自珍阅世渐深，《咏史》诗中便有了"避席畏闻文字狱，著书都为稻粱谋"的痛切之语，早年棱角已被磨平了许多。

龚自珍俯视一世，很少有人能入他的法眼。据况周颐《餐樱庑随笔》记载，龚自珍曾嘲笑自己的叔父龚守正文理不通，甚至嘲笑自己的父亲龚丽正也只不过半通而已，可见他是多么自负，多么胆大，完全不讲情面。

有一回，龚自珍拜访身为礼部尚书的叔父龚守正，刚落座，叔侄尚未寒暄数语，守门人就进来通报说，有位年轻门生到府中求见。来人新近点了翰林，正春风得意着呢。龚自珍识趣，只好按捺下话头，暂避耳房，外间的交谈倒也听得一清二楚。龚尚书问门生最近都忙些什么，门生回答道，也没啥要紧的事情好忙，平日只是临摹字帖，在书法上用点功夫。尚书夸道："这就对啦，朝考无论大小，首要的是字体端庄，墨迹浓厚，点画工稳。若是书法一流，博得功名直如探囊取物！"那位门生正唯唯诺诺恭聆教诲，龚自珍却忍不住在隔壁鼓掌哂笑道："翰林学问，不过如此！"话音一落，那位门生颇感窘迫，慌忙告辞，尚书则勃然大怒，将龚自珍狠狠地训斥了一番，叔侄间竟为此闹翻了脸。

狐狸吃不到葡萄，便说葡萄酸，也很可能认为它格外甜。龚自珍未入翰林院，受到的刺激还真不小，后来，他干脆让女儿、媳妇、小妾、宠婢日日临池，而且专练馆阁体。平常，若有人说到翰林学士如何了不起，他就会嗤之以鼻地挖苦道："如今的翰林，还值得一提吗？我家的女流之辈，没有一人不可入翰林院，不凭别的，单凭她们那手馆阁体的毛笔字，就绝对够格！"瞧，他这半是讽刺半是牢骚的话说得有多滑稽。你认为这是狂吧，他也真是狂得妙趣横生。

龚自珍撰写过一副对联："智周万物而无所思，言满天下而未尝议。"这种证悟法华三昧的话，他只是说说而已，又如何能收敛狂性，归于禅悦？龚自珍只好认命，做个诗酒风流的名士感觉也不坏，至少比那些削尖脑袋苦苦钻营的硕鼠们活得更潇洒，也更快意。

（作者为湖南省作协副主席、《文学界》执行主编）

循吏政治的内核是爱惜民力

杜晓宇

"正能量"本是个物理概念，近几年却成了一个文化热词，人们倾向于将积极的、健康的、催人奋进的、给人力量的、充满希望的人和事称为正能量，从这个意义上说，"循吏"可以称为中国历史上的正能量。循吏之名最早见于《史记·循吏列传》，二十五史中，除《三国志》《陈书》《周书》和两个五代史外，其余二十部纪传体正史均有《循吏传》，有的史书或名《能吏传》，或名《良吏传》，或名《良政传》。

循吏政治的核心是爱惜民力，使民以时，先富而后教，敬畏并顺应民心

司马迁首创《循吏传》，这篇类传记叙了春秋战国时期五位贤官良吏的事迹。司马迁是西汉时人，他所列的循吏却无一西汉人，这里包含了他对现实政治的失望和批判。

西汉建立后，鉴亡秦之失，与民休息，实行"黄老"无为之治。但经历了60多年的无为而治，累积的内外问题越来越多，汉武帝认识到"汉家庶事草创，加以四夷侵凌中国""不变更制度，后世无法；不出师征伐，天下不安"。汉武帝的雄才大略和

文治武功为后世所称道，但武帝时代，政治急苛、酷吏当道，有蹈亡秦之迹的危险，也是不争的事实，汉武帝在晚年的"罪己诏"中也承认"所为狂悖，使天下愁苦"。

司马迁认识到了这种危机，他在《循吏传》中提出了自己的政治主张："奉职循理，亦可以为治，何必威严哉？"汉宣帝"兴于闾阎"，对民间疾苦有所体验，"知百姓苦吏急也"，"吏急"即官吏过于苛酷，他认识到了治天下在于治官的重要性，汉宣帝时代是西汉乃至整个封建社会吏治较为清明的时代。

所谓的循吏政治，也在朝廷的提倡和地方官的实践中逐渐形成了它的基本模式，其核心是爱惜民力，使民以时，先富而后教，敬畏并顺应民心。这种模式也被后世肯定和尊奉，并形成了中国历史中延绵不断、蔚为大观的循吏文化。

在中国古代社会中，中央政府的公信力
在很大程度上是靠循吏来维护的

从中国历史的大维度看，循吏政治与国家政治大环境是正相关的关系。君主励精图治、政治比较清明的王朝初期，一般是产生循吏较多的时期，所谓"自古国家上有宽厚之君，然后为政者得以尽其爱民之术，而良吏兴焉"。

有学者曾对中国历史上自汉至清的循吏作专门的研究，指出他们的成就表现出三个主要特征：改善人民的经济生活；教育；理讼。具体来讲，他们勤政爱民，尽心尽力地"为民兴利"，或"凡有利于民者，为之无不力"，如注重地方公益事业——道路、桥梁、水利设施等的兴修和建设，关注民生，注重赈灾恤民特别是救济老弱孤贫；注重发展农业生产，施政以惠民富民为务。尤其值得提出的是循吏对于法治的尊重，他们理讼公正允当，不尚严苛。而酷吏的所谓"重法"，其实不过是锻炼周纳、罗织罪名，入民以罪。

循吏大都具有严格、强烈、自觉的自律意识，追求道德的自我完善，他们忠于职守，遵守国家的各项政纪法规，清正廉明，自奉简约，生活清苦。

循吏在生前身后赢得了普遍尊敬和爱戴，如班固《汉书·循吏传》所言，他们"所居民富，所去见思，生有荣号，死见奉祀"。国家通过对循吏的褒奖，在中国的历史传统中，形成了判断良吏与恶吏的价值标准，这一价值理念使乱臣贼

子惧，没有任何一个贪官和酷吏敢于宣称自己要做贪官和酷吏，这就是价值标准的力量；在中国古代社会中，中央政府的公信力在很大程度上是靠循吏来维护的，循吏重视教化，传播文化，也为我们中华民族的文化整合做出了贡献，中国古代循吏的道德追求、执政理念是值得我们珍视的宝贵历史遗产。

中国历代积极推行循吏政治，从根本上讲是为了强化吏治，防范各级官吏以权谋私和滥用权力，是为了实现社会的长治久安，但这个目标却没有实现。几乎每一个朝代都是在认真总结前朝之失的基础上建立的，都在澄清吏治、惩治贪污中开场，而又几乎都在民变蜂起中落幕。尽管每朝每代的覆灭，总是各有许多具体的条件和情况，但其中一个根本性的因素是"腐败"。

循吏政治是典型的政治自律文化类型，有其历史局限性

中国古代的历史学家和政治哲学家，往往将官员的腐败和王朝的衰败归结为君主或臣子的道德堕落。但是，历史上很多的事例并不能印证这样的判断。如果追根溯源，还是应归结为体制上的原因：腐败的根源是专制主义中央集权下的等级授职制。等级授职制必然产生诸如裙带风、卖官等各种人事腐败，必然出现官官相护的情况，必然出现贪腐现象滋生不息的怪圈，必然成为贪官污吏的温床。统治阶层垄断政治权力和经济利益，打压民间社会，掠夺民间财富，这种制度格局决定了中国古代治乱兴衰循环的现象。从这个角度上我们可以深刻地认识到循吏政治的历史局限性，它是典型的政治自律文化类型，行政约束主要依靠官员道德自律，政治体制上的监督机制不健全，政治体制之外的监督机制严重缺失。一套制度如果只适用于道德自律的人，就不是一个好的制度。西方学者曾说，制度应该按最坏的情况去设计，这是因为，如果对最坏的人不做惩罚，就会打击自觉遵守制度的人，时间一长，就会最终瓦解制度。

《中国古代循吏传》是将散见于史书的循吏传汇集在一起，提供了一个全新的认识角度和工具，使我们能在历史发展的大势中对地方政治与治乱兴衰的关系有更深刻的了解和认识，具有重要的现实意义。

（作者单位：华夏出版社）

清代官场上的家奴与长随

潘洪钢

还是从《水窗春呓》所讲的户部小吏向大帅福康安要钱的故事说起：小书吏要把一张名片递到福大帅手中，是件很不容易的事，他为此前后花了十万两银子，这可不是个小数目。那么，他这些钱花到什么地方去了呢？这就涉及了清代政治体制中另外一类人，就是官员的家人与长随了。他要见这位炙手可热的大帅，要把名片递上去，先要过的就是家人、家丁这一关。

官员的家人与长随性质上虽属于"官员仆隶"之列，却也在官僚体制中占有一席之地

要说官员的家人与长随，其实有两个不同的层次，是一个很容易混淆的内容，第一个层次是真正的家中奴仆，是侍候官员家庭或家族的人，他们照料官员及家属在家中的生活起居，与外界一般联系不多；第二个层次就与政治体制挂钩了，他们是随主人赴任到官衙的长随、家人、门子、跟班等。以地方州县官府来说，官衙分为内外两个部分，外部主要是三班六房和差役等人，内部则主要是官员与师爷所在的地方。内外两个部分怎样联通呢？就要靠这些所谓长随、家人、门子了。性质上他们虽属于"官员仆隶"之列，却也在官僚体制中占有一席之地。

在一个官本位的社会中，与官员沾上一点关系都是非同小可的荣耀，家奴、家人、长随之类是官员的贴身人物，虽然没有什么法定身份，其影响力却是非同一般。他们甚至会成为官员身边的重重黑幕，成为官僚体制中的一个毒瘤。也正因为如此，吏部那书吏要进见福大帅才会花去十万两的巨款。

高官显贵的家奴、奴仆为害一方，在京城中体现较为明显

为害较浅的，如书吏要花钱的第一关口，就是高官显贵府邸的"门子"了。这种门子与地方官衙中交通内外、不看门的"门子"不同，他们是真看门的。清人刘体智《异辞录》中说："京师贵人门役，对于有求者，辄靳之以取利。"虽是家人奴才中地位至低之人，你想要进门，要看你手头是否宽裕、出手是否大方了，否则，进门的第一关你就过不了。

为害至巨的，则如贴身奴才、府中管事之类。清礼亲王昭梿著《啸亭杂录》卷九，回忆了他自己家族祖上，在康熙时期有一个豪横的奴才叫张凤阳。说是王府奴仆，但这个张凤阳却可以交接王公大臣，当时著名的索额图、明珠、高士奇请客，张凤阳都能成为座上客。六部职司、衙门事务，他都能插得上手，势力极大。当时京中谚语说："要做官，问索三；要讲情，问老明；其任之暂与长，问张凤阳。"把这个王府家奴与当朝大员索额图、明珠相提并论。一次，张凤阳在郊外路边休息，有个外省督抚手下的车队路过，喝令张凤阳让路，张斜睨着眼说，什么腥臊官，也敢有这么大的威风。后来，不出一个月，这个高官果然被罢免。更有甚者，一次，昭梿的外祖父，也是旗内大族的董鄂公得罪了张凤阳，张竟敢带人去其府上，胡乱打砸一通。礼亲王终于没办法了，把这事告到了康熙帝那里。康熙回答说，他是你的家奴，你可以自己治其罪嘛。王爷回府，把张凤阳叫来，命人"立毙"于杖下。不一会，宫中皇后的懿旨传来，命免张凤阳之罪，却已经来不及。老王爷杖毙了张凤阳，京中人心大快。

这个张凤阳，是主人亲自出手才得以治罪。清王朝对此类事，也有惩处。但多数时候，是在这些奴才的主子身败名裂后，在其主子的罪名中加上"家奴逾制"等罪名。如雍正时权臣隆科多的罪状中，第二条大罪就是"纵容家人，勒索

招摇，肆行无忌"。年羹尧的大罪中有两条与纵容家人有关"家人魏之耀家产数十万金，羹尧妄奏毫无受贿"；"纵容家仆魏之耀等，朝服蟒衣，与司道、提督官同座"。嘉庆初年，惩治乾隆时权臣和珅，其第二十条大罪是："家人刘全资产亦二十余万，且有大珠及珍珠手串。"

家奴之流横行霸道，但毕竟没有合法理由和身份，只能是狐假虎威，离开了主人的威势，一个小小知县也能治得住他。但就整个清代而言，他们仍是官场乃至社会一害，民间恨之入骨却又无可奈何。

家奴与长随当然也有一些干练之才，但就其总体情况而言，这个群体对社会政治与下层百姓为害甚巨

至于长随之类却又与家奴不同。清代的长随，尤其是州县衙门的长随，始终是地方官员私自雇佣的一种力量，而且更重要的是它是作为一种行政力量而存在的。以人数而言之，长随数量极为庞大，虽然制度上明定了限额，但实际上一州一县往往达数十百人之多；以职能而论，州县所有行政事务，无不有长随家人参与其中。有学者做过统计，长随虽有门上、签押、管事、办差、跟班五大类别，而实际事务中，举凡衙门事务，都离不开长随等人的具体承办。

长随最盛之时，在乾隆至嘉庆时期。清钱泳《履园丛话》中说："长随之多，莫甚于乾嘉两朝；长随之横，亦莫甚于乾嘉两朝。捐官出仕者，有之；穷奢极欲者，有之；傲慢败事者，有之；嫖赌殆尽者，有之；一朝落魄至于冻饿以死者，有之；或人亡家破男盗女娼者，有之。"与家奴不同的是，他们是官僚体制中不可或缺的一部分，与之相同的是，他们与官员本人的联系较吏胥密切得多，凡事借官之声威，办事有力，而为害也大。很多时候，其中很多人借主官之名，混迹于官场，借公事肥私。

长随们"往往恃其主势，擅作威福"。一个典型事例是，道光间，安徽巡抚王晓林手下"门丁"陈七"小有才干"，深得主子信任，揽权舞弊，在官场上声威很大。这个陈七家里生了公子，官场上所有大小官员，都要前往恭贺。王巡抚在皖时间较长，而这个陈七也借机发了大财。咸丰时竟也花钱冒名捐了个官来

做，俨然一副士大夫气派了。

家奴与长随当然也有一些干练之才，但就其总体情况而言，这个群体对社会政治与下层百姓为害甚巨。当主子强干时，他们也许就只能供杂役、办差事而已，而多数时候，搜刮民财、为害一方仍是其主流。

（作者为湖北省社会科学院文史所研究员）

"渠得贪名而我偿素愿"

王开林

有一个事实昭然若揭，那就是晚清时期湘军将领几乎个个肥得流油。王闿运在《湘军志·筹饷篇》中揭秘："军兴不乏财，而将士愈饶乐，争求从军。每破寇，所获金币、珍货不可胜计。复苏州时，主将所斥卖废锡器至二十万斤，他率以万万数。能战之军未有待饷者也。"

曾国荃是湘军虎将，为清王朝镇压太平天国，他是不折不扣的大功臣。我们细读《曾国藩家书》，即可晓然，曾国藩原本打算奏请李鸿章到金陵会剿，因为淮军的大炮火力更猛，士气更旺，能够协助湘军轰塌坚固的城墙，但他担心李鸿章气焰太盛，言语态度会冒犯曾国荃，使九弟原本隐隐作痛的病肝"愈增肝气"，他还顾虑淮军"骚扰骄傲"，会欺侮湘军，"克城时恐抢夺不堪"。有这两方面的担忧，曾国藩就不太情愿让李鸿章去金陵城头"摘桃子"。总而言之，曾国藩的心情极其矛盾。所幸李鸿章顾大局识大体，他很清楚，倘若自己半途去金陵会剿，染指分羹，无论是分名还是分利，都不会受到欢迎，这种大忙可帮不得，这种好人可做不得。曾国荃也确实争气，硬是凭借其麾下的湘军吉字营打赢了这场艰苦卓绝的攻坚战，率领蛮子兄弟拿下了太平军的老巢，夺得首功一件，不仅在金陵城里美滋滋、乐颠颠地撒了一次野，而且升官、晋爵、发财，三者齐备。

曾国荃攻下金陵后，湘江中运送财物回乡的船只络绎不绝，前后断断续续达三个月之久，可见他们捞到的好处相当惊人。湘军将领贪名盛传之际，水师统领杨岳斌为了撇清自己，于回乡途中作口号二句："借问归来何所有？半帆明月半帆风。"两位湘军水师统领杨岳斌和彭玉麟不贪财，倒是确凿无疑的事实，但这种操守在湘军将领中并非普遍存在。

回到湘乡，曾国荃购买良田万顷，还建造了奢华壮丽的大夫第。其侄女曾纪芬在《自编年谱》中回忆道："前有辕门，后仿公署之制，为门数重。乡人颇有浮议。文正（曾国藩）闻而令毁之。"最末一句有点夸张，不过，咸丰九年（1859年），曾国藩在致诸弟的信中确实有这方面的指示："我家若太修造壮丽，则沅弟（曾国荃）必为众人所指摘，且乱世而居华屋广厦，尤非所宜。"由此可见，曾氏兄弟的性情并不相同，老大主张"谨慎"和"韬光养晦"，老九则主张"潇洒"和"及时行乐"。曾国荃竭尽所能，捞足了金钱，然后挥金似土，曾国藩对此不以为然，外界也多有非议。曾纪芬在《自编年谱》中尝试为其九叔做出辩解："忠襄公（曾国荃）每克一名城，奏一凯歌，必请假还家一次，颇以求田问舍自晦。"所谓"自晦"就是向外界表明他毫无政治野心，以免慈禧太后猜忌。

咸丰九年秋，曾国藩在致曾国荃的家书中写道："闻林文忠（林则徐）三子分家，各得六千串。督抚二十年，真不可及。"我想，曾国荃读完这封信，肯定喷茶一笑。林则徐当了多年高官，却一直清廉自守。死后只留下这么点遗产，寒冬腊月，害得三个儿子喝西北风，能说他尽到了做父亲的责任？曾国藩肯向林则徐看齐，并非故意装假，他既有思想上的冲动，又有行为上的表现。曾国荃奉行实用主义，只认准钱多好办事，恐怕连思想上的瞬间冲动也没有。

曾国藩对幕僚赵烈文说过这样一番话："九弟手笔宽博，将我分内应做之事，一概做完，渠得贪名而我偿素愿，皆意想所不到。"曾国荃照顾整个家族，挥金似土，焉得不贪取钱财？为了让大哥唱红脸，以完人的形象取信于当世和后世，他不惜包揽贪名，欢唱白脸。如此兄弟，可谓举世少有。

（作者为湖南省作协副主席、《文学界》执行主编）

清末民初思想家陈焕章的洞见

姜义华

上海书店出版社准备影印出版陈焕章1917年撰成的《孔教经世法》，这是一件很有眼光很有意义的事。

将战争与和平的问题同社会、国家治理紧密结合起来，确实是在"追本穷源"

陈焕章在本书《自序》中说："其题目为中国人对于和战之学说。"陈焕章最后完成的著作，书名没有采用原定的《中国人对于和战之学说》，而改为《孔教经世法》，明显是为了和他已成名的著作《孔门理财学》相呼应。

之所以强调"孔教"二字，他在《自序》中说："余之本意，固欲以孔子为全书之中坚，然其始尚欲分孔教及非孔教两部求之，而断代依人为目。最后由余亲自考订，觉得中国人之学说，惟孔教足以代表之。而孔子之著作，莫大于六经，实为孔教之渊海。若舍六经而他求，是为舍本逐末，故首以穷经为事。"之所以不用"和战之学说"，而用"经世法"，他的解释是："孔教以修身为本，笃恭而天下平，则修身不可不言也。正家而天下定，则齐家不可不言也。至于治国之大经大法，动与和战有关，益不能舍而不言矣。故作是书之初意，虽欲专以论和战者为主，后乃不得不追本穷源于一切可使世界永久和平而战祸不作之经义，悉采集之矣。"将战争与和平的问题同社会、国家治理紧密结合起来，确实是在"追本穷源"。作者的这一见解和他所做的努力，值得所有研究战争与和平问题者重视。

背实徵，任臆说，舍人事，求鬼神，终究难以推翻和取代中华文明根深蒂固的非宗教化传统

陈焕章在建立和推广孔教会上，表现了极高的宗教热忱。清末，康有为、陈焕章极力将儒学宗教化，明显是欲效法西方，建立一个同基督教、天主教、东正教相匹敌、相抗衡的中国宗教。中华文明最崇尚的并非神道，而是人道，是人的现实生活和人与人之间交往的真实关系，是现实世界的此岸世界而非冥冥中不可知的彼岸世界。中国远古时代，也曾有过以宗教型神明崇拜为主要特征的文化，如红山文化、良渚文化，它们都曾一度非常兴盛，但都没有传承下来。而宗教色彩淡薄、世俗性很强的祖先崇拜，特别注重传宗接代、血缘关系、现实生活世代相接的仰韶文化、龙山文化，则生生不息，发展延续下来。中华文明与其他文明非常重要的区别，就是中华文明较早走出了由"巫"主导的时代，而特别重视和尊重人自身的历史传承和历史联系，重视人的俗世化即人们现实生活经验的不断积累。中国知识谱系与价值谱系最大的特点，就是一直是将人的现实生活、人的社会交往、社会治理而不是将宗教信仰或对物的崇拜放在整个知识谱系、价值谱系的核心地位。

康有为、陈焕章为代表的学者，试图利用经今文学的"微言大义"与"非常奇异可怪之论"，将儒学改造为神学化、宗教化的儒教或孔教，宣称中国"一切典章制度、政治法律，皆以孔子之经义为根据，一切义理、学术、礼俗、习惯，皆以孔子之教化为依归，此孔子为国教教主之由来也"，极力将孔子塑造为一个宗教教主，要在宪法中明定孔教为国教，企图在全国城乡遍建孔教会，以使孔教得到普及。他们强行将儒学宗教化，虽然花了极大的力气，但背实徵，任臆说，舍人事，求鬼神，终究难以推翻和取代中华文明根深蒂固的非宗教化传统。

"中国人为和平之人种，其学说为和平之学说"

尽管"孔教"二字不是很贴切，《孔教经世法》一书的学术价值仍非常值得给予高度评价，因为先前从来没有人专门这么系统地研究过中国古代战争与和平的学说，以后也未见同一内容同一水准的学术专著。陈焕章在书中对儒家的和战学说作了全面梳理，又对诸子百家的和战学说及历代和战实践作了综合考察。这部著作根据非常丰富的历史文献，得出两个极为重要的结论："中国人为和平之人种，其学说为和平之学说。"这正是本书精髓之所在。

陈焕章以为：修身、齐家、治国、平天下这一将个体、群体和国家人类整体紧密连接在一起的社会结构和社会运行秩序，正是"中国人为和平之人种"最深厚的根基；仁恕、爱人、平等、均平、信义、礼让、偃武、销兵等，中国人所坚守的这些文化元素和价值理性的自觉，则是"中国人为和平之人种"的坚实保障。陈焕章还结合中国历史，证明中国人之和平学说，无论处何时代，皆不改其主张。他同时还指出，中国人之爱和平，并非弃战守之备，兵者，不得已而后用，武功既成之后，犹必以偃兵息民为主。

这部专论中国人对于和战之学说的著作，虽然写成于99年之前，现在仍具有很强的现实针对性。

（作者为复旦大学现代化进程研究中心主任、

历史系教授、博士生导师）

同道乎，对手乎

——梁启超笔下冷落严复的真实情由

郭双林

长期以来，严复、梁启超二人一直是中国近代史学界的一个研究热点。在围绕二人关系的研究中，以往学术界研究的重点主要集中在两个方面：一是比较严复与梁启超的思想异同，二是考察严复与梁启超的交谊活动。研究者们以往关注的主要是严复对梁启超的热赞、评骘、暗讽、冷讪，很少去考察梁启超对严复态度的变化。只有黄克武的文章在这方面有所涉及，但作者同时认为："作为后辈的任公则默默地接受严复的批评，除了光绪二十三年（1897年）所写的《与严又陵先生书》之外，我们看不到任何反驳。"其实，沉默也是一种言说。

梁启超在《清代学术概论》中对康、谭、梁、严的论述篇幅悬殊

严复是近代中国主要的启蒙思想家。今天翻开任何一本中国近代史教材或专门史，在写到戊戌变法这一历史时段时，都会提到康有为、梁启超、严复、谭嗣同四个人，而且在着墨上不会相差太远。

然而，如果我们打开梁启超的《清代学术概论》，就会发现，该书在对以上四个人的论述上，存在明显差异。比如对康有为，全书用了两节（第21节、第24节）3000多字进行介绍和评价；对梁氏自己，也用了两节（第21节、第26节）4000

余字；对谭嗣同，用了一节（第27节）2000多字；而对严复，则只在第29节中用了85字予以介绍和评价。这85字是："时独有侯官严复，先后译赫胥黎《天演论》，斯密亚丹《原富》，穆勒约翰《名学》《群己权界论》，孟德斯鸠《法意》，斯宾塞尔《群学肄言》等数种，皆名著也。虽半属旧籍，去时势颇远，然西洋留学生与本国思想界发生关系者，复其首也。"很明显，其中有10个字是否定性的。不仅如此，梁启超在这一节中对西洋留学生在晚清西学东渐过程中的作用基本上持全盘否定的态度。

为什么梁启超在《清代学术概论》中对康、谭、梁、严的论述会出现如此大的悬殊呢？如果说梁启超在撰写《清代学术概论》一书过程中，因格于体例或限于时间，无法对严复的思想做深入的思考，而只能就自己掌握的资料，随着思想的展开信笔而书的话，那么他在其他相关著作中应该对严复的思想做一详细的介绍，并予以客观的评价。然而情况并非如此。

严复和梁启超活动圈子的差别，
不足以成为梁启超在其著作中淡化严复的主要原因

史华慈在《严复与西方》一书中曾经指出："严复对各方来说事实上都是外人，对于极端保守分子来说，严复当然是该诅咒的人；对于谨慎的改革者，如仍极注重'保教'的张之洞来说，严复对保教公开表示冷漠是极其令人恼怒的。……甚至对康有为及其同伙来说，严复在许多方面也与他们不合。他们中较年轻的成员，如梁启超和谭嗣同，肯定深受严复文章的激励。……但是，康有为和他的追随者们毕竟是通过科举上来的，并十分注重把他们自己的思想置于传统的参照系中。他们构成了一个不折不扣的学术派系。严复则不属于这个圈子，他仍是个未能通过官方考试的人。"这里的分析不能说没有道理，但严复和梁启超活动圈子的差别绝不止于此。

就严复而言，除了史华慈所说的圈子外，至少还有三种因素值得考虑，即政治的、学术的、乡土的。所谓政治上的因素，是指严复回国后始终没有得到高层的赏识提拔，进入政治核心；而他的同学在甲午海战中基本战死，中年以后在政治生活中无法与同学互相帮助、提携。所谓学术的因素，一是指严复当时在学术上虽曾得到郭嵩焘、吴汝纶等桐城学派领军人物的赏识，但并未真正进入传统学术的圈子，甚至一些桐城学派的人也将其视为外人；二是指严复主持教育20年，竟然没有培养出一批军事、政治、学术上的精英，这与康有为的十年万木草堂相比，不能不说是个极大的失败。所谓乡土的因素，是指近代福建作为侨乡，出洋的人多，在北京做官的人少，无法如江浙一带的官员那样，形成一股政治势力；也无法像康、梁等人那样，靠乡土情谊，形成一个学术群体。

不过，以上情况，均不足以成为梁启超在其著作中淡化严复的主要原因。

梁启超和严复在对待一些政治、学术问题上差异明显

我认为，严复之所以在梁启超的著作中受到冷落，有三种情况不能不考虑：

1. 梁启超和严复在对待一些政治、学术问题上的确存在不同看法

例如，在《与严又陵先生书》中，虽然梁启超客气地说："今而知天下之爱我者，舍父师之外，无如严先生；天下之知我而能教我者，舍父师之外，无如严先生。"但通过《汪康年师友书札》我们知道，梁启超的这封信，是经过督促以后才回复的。这本身就很能说明问题。在复信中，梁启超也并没有一味听从严复的"教导"，而是有所保留。1902年《新民丛报》创刊后，"夙不喜桐城派古文"的梁启超与学习桐城派古文的严复围绕"文学革命"问题发生一次激烈论争。此次严、梁之争，是双方围绕文学主张的一次激烈交锋，双方在文章中使用了"文士结习"等不太友好的词句，说明二人之间的隔阂已经很深。或者可以说，两人在文学上根本不是同道，而是对手。

2. 严复一而再、再而三地对梁启超进行指责

根据蔡乐苏、戚学民和黄克武等人的研究，严复不仅在私人信件中频频指责梁启超，而且直接写信劝导，他翻译《群学肄言》《法意》《群己权界论》《社会通诠》，撰写《政治学讲义》，评点《老子》，都是为了讽喻梁启超。究竟是不是真的如此，我不敢说，但严复在译著的字里行间对梁启超的做法不予认同，甚至常常有所批评、指责，这种情况是有的。这不可能不影响到梁启超的心理及情感。

3. 严复参加袁世凯复辟帝制，将自己置于梁启超的政治对立面

尽管清末以来，梁启超与严复之间有着这样那样的思想纠葛，但进入民国以后，二人在支持袁世凯这个问题上是一致的，而且梁启超保持了对严复应有的尊重，不论是创办《庸言》杂志，还是在万牲园举行修禊题咏，抑或上书呈请改孔教为国教，都曾请严复参加或列名其上。不过这种尊重是表面的而非发自内心的。严复60岁那年，据说该年1月16日梁启超发表在《庸言》第1卷第4号上的《寿几道先生》是请人代笔的。等到袁世凯真正要复辟时，二人之间的差异显现出来。严复迟疑观望，最终列名筹安会，而梁启超则毅然决然，发表《异哉所谓国体问题者》，反对袁世凯复辟，并潜出北京，前往云南组织护国军政府。尽管袁世凯死后黎元洪未通缉严复，但严复在政治上已经是一落千丈。梁启超是个多变的人，但不是一个没有情谊、没有原则的人。1898年，戊戌六君子遇难后，他写了《殉难六烈士传》。1915年麦孟华去世后，他写下了《哭孺博八首》和《祭麦孺博诗》。1924年夏曾佑去世后，他写下了《亡友夏穗卿先生》。然而他的老师康有为，因后来参加张勋复辟，梁最终与其分道扬镳。同样，严复在参与袁世凯复辟之前，梁启超始终保持着对其表面的尊重；在严复参与袁世凯复辟后，梁启超基本上断绝了与其来往。1921年严复去世后，梁启超选择了沉默。

作为中国近代知识群体的两个杰出代表，严复和梁启超清末曾携手并行，一个着力译书，系统介绍西方近代哲学社会科学理论，堪称理论之源；一个致力办报，传播西方文化，堪称舆论之母。他们桴鼓相应，在当时的中国思想界产生了极大的影响。但是由于个人性格的不同，由于对中西文化的认识不同，更由于当时各自改造中国的方针不同，作为前辈的严复，曾经一而再、再而三地对梁启超进行讽喻、规劝甚至指责。作为晚辈，梁启超对严复的讽喻、规劝和指责，在表面上保持了应有的礼貌——沉默。但表面的沉默并不意味着内心的认同，不惟不认同，有时甚至是抗拒。加之其他一些原因，几种因素纠结在一起，使梁启超对严复的看法发生了重大变化。这种变化不仅导致了二人关系的疏远，而且影响到后来梁启超清代学术史著作的撰写。具体说来，就是在涉及严复的思想及贡献时，梁启超都有意无意地去回避、去低估，实在绕不开时，也是点到为止，不作

展开，在某种意义上也是一种沉默。作为一个曾经受到严复思想很大影响的人，梁启超的这种做法多少对严复有些不公平，但仔细想想，似乎又可以理解。

（作者为中国人民大学历史系中国近现代史教研室主任）

任继愈笔下的人文大学者

张岂之

唐朝韩愈说：古之学者必有师。师者，所以传道授业解惑也。这是至理名言，任何时代都适用。"尊师"指的是不忘老师的培育之恩，并非事事都照着老师的样子去做。孔子有言："当仁，不让于师。"韩愈在《师说》中有这样的名句："弟子不必不如师，师不必贤于弟子，闻道有先后，术业有专攻，如是而已。""重道"的"道"，是变化发展的。今天我们倡导的"道"，不是儒家的道统，也不是佛家的佛统，而是我国全面实现小康社会的理想。扩而言之，"道"与"真理"具有相同的内涵。

任继愈先生的"尊师重道"精神，在他的著作《念旧企新：任继愈自述》一书中有集中的体现。我读了这本著作后，自然地得出这样的结论：任先生是一位尊师重道的人文学者。任继愈先生在《自述》"大学师长"部分记述的师长有汤用彤、熊十力、贺麟、吴宓、冯友兰、刘文典、钱穆、马一浮等十六位先生。在书中，任先生还记述了一位与他同辈的学者艾思奇。

任先生对以上师长的记述，我没有看到有批判、批评的文句，所写所记都是任先生与这些前辈学者接触中所受的启迪，这构成他生前最美好的记忆。

关于吴宓先生，任先生这样写道："1939年起，北京大学文科研究所招收研究生，我的导师是汤用彤先生和贺麟先生。汤先生是吴宓先生的多年好友，贺先生也和吴先生很熟。毕业后留在西南联大教书，我有机会与吴宓先生相识。从汤、贺两位先生处得知吴先生的为人，用一个字概括，就是一个 真 字。他对人、对事、治学，不矫饰，不敷衍，他的言与行天然一致。"这里对吴宓先生的评价很到位。后来的学人（包括我本人）虽然没有见过吴宓先生，但我们从吴先生在"文化大革命""批林批孔"中的表现可以得出这样的看法：吴宓先生一生没有说过假话，没有任何矫饰伪装，在最困难的日子里也没有说过敷衍的话，这是多么难得！

关于刘文典先生，任先生说："刘文典先生精于考订，哲学、文学修养都很高。他曾赴云南西部滇缅战线慰劳前线将士。刘先生归来，在课堂上说起在宋希濂军部，即席赋诗……他习惯于叼着烟讲话，有些字句听不清，有句云：春风绝塞吹芳草，落日荒城照大旗。海外忽传收缅北，尖兵已报过泸西。刘先生讲，杜甫有落日照大旗句，这里古典今用，写出了军营气势。他得意地念了两遍，所以记住了。"通过这个记事，说明刘文典先生赞扬抗击日本侵略，表现了他的爱国主义情怀。

任先生还写了马一浮先生："1938年冬，马一浮先生筹建复性书院。我在重庆第一次与马先生见面。他举止雍容，白髯垂胸，语言洪亮，出口成文，用词典雅，给我留下深刻印象。马先生在重庆时，蒋介石约他见面，谈过一次话。我问马先生，见蒋时谈得如何？马先生说，他劝蒋虚以接人，诚以成务，以国家复兴为怀，以生民忧乐为念……，像这样的文词典雅约有一二十句，当时我也记不住。我又问马先生对蒋的印象如何？马先生说：此人英武过人，而器宇偏狭，乏博大气象。举止庄重，杂有矫揉，乃偏霸之才，偏安有余，中兴不足……"

关于马一浮先生，任继愈先生还记有："马先生对儒学的继承和发展有极精辟的见解。他说孔子的儿孙不在孔府，曲阜只有孔子的奉祀人，没有孔学的继承人。孔子的嫡传儿孙是程、朱、陆、王，他们都不姓孔。马先生用禅宗语言把学术继承的道理表达得深透确切。此等议论，不见于文章、著述，弥足珍贵，恐成绝响，附记在这里。"

任先生在《自述》中对汤用彤、熊十力、贺麟、冯友兰等先生的治学特色和经验做了详细的记述。这极其宝贵，有助于我们了解上述人文大学者的治学经验，便于学习、借鉴，并加以发展。

人文学术在传承中创新，在创新中传承，二者辩证地联系在一起，其在研究方法上不可能完全抛开与以往"文化遗产"的联系，特别是在经典文献整理方面的研究，如果不借鉴以往的成果，就寸步难行。人文学术借鉴以往成果越深，则在创新性上会越强。

我衷心希望我国年轻的人文学人向前辈学者学习，在尊师重道的基础上传承创新，青出于蓝而胜于蓝。

（作者为西北大学名誉校长）

梁启超"话语强势"的局限性是难免的

马　勇

最近比照阅读了几本有关梁启超的新旧传记。应该承认,这些传记从不同侧面描绘了梁启超的非凡一生,对于我们理解梁启超的思想、学术、政治理想以及政治活动提供了极大便利,也或多或少都在推动对梁启超以及近代中国历史的研究,营造出色彩各异的梁启超研究百花园,可喜可贺。

在为梁启超辩护时要更多地注意对立面的意见

在比照阅读这些梁启超传记的时候,一个最大的感受是,作者们越来越具有同情心,越是后来的作者越能以同情理解的姿态为梁启超辩诬、辩护,不惜溢美,力图恢复梁启超在近代中国应有的历史地位。这些努力无疑是有意义的,因为在过去很多年里,梁启超被归为改良主义者,而且长时期受到国民党的攻击,在一定程度上也确实被妖魔化了。

但我想提醒的一点是,在为梁启超辩诬、辩护的时候,一定要更多地注意梁启超对立面的意见,因为梁启超太会说、太能说、太会表达了,他的"话语强势"决非近代中国政界、知识界任何人能比、能抗衡的。

我们如果不去研究他背后的材料,我们只能相信他,我们毫无办法。关于近代中国政治发展脉络，关于近代政治叙事框架，关于他的老师康有为，关于慈禧太后、光绪帝，关于他自身的言行举止、功过是非、成败优劣，梁启超都有说辞，都有自己一套自圆其说、自成体系的话语模式。

他干了什么，怎样干的，我们基本上只能听他自己说，别人的认同、旁证、反对、抗议等，与梁启超的话语比起来根本不成比例，不在一个量级，因而读梁启超的作品、陈述，总使我想起孟子的告诫：尽信书不如无书。又想起胡适的叮嘱：做学问要在不疑处有疑。

梁启超为何不断渲染康有为上清帝第一书

比如，梁启超虽然与乃师康有为闹过别扭，有过冲突，但他在一些根本问题上毕生为乃师辩解、辩护，不遗余力地塑造乃师的圣人形象，一个最典型的故事就是不断渲染康有为上清帝第一书。

康有为上清帝第一书写于1888年12月。按照梁启超的说法，这是康有为第一次以布衣身份向皇上提意见，结果泥牛入海，没有被采纳。这份文件标志着康有为维新变法、师法日本和西方思想的成熟，变成法、通下情和慎左右三点建议就是后来的变法纲领。对于这些说辞，我们一百多年来几乎从来没有怀疑康有为，也没有怀疑梁启超，因为他们在十年后确实参与了那场轰轰烈烈的维新变法运动。

然而，真实情形可能并非如此。事实上，1888年是同光中兴最为重要的年份。慈禧太后之所以选择这一年将权力交给小皇帝光绪，除了光绪帝长大成人、即将大婚外，也有清王朝盛世迹象重现、慈禧太后见好就收的意思。

小皇帝即将亲政，按照帝制中国政治传统，一朝天子一朝臣。康有为上清帝第一书如果说有什么意义的话，那就是康有为期待像传统中国布衣那样得到皇帝重视，上书获得重用。这样的例子在中国历史上很多，康有为、梁启超都很熟悉。

换言之，1888年的中国，不需要改革，只需要萧规曹随，只需要小皇帝按照皇太后的政策继续执行就好了。康有为所提出的三点建议，更没有蕴含任何维新的意思，因为整个清王朝意识到维新，实实在在地说，是在1894年甲午战争失败之后。康有为无论是怎样的天才，他也不可能穿越时空，走在时间的前面。

康有为之所以在1888年上书清帝，除了一朝天子一朝臣的政治规律作用外，还有一个更直接的原因是康有为那一年再度名落孙山，与金榜无缘。一封上书如蒙接纳，毕竟可以减少许多忧愁。基于这样的考虑，我们应该比较容易重新理解康有为上清帝第一书的意义和目标。

梁启超的叙事中万木草堂被吹得神乎其神

与此相关联的另一个故事是，康有为1888年不仅在考试失败后上书清帝，而且回到广州故里开始讲学。这个故事在梁启超的叙事中一直被说成为维新培养人才，尤其是稍后开办的万木草堂更被吹得神乎其神，以为这是近代中国政治变革的起点。

其实，结合康有为的生命历程看，万木草堂的意义可能并不是梁启超所说的那么重大。因为1888年，康有为三十岁，已有十多年的婚龄，他的大女儿康同薇已经十一岁，二女儿康同璧已经六岁。拖家带口的康有为显然不能永无止境地复读下去，他不仅需要工作，而且必须工作。康有为创办的万木草堂只有从这个最物质的层面去理解才能弄清其意义。

或许是因为需要广告效应，康有为在创办万木草堂之后并没有按部就班一点一点从头做起，而是先从那所很有名的科举补习班学海堂挖人开始。能言善辩的康有为极具个人魅力，学海堂的几个高材生确实被康有为忽悠，梁启超、麦孟华等都在这个时候转投万木草堂，成为康有为的门生。几年后，康有为带着这些弟子进京赶考，自己金榜题名，几名弟子运气不佳。由此可证，万木草堂即便后来确实出现了一批维新人才，也无法说万木草堂创办的本意就是为了维新，为了变革。

历史的真相有时确实很残酷，梁启超利用话语强势为后世建构的叙事模式，无论怎样好看、有意义，毕竟不完全是事实。适度注意梁启超强势话语的局限性或问题，对于更准确理解梁启超和近代中国，可能更有意义。

（作者为中国社会科学院研究员、博士生导师）

半公半私的"职务消费"尤难治

陈忠海

只要存在公共权力、存在专门从事管理社会公共事务的人，"职务消费"就会存在。在中国古代，这方面也早有许多制度和规定，并把抑制过度"职务消费"作为吏治的重要内容，但成效却并不理想。

"职务消费"里有一项重要内容，就是公务招待。早在周朝就设置了天官，下面管理膳夫、庖人、兽人、渔人等，负责承办重要聚餐活动。自周朝开始，每年元旦都会举办正旦宴，不仅臣僚参加，有的还允许带上家属，冬至、寒食、重阳等重要节日朝廷也会举办宴会。此外，皇帝登基、过生日等也都会举办宴会以示庆贺。

唐朝官员升迁要专门摆一桌"烧尾宴"，其名称的来历，说是人的地位骤然发生变化，就像猛虎变成了人，但尾巴尚在，故将其烧掉。这种宴会极为奢华，唐人韦巨源举办"烧尾宴"的菜单保存了下来，菜品包括冷盘、热炒、烧烤、汤羹、甜品以及面点等58道，比一般的家宴更为盛大，费用多由公款支出。

到了宋朝有专门的"旬设"制度，官员每个月可以用公款聚餐一次，费用从公使钱中支出。在北宋尹洙的《分析公使钱状》中，庆历三年（1043年）西北地区的渭州每个月就有五次公款吃喝的记载。

这种情况到清朝越发严重，《道咸宦海见闻录》的作者张集馨曾任陕西督粮

139

道，西安时称"孔道"，凡去西藏、新疆以及蜀地都要从这里过。张氏记述，"遇有过客，皆系粮道承办""每次皆戏两班，上席五桌、中席十四桌，上席必燕窝烧烤，中席亦鱼翅海参"，当时大鱼每尾要花费1500文，其他还有白鳝、鹿尾等在宴席上也都不能少，"每次宴会，连戏价、备赏、酒席杂支，总在二百余金"。在任陕西督粮道期间，张氏感叹"终日送往迎来，听戏宴会"，"几于无日不花天酒地"，算下来接待费"每年总在五万金上下"。

古代交通不便，诏令、公文以及信件传递成为问题，官员到外地赴任、出差也往往是一件大事，这些通信和旅行方面的需求完全依靠个人能力无法解决，于是国家建立起一套较为完善的驿站制度。

秦汉时驿站制度就已经初步具备了，到唐朝驿站体系达到了完备，在全国主要交通要道上每30里就有一座驿站，据《通典》统计唐玄宗时全国有驿站1639个。宋朝的驿站制度更为完善，从功能上将其分为邸、馆、驿等。元朝驿站称"站赤"，明朝对这项制度更重视，朱元璋称帝后立即下令整顿全国驿站，把"站赤"重新改称"驿"，颁布了《应合给驿条例》，对驿站的接待标准进行细化，全国涌现出河间府的乐城驿、东平府的太平驿、扬州府的广陵水驿等知名驿站。

古代官员多文人出身，在涉身政务的同时也喜欢寄情于山水，驿站成为他们"半公半私"的游历工具。唐朝盛产诗人和散文家，从李白、杜甫、白居易到大量不太出名的诗人、文人，写了大量歌咏各地山川名胜的诗文，如果没有官府驿站，他们的足迹很难涉足这么广。韩愈在诗中说"府西三百里，候馆同鱼鳞"，白居易写"灯火穿村市，笙歌上驿楼。何音五十里，已不属苏州"，可以看出驿站分布之广。

靠着发达的驿站，苏轼的足迹西到陕西凤翔、东到江苏吴江、北到河北宝县、南到海南昌化，走遍了大半个中国，明清时还出现了徐霞客那样的旅行家。

文人们创作了大量与驿站有关的作品，李白的《题宛溪馆》、王勃的《白下驿饯唐少府》、杜甫的《奉济驿重送严公》、李商隐的《行次西郊作》都是脍炙人口的佳作，还出现了"题壁诗"，学者王子今把这种"泥墙墨书"称为"文学史的特殊视屏"。

除了方便文人们诗酒唱和、纵情山水，公款招待、公费旅游所带来的却多是弊端。

《清稗类钞》记述了一个故事，有个叫钱豁五的惯骗，有一次要从广西到浙江去，路途有3000多里，路费是一笔大开支，他想到了官府驿站。钱豁五不知从哪里找了个广西巡抚衙门的信封，在里面塞上废纸，外面粘上鸡毛，弄了一套竹筒，用黄面的包袱背上，扮成官府信使，一路走官道，途经数省都畅通无阻，吃喝全由驿站供应。

其实明清时驿站制度还是比较完备的，想混进去并不是件容易事，除了把自己打扮成信使或官人，还要出具勘合，相当于工作证和介绍信。勘合本是专人专用，但由于管理松懈，有人就拿去卖了或送人情，也有人伪造勘合占便宜。

这只是被人钻了制度的漏洞，所产生的浪费和腐败让人惊心。

再说公款吃喝，这种现象在历代都很难治理，汉景帝时出现了连年歉收的情况，但官员们公款吃喝依然很厉害，汉景帝不得不下诏，发现谁接受公款宴请一律就地免职。汉宣帝时有官员出差期间招待费过高，奢侈浪费，朝廷曾下诏进行过"通报批评"。宋朝颁布的《庆元条法事类》中对公款招待进行了细致的规定，其中一条是官员需凭"券食"方可用餐，类似"就餐券"，用餐标准也有规定，超标的要被追究。

但制度要发挥真正的效力，人的因素十分关键，如果制度事关执行者的切身利益，那执行效力就会因这种影响而发生改变。最高决策者无不希望下面有一支清廉、高效的官员队伍，也希望通过制度约束让官员们保持克制，但这种约束往往是无力的，抓得严了好些，稍微放松就立即反弹。

说到底，这些现象的存在与中国人和中国社会的某些特征有关，中国被称为"熟人社会"，人与人不是通过制度、规则而是习惯于通过私人关系发生联系，人情有时大于法治、大于制度，"有人好办事""只要有人没有办不成的事"等观念自古就很盛行，于是人们在维系各种关系上愿意花费更大的精力和资源，从而把吃吃喝喝、迎来送往这些事看得比什么都重要。

（作者为郑州大学信息管理学院主任）

史料·史事·史识

我们对商鞅还存在哪些误读？

叶自成

商鞅之法只治"邪民"？

法治当然要制民，但商鞅之法并非只是塞民以法。商鞅提出弱民、制民、胜民的概念，主要目的是要使百姓守法，同时，商鞅也提出了利民、爱民的概念。法者，爱民之本，认为最好的爱民利民方式，莫过于以法律保护老百姓，凡是合法的，都应受到法律保护；利民爱民的思想也要通过法律制度实现，商鞅时代提出的军功、粮功，本质上都是利民的。与批判者指责商鞅饥民苦民害民残民愚民的虚拟推理和想象不同，司马迁说及商鞅变法与老百姓的关系时指出，秦法"行之十年，秦民大悦，道不拾遗，山无盗贼，家给人足，乡邑大治"，李斯认为"秦用商鞅之法，移风易俗，民以殷盛，百姓乐用"。

商鞅之法既治邪民，也治邪官。有蛮横任性不受约束的权力，才会有唯唯诺诺唯官是从的愚民。为了打破官吏对百姓的蒙昧，商鞅的法治改革中，设计了许多环节来治邪官，比如《垦令》规定了公务及时处理，不得过夜，不给官吏以任私的时间；官吏的人数要少，减少官吏扰民的可能性，官吏不得随便到处公费游玩。还规定，要使天下吏民无不知法，这样，吏不敢以非法愚民，避免官吏以强权压迫百姓，大大减少了愚民产生的可能性。

为何说商鞅的思想具有启蒙进化意义？

愚民是一种文化蒙昧，而政治上最大的蒙昧就是人治。商鞅的变法也有开启文明之蒙的社会改革的内容，就是移风易俗，使秦民知男女之别、男子成年分立，改变父子兄弟共妻等落后习气。更重要的是，商鞅是中国历史上最大的政治启蒙家，打破了人治、权治、君治的蒙昧。

第一，商鞅打破了君主专制独裁之蒙昧，第一次在政治制度设计上对君权进行约束：君主虽独有立法权，但立法应该以强国、利民、因循国情民情为原则，不得随意立法；君主有人事任命权，但不是君主随意任命官吏，只能论功依法任命，人事权被虚化；君主的行政权，下放到各级长官，国治断家王，断官强，断君弱，行政权被虚化；君主有司法权，但司法权由君主任命的各级法官法吏独立行使，司法权被虚化。这已经具有了初步的分权治理的框架。在商鞅的法治思想中，君主只是实行法治的工具，而不是法治的目的。

第二，商鞅打破了贵族世袭的政治蒙昧，以事功主义开启平民政治、上下流动、机会平等、能力平等的大门。军功（武爵武任）、粮功（粟爵粟任）、政功（常官者迁，依法治理有功的官员应升迁）、告功（下级官员监督揭发上级官员违法有功者可代其职）等，使下层的平民百姓普通士兵获得了凭本事、凭业绩升迁进入国家政治上层的机会。

第三，商鞅打破了刑不上大夫贵族的蒙昧，开启了壹刑、刑无等级，卿相将军至庶民百姓，在法律面前一律平等的新气象。这种法律平等，包括功臣与平民平等、名人与普通人平等、行善与行恶平等、官民平等、富人与穷人平等。这些法律平等，有些内容如富人与穷人平等，已经超越了希腊民主制下的法律平等。

（作者为北京大学国际关系学院教授）

王安石眼中的官员不作为

韩毓海

列宁把王安石称作11世纪伟大的改革家。王安石在发动改革之前担任的职务，恰好是三司度支判官，就是财政官。他在担任三司度支判官的时候就写下了中国历史上重要的政治治理文献《上仁宗皇帝言事书》，写在宋神宗的爷爷宋仁宗的时候。他在当中提出的思想，也就是后来经常被大家传诵的名句："夫合天下之众者财，理天下之财者法，守天下之法者吏也。吏不良则有法而莫守，法不善则有财而莫理。有财而莫理，阡陌闾巷之贱人皆能私取予势，擅万物之利，以与人主争黔首，而放其无穷之欲，非必贵强桀大而后能如是，天子犹为不失其民者，盖特号而已耳。"很显然，他把财政、税收、国家的预算看得很重，没有钱是办不了事的。大家都讲三代之治，但三代之治的时候，大家都很穷。而现在不同了，没钱办不了事，抓不住财权，是要丢江山的。

因此，在《上仁宗皇帝言事书》中，王安石开头就说到，宋代最大的问题是什么呢？皇帝是一个好皇帝，你简直可以比尧舜，简直比尧舜还辛苦。为什么国家治理一团糟呢？原因就是国家没人才。可是，每天这么多的人才在考试、选拔，怎么就没人才呢？他说，因为我们选拔人才的方式不对。人才的教、养、取、任皆不得其法。

怎么叫教不得法呢？他说，现在最主要的问题就是国家的财政、税收、司法和军事。可是，我们现在教的都是课试文章，学的都是文章词赋，让一帮只会考试的人来治理国家。他们会写材料和作诗，会考试，会谈思想，但是，他们不懂政治、经济、财政、司法。所以说，教不得法。因此，必须废词赋明经，扫除课试文章，建学校。

养呢？他认为也不得法。他说，财政归于中央，于是中央有钱了，就养了大批的官员，官员系统搞得很复杂，文武分开了，官与吏也分开了，历代从没有像宋代养这么多官。他说既然有这么多官员，再多的财政也担负不起那么多的办公费用，于是，官员的薪赋很低，还不断地降薪，可官员也是人，他也要嫁女、娶妻、丧葬。官员正常收入仅够糊口，根本就不能做个体面人。没有一定的物质保障，让官员做到公正廉洁，不容易。

取，他觉得也很有问题。他说历朝历代都是能够选拔有能力的人，简言之，按照能力，择贤而用，但宋代却是一切都按程序走，每一个职务都要干过，每个台阶都要待过。实际上这样选拔出来的干部，其实每一个工作都没干会，或者说，他什么都会一点儿，其实什么都不会，因为干一段时间就调走了。既然选拔就是走程序，那么官员只要不干事，就不会犯错误，于是按部就班升上去的，大部分是庸人。所以取也不得法。

任，他觉得也不得法。对官员，没有一个科学的考核办法。科举考出来的人治国理政水平很难加以检验。加上为了防止专权，官不久任，导致地方治理出现一系列问题。

因此，王安石认为宋代的根本问题是在顶层，官员队伍不够专业化。如果说改革要做顶层设计，顶层设计的核心是什么呢？就是要进行专业化。就是按照干实事的标准，去改革组织路线。

再一个就是王安石说的"养"的问题，宋代以来，因为皇帝处心积虑，解散基层的社会组织，用王夫之的话说，就是"解散天下休息之"，所以，国家办事只能依靠官员，只能依靠官僚系统，结果，官员的队伍就越来越庞大，而工资却越来越低，它又是国家办事唯一依靠的力量，掌握着权力，怎么能不腐败呢？

到了宋代，官僚阶级就算彻底形成了，它与皇权国家之间是对立的，皇帝要控制官僚，而官僚就用腐败和不作为来反抗，因为社会没有自组织能力，所以，官僚不作为，国家机器就运转不良，从而形成了恶性循环。

（作者为北京大学教授）

清代"奴才"称谓考

潘洪钢

学界对清代"奴才"一称的理解
基本依照陈垣与鲁迅先生的看法

清代官员，常常自称"奴才"，既见于官方文件、奏章之中，也常常出现在官员觐见皇帝之时。学界对此基本依照陈垣与鲁迅先生的看法，视为清廷强行区分满汉官员身份的措施。

陈垣是这么说的："满人称奴才，有时可以称臣；汉人称臣，无时可以称奴才。"鲁迅先生说："在清朝，旗人自称'奴才'，汉人只能自称'臣'。这并非因为是'炎黄之胄'，特地优待，赐以嘉名的，其实是所以别于满人的'奴才'，其地位还下于'奴才'。"这其实是排满浪潮影响下对"奴才"一词的理解，当然其中也道出了清代旗人与民人身份的不同。事实上，这两个称谓所对应的对象有一个变化过程。

奴才一词，亦作"奴财""驽才"，
在北方少数民族中是常见词汇

奴才一词，亦作"奴财""驽才"，在中国北方各地，尤其是北方少数民族中，是一个常见词汇。魏晋以降，常常作为贱称、卑称或詈骂之词，出现于历史记载之中。《晋书》卷101《载记第一·刘元海》："颖不用吾言，逆自奔溃，真奴才也"。至明清时期，宫内宦官常常自称为奴才，也被人骂作奴才，如《明史》卷244《杨涟传》："涟大骂：奴才，皇帝召我等，今已晏驾，若曹不听入，欲何为？"

另外，在北方民族中，臣与奴才本属一意，并无多少分别。如《隋书》卷84《北狄》："沙钵略谓其属曰：何名为臣？报曰：隋国称臣，犹此称奴耳。"臣与奴才二词通假，起自于北方，由来已久。清人关以前，奴才一词已出现于官方文献中，《清稗类钞·称谓类》："当未入关以前，满洲曾贡献于高丽，其表文，自称'后金国奴才'。可见奴才二字之来历，实为对于上国所通用，其后逐相沿成习耳。"可见，满洲旧俗，以奴才与臣相等，并不以为有辱国体。

清廷起于北方，满语中有阿哈（Aha），汉语意译为"奴才"。沿其旧俗，奴才一词在社会上也得以广泛使用，当时及后世各种小说中也常有反映。《红楼梦》第33回，贾政说宝玉："该死的奴才！你在家不读书罢了。"在很多时候，奴才及其衍生词语都是贱称和含有贬义的。入关后，这类词语有时也出现在正式官方文献中和煌煌上谕之中，如雍正五年十一月，雍正帝上谕中有"此等卑污之习，皆始自包衣下贱奴才"之语。在此种背景下，称谓用语中出现"奴才"一词，是极其自然的事情了。

清入关后相当长一段时间内，旗人有称臣的，也有称奴才的。雍正朝还曾要求统一用"臣"字

资料表明，清入关后，在相当长一段时间内，并未对奏章中称奴才或称臣进行统一规定。沿袭入关前满洲旧俗，旗人面见皇帝及在给皇帝的奏折中，有用臣的，也有自称奴才的。康熙时期，仍有两称并用，甚至同一奏折中，既称奴才又称臣的情况。雍正初期，清廷试图统一相关称谓，《钦定八旗通志》卷首之九：雍正元年八月，清廷试图统一相关称谓："凡奏章内称臣、称奴才，俱是臣下之词，不宜两样书写，嗣后着一概书写臣字。特谕。"虽然如此，我们看到，雍正时期的奏章中，仍然是两称并存，同为旗籍官员，既有称臣的，也有称奴才的。汉文文献如此，满文文献也如此。雍正帝亦并未因其自称"奴才""臣"而表示批评或斥责，而是照常批以"知道了"等语。

直到乾隆前期，此种两称并存的情况仍然可以见到。

与雍正朝要求统一自称为"臣"不同，乾隆帝要求满族大臣公事与私事分称臣、奴才

然而，此时旗员称呼问题也已经开始出现变化。一个典型事例是，乾隆六年，贵州官员张广泗上奏请求将长子留在自己身边，奏折中，自称为臣，而将儿子称为奴才，乾隆帝为此专门下旨，对张进行训斥。这表明，虽然旗籍官员奏章中仍然两称并存，但这一现象已经引起清政府的注意，对于旗下官员私事折，已经开始要求称"奴才"，以维护满洲旧俗。

至乾隆二十三年，乾隆帝正式下令对官员自称进行规范。不过，这一次与雍正朝的要求统一自称为"臣"不同，乾隆帝要求公事与私事分开办理："满洲大臣奏事，称臣、称奴才，字样不一。著传谕：嗣后颁行公事折奏称臣；请安、谢恩、寻常折奏，仍称奴才，以存满洲旧体。"

至此，清代官场称谓中，奴才与臣的称呼规矩基本确定。《清稗类钞·称谓类》记载了奴才称呼运用的基本情况："不独满洲也，蒙古、汉军亦同此称，惟

与汉人会衔之章奏，则一律称臣。"同时，"汉人之为提督总兵者，称奴才，虽与督抚会衔，而称奴才如故，不能与督抚一律称臣也。王公府邸之属员奴仆，对于其主，亦自称奴才。"

大体上说，官方文件及正式场合称奴才的，有两种情形

1. 满洲等旗下官员，觐见皇帝、皇后时，自称奴才

在奏折中也使用奴才这一自称，无论官职尊卑，甚至官居大学士、尚书之职，仍然自称为奴才。而汉族官员无论在觐见还是奏章中，都自称为臣。这时称奴才，显示出清自乾隆以后，对满洲旧俗的极力维护。

2. 清制中，武职官员对皇帝，也自称为奴才，虽然与督抚大员会衔上奏，都自称为奴才

究其初制，或有深意，但行之既久，则视为习惯。至咸丰二年，将武职称奴才之规矩推广至武科举人，令"嗣后中式武举引见。俱一律奏称奴才。如再有错误。即将该提调等奏参"。

清末，反清浪潮迭起，人们对旗员与汉官的不同称谓多有议论，1907年，两江总督端方等联名上"满汉平议"折，提出"奏折中无论满汉一律自称曰臣，不得再用奴才字样"。至宣统二年（1910年），清廷宣布："我朝满汉文武诸臣，有称臣、称奴才之分。因系旧习相沿，以致名称各异。……当此豫备立宪时代，尤宜化除成见，悉泯异同。嗣后内外满汉文武诸臣陈奏事件，著一律称臣，以昭画一而示大同，将此通谕知之。"推行不久，清王朝即在辛亥革命的浪潮中土崩瓦解了。

清自乾隆时确定此制，并与整个清王朝相始终。其初制，本意在维护旗下旧俗，提示旗籍与武职人员时刻记住自己的身份，保持所谓"国语骑射"，随时准备效忠于王朝统治，这也推动了这一称呼在社会上的广泛使用。客观上，这一称谓也区别了旗人与汉臣的身份。

（作者为湖北社科院文史所研究员）

贾谊的幽情陷于《吊屈原赋》中

孟宪实

西汉是单凭军事斗争建立起来的王朝，很多问题都是首次遭遇。汉代对功臣采取分封的手段进行肯定，当初跟随高祖刘邦打天下的功臣有143人被封为侯，史书记载清楚，在举行封爵之礼的时候，还有相应的誓言，即"使黄河如带，泰山若厉，国以永存，爰及苗裔"。

跟随刘邦平定天下的功臣们，除了张良一心要退隐之外，几乎都成为新朝廷的重臣，成为辅佐皇帝的核心力量。清代历史学家赵翼，对此特别概括为汉初政治的"布衣将相之局"。从这个意义上说，功臣集团当然不是单纯的历史概念，他们在现实政治中也扮演着最重要的角色，皇权对于功臣的依赖，不仅是从前的功勋，更重要的是现实政治的维护与支持。相对而言，新王朝要治理当今天下，虽然竞争对手被消灭了，但是治理任务同样繁重。汉高祖的《大风歌》有"安得猛士兮守四方"之句，这绝对是新王朝的急迫任务，而举目四顾，皇帝能够信任的只有功臣。

但是，战争是一个特殊时期，相比于和平时期而言，战争时期是短暂的，政策是临时的，即使强化内部团结，注重内部分享，也是战时的权宜之计。如果把战时政策全部在和平建设时期沿用，就会严重阻碍国家的转型。然而，功臣集团过分看重自己的权力，往往不能适应国家转型，他们甚至阻挠皇帝的国家转型倾向。

汉文帝的故事很能说明功臣政治对于皇帝的限制。功臣们稳定了刘氏天下，挡住了吕后家族权力发展的去路，汉朝重归刘家。而文帝当选，是功臣们的主意，追究其原因，就是因为文帝庶出，长期生活在长安以外的代地，即使当了皇帝也容易控制。而文帝也只能适应这样的朝廷环境，长期隐忍不发。如果文帝与大臣发生分歧，通常都是文帝妥协。

西汉的这种政治状况持续的时间很长，比如《后汉书》的作者范晔著《二十八将传论》，认为云台二十八将不被光武重用（"光武不以功臣任职"）是因为吸取了西汉的教训。汉高祖以后，"迄于孝武，宰辅五世，莫非公侯。遂使缙绅道塞，贤能蔽壅，朝有世及之私，下有抱关之怨"。范晔还讨论了其造成的另外一个问题，即功臣集团成为阻挡其他人发展的障碍。缙绅，通常指学人士大夫，他们学而优则仕，本来就准备为国家尽其才力，但是因为功臣集团的阻挠，他们的人生道路走不通了。贤能之士，没有机会为国家效力，只能庸庸碌碌地混日子。朝廷上的达官贵人都有通世之好，担任小吏的人才当然要发声抱怨。

范晔所论，也是天下共知的问题。在这方面，贾谊可谓典型。在《史记》中，贾谊与屈原同传，而同传就是因为他们有共同之处，那就是怀才不遇。空有一番报国之志，有想法有能力，但却不被理解，只能郁郁寡欢，被后人千百年同情。贾谊写过《吊屈原赋》，以极其哀痛之心替屈原抱不平，而所有人都知道，他这里存在自己的幽情。其实，贾谊还是有所不同的，那就是汉文帝十分欣赏贾谊的才干，而更可悲的是汉文帝也不能为贾谊做主，因为朝中执政的功臣看不上贾谊，皇帝虽然欣赏，也只能停留在欣赏的层面上。读贾谊传，我们知道汉文帝一直惦念贾谊，有的时候甚至希望贾谊在外地做官消磨意志、熬光才气。可是，见面一看，贾谊依然才气十足。如果贾谊的才华消失了，文帝的自责之心会淡一些，可真实的贾谊让文帝更加痛苦。因为，如今的皇帝依然不能有所作为。文帝与贾谊见面，迫不得已，只能"不问苍生问鬼神"。

汉武帝时期，是西汉结束功臣政治的转折期，正是汉武帝时期，广泛采取了从社会上选拔人才参与政治的政策和制度。察举制是董仲舒提出、汉武帝采纳的选拔官员制度，它规定：20万人口以上的郡国，每年给一个察举名额，40万以上的给两个名额。为什么汉武帝时期采取新的察举制度？一个很重要的背景就是功臣政治衰落，需要一个更有活力的选官制度取而代之。

无独有偶，唐高宗打掉了长孙无忌的"关陇集团"之后，也在选官制度上加强了科举考试的力度。汉朝的选官制度举孝廉是汉武帝时代大力推广的，唐朝的科举制度在高宗、武则天时代有了更大的发展。一个全新的时代正在展现，一个王朝的盛世景象开始酝酿。

（作者为中国人民大学国学院教授、博士生导师）

谁操纵了北洋政治

侯中军

学界所说的北洋时期，一般指1912年1月1日中华民国成立至1928年东北易帜，这期间的中国政治，因形式上主要操纵于袁世凯及其后继者之手，亦可称北洋政治。从大的线索而言，这其中经历了承认民国、洪宪帝制、参加一战、巴黎和会、华盛顿会议、军阀混战、修约运动等节点，每一个节点背后都有纷繁复杂的政治斗争。其复杂之处，不仅在于北洋派系内部的争斗，还在于列强势力掺杂其间，各自培养自己的代言人，支持一派、反对一派，甚至有时候亲自出马，干涉北洋政治。

日本在北洋时期欲控制中国的意图是相当明显的，
从承认民国到提出"二十一条"要求，都可体现出这种趋势

列强对北洋政治的干预，并非始于1912年1月1日之后，而是早在清末已经开始。列强对北洋政治的干预，很大程度上是晚清时期争夺势力范围和利益的继续，只不过面对了中国内部新的形势。各派政治势力为了达成各自的目的和利益，亦有意寻求列强的帮助。究竟是谁操纵了北洋政治？并没有一个明确的答案。在不同的时段、不同的事件面前，因利益寻租的关系，并没有绝对的主导

者，但具体到某个案例上，总会有起主要作用的几个国家或某派势力的结合。基本上，日本在北洋时期欲控制中国的意图是相当明显的，从承认民国到提出"二十一条"要求，都可体现出这种趋势。而美国则从承认民国开始一直试图打破日本独霸中国的努力，华盛顿会议则直接拆散了英日同盟，使中国重新回到几个帝国主义国家共同支配的局面。

中华民国临时政府在南京成立后面临着是否被列强承认的问题。1912年1月5日，孙中山发表对外宣言，呼吁"深望吾国得列入公法所认国家团体之内，不徒享有种种之利益与特权，亦且与各国交相提挈"，这是孙中山以中华民国临时大总统身份首次正式要求列强的承认。从此，民国政府开始了为期近两年之久的寻求列强承认的外交历程。

1912年2月21日，日本外务大臣内田康哉电令驻英、美、俄三国公使，向三国政府提出了关于承认问题的备忘录，就承认的条件征询意见。日本所提条件内容主要有：一、继续尊重外人之一切权益；二、承认偿还以往之外债；三、各国在承认问题上取一致行动。

日本对德宣战后，侵占胶济铁路，攻占青岛。趁列强无暇东顾之际，抛出了企图全面称霸中国的"二十一条"要求。日本时任驻华公使日置益在得到外相加藤高明的亲手训令后，于1915年1月18日，要求晋见袁世凯。当日下午，袁世凯在中南海怀仁堂接见日置益。日置益当场宣读了"二十一条"要求全文，并要求中国全面接受，尽快答复。日本一直企图向各国隐瞒真相，特别是对第五号（如，在中国中央政府，须聘用日本人，充为政治财政军事等各顾问；须聘用多数日本人，以资一面筹划改良中国警察机关；在中国设立中日合办之军械厂聘用日本技师，并采买日本材料）的内容极端要求保密，试图稳定在华有利益的各国，意图取得各国的中立。2月15日，外交总长陆征祥会晤日置益，希望日本方面放弃第五号要求，但日置益予以拒绝。无奈之下，民国政府将"二十一条"全文电告协约各国政府，冀求引起各国注意，向日本施加压力。英、美等国虽然对第五号要求表示关切，但此时各国多有求于日本，愿持观望态度。

经过多次谈判，至1915年4月26日，日本向中国提出最后修正案，做出些微让步。针对日本的修正，中国于5月1日提出修正案，在山东、满蒙杂居、第五号要求等问题上坚持立场。此时，形势已难调和。英国于5月4日照会日本，不希望日本与中国开战，希望日本遵守英日同盟的精神。在国际压力和中国的坚决抵制下，日本最终同意放弃第五号要求，并于5月7日，向中国发出最后通牒，限9日午后6时答复。当时的毛泽东得知后，愤而写下四言诗：五月七日，民国奇耻；何以报仇，在我学子。5月9日，最终中国接受了日本的最后通牒。

对华采取一致行动是列强在华盛顿会议上达成的共识

五卅惨案后，借助国内激扬的民气，北京政府于1925年6月24日向华盛顿会议与会国递交照会，正式提出了修改不平等条约的要求。北京政府在照会中开宗明义地指出："自近年来，中国舆情及外国识者，佥谓为对于中国公道计，为关系各方利害计，亟宜将中外条约重行修正，俾适合于中国现状暨国际公理平允之原则。"

在各国反应之中，英国的态度最为强硬，法国和葡萄牙次之，美国最为宽容，日本相对温和。当时英、美政府分别将自己的建议案转致其他有关各国，探听他国是否赞同己见，由此引出了日本修正关税声明草案后的折中方案。7月中下旬，日、英、美政府先后拟具各自的复照文本，基本上还是各唱各的调，所表现出的立场与观点相去甚远。由于对华采取一致行动是列强在华盛顿会议上达成的共识，为了协调各方观点，有关各国之间进行了密集的磋商。

历经两个月的紧锣密鼓的协商，有关各国终于消弭歧见，复照表示"对于中国政府修改现行条约之提议愿加考虑，惟务须中国政府以同等程度履行其保障外人权利之义务。同时警告中国政府必须证明愿意且有能力平息骚乱及排外煽动活动"。1925年6月24日的修约照会，标志着北京政府正式开启修约运动的进程。拖延已久的关税会议和法权调查会议终于先后召开，但可惜未能取得令人满意的结果。在与有关国家的修约交涉中，北京政府采取了前所未有的单方面废约的行动。然而，北京政府的虚弱地位，大大地削弱了其外交努力的作用。外交官们的勇敢行为，并不能挽救北京政府在国内斗争中失败的命运。随着北京政府的垮台，曾一度很有气势的修约运动也就烟消云散了。

20 世纪 20 年代，中央政府失去了统驭全局的能力，南北大小军阀割地而治，各派背后都有帝国主义的支持

20世纪20年代，北洋政治的特点之一就是中央政府失去了统驭全局的能力，南北大小军阀割地而治。经过多年的混战，到北伐战争前，还有张作霖、吴佩孚和孙传芳三大集团，各自称雄一方。各派背后都有帝国主义的支持，奉系的后台则是日本帝国主义。

直皖战争结束后，直奉之间的矛盾开始凸显，张作霖为左右北方政局，有意亲近日本。他在会见日本贵志少将时说：对日政策必将实行真正亲善主义，外国人宣传亲日之段祺瑞已经没落，余将取而代之，既然如此，莫如承认之，索性将一贯依靠日本之态度，彻底公布。今日在东三省，包括长江以北地区，坚决抵制排日思想之传播。第二次直奉战争时，张作霖不放心前方的情形，特意从奉天派出一个日本军事顾问团，为首之人系一名日本中将，据说是日本南满铁路守备队司令。当直奉在山海关一带激战正酣时，奉系子弹告急，一、三联军只剩子弹20万发。第一军的裴春生一个旅，一个晚上就消耗了20万发。张学良从奉天于一周内带来日本供给的步机枪子弹4000万发，炮弹10万发。收到这些弹药，郭松龄率领4个旅出击，一举击败直军。两次直奉战争的背后都有英、日两国的背后支持，但最终的决定原因并非外力。

1925年，广州国民政府成立。北洋政治迎来了其最为强劲的参与者和挑战者。在"联俄、联共、扶助农工"的政策下，1926年国民革命军出师北伐，北洋政治即将被清扫出历史舞台。

（作者为中国社会科学院近代史所副研究员）

管仲改革：重商主义带来脆弱的霸业

陈忠海

2600 多年前的一场综合性经济改革

春秋时期，齐国的齐桓公是个有政治理想的人，他既想坐稳国君的位子，又想在诸侯争霸中抢得先机，但摆在他面前的现实却与目标相去甚远。齐桓公知道要实现自己的目标必须任用能人，他看中了一个人，名叫鲍叔牙，但鲍叔牙认为自己的才能只够辅佐齐桓公做一个守成之君，无法实现称霸的梦想，于是推荐了自己的好朋友管仲。齐桓公于是拜管仲为国相。

按照当时的标准，管仲实在不是国相的理想人选：他家境贫寒，并非世家贵族；早年为谋生与别人合伙做过一些小生意，每次总因为多占红利而让伙计们看不惯；参军打过仗，每次冲锋都躲在后面；做过几次小官，每次都因为表现一般而被免职……一个出身低下的商人，一个连本职工作都做不好的人，把整个国家交给他治理，这不是开玩笑吗？

但是，齐桓公费尽心思把管仲接回齐国，在他没有脱下囚衣时便迫不及待地宣布了国相的任命。齐桓公最关心的是如何称霸，他为此向管仲求计。管仲要他别急，因为称霸之前必须先做好几件事。

管仲认为要称霸先得兵强，要兵强先得国富，要国富先得民足，所以他的改革逻辑很简单。管仲认为"凡治国之道，必先富民"，作为一名商人，理财是管仲的强项，他改革的重点首先放在了经济领域。

为解决"民足"问题，管仲提出了"六兴之策"：辟田畴、利坛宅、修树艺、劝士民、勉稼穑、修墙屋，这是"厚其生"；发伏利、输墆积、修道途、便关市、慎将宿，这是"输其财"；导水潦、利陂沟、决潘渚、溃泥滞、通郁闭、慎津梁，这是"遗其利"；薄征敛、轻征赋、弛刑罚、赦罪戾、宥小过，这是"宽其政"；养长老、慈幼孤、恤鳏寡、问疾病、吊祸丧，这是"匡其急"；衣冻寒、食饥渴、匡贫窭、振罢露、资乏绝，这是"振其穷"。

也就是通过全面搞活经济、鼓励生产、减轻赋税、调节贫富、加强社会救助等使百姓充分富足，在这一系列措施中尤其以大力发展手工业和商业、推行自由贸易、鼓励消费等最为引人瞩目，作为2600多年前的一场综合性经济改革，其技术层面具有划时代的先进性。

通过这些措施，"民足"很快得以实现，齐国的经济出现了繁荣，但"民足"不等于"国富"，在缺乏有效制度安排下，社会财富只会向贵族、大臣等既得利益者集中，管仲也深知这个道理，所以在搞活经济的同时推出了"四民分业""官山海"等措施，保证了国家财富的积累。经济发达、贸易繁荣为国家带来了丰富的税收，盐铁专卖等又使国家增加了额外收入，齐国的经济实力大为增强，迅速成为"经济强国"。

齐桓之功，为霸之道。九合诸侯，一匡天下

"民足""国富"为"兵强"提供了经济基础，在齐国的军事建设方面，管仲同样推行了改革，不仅扩充军备，而且从体制上加强了国家对军队的控制力。

过去，由于行政权、财权的分散，军队实际上分散地掌握在贵族、权臣们的手中，国君对外用兵必须与他们商量，常常遇到讨价还价的情况，这样的军队自然缺乏战斗力。为解决这个问题，管仲提出了"乡里建设"的构想，把齐国分为15个乡，每个乡分为10个连，每连分为4个里，每里分为10个轨，每轨由5户构成。如果每户征兵1人，每个乡就能征兵2000人，把5个乡的兵源集中在一起就是

1万人，编为1个军。

这样齐国的常备军就有了三个军，总兵力保持在三万人左右，这个数字在后世也许不值一提，但在当时的诸侯国里绝对是了不起的规模。不仅军队的数量可观，而且士兵按照"乡里制度"层层征召上来，打破了原有的权贵垄断，国家此时也有能力提供军费支出，所以这支军队被牢牢地掌握在了国君的手中。

齐桓公终于可以用这支军队称霸天下了，但齐国的争霸之路与后世许多国家不同，它很少四处征伐，而是用诸侯会盟的形式体现霸主的权威。公元前681年，齐桓公在鄄地召集宋、陈、蔡、邾四国会盟，在春秋时代第一个代替周天子充当盟主。在这次会盟中，齐桓公因为打出"尊王攘夷"的旗号而受到周天子的肯定和赏赐，齐桓公于是成为春秋时代的第一个霸主。

公元前656年，齐桓公率领各诸侯国的联军进入楚国，质问楚国为何不按时向周天子进贡祭祀所用的茅草，在强大的军事压力下楚国不得不低头认错。齐桓公在位42年，其间真正的对外打仗只有两次，一次为保卫燕国击退山戎，一次为保卫邢国击退狄人，而主持诸侯会盟有九次之多。

"九合诸侯，一匡天下"的奇迹成为以后乱世争雄者们的梦想，曹操在《短歌行》中赞叹道："齐桓之功，为霸之道。九合诸侯，一匡天下。一匡天下，不以兵车。正而不谲，其德传称。"

齐国"一世而衰"：国富不是"万能的"

然而，齐国的辉煌仅昙花一现。

公元前644年，管仲去世，临终前向齐桓公推荐隰朋任国相，不巧的是隰朋这一年也死了，与他有"管鲍之交"的好友鲍叔牙也死于该年。第二年齐国就发生了内乱，齐桓公被软禁后活活饿死，死后60多天竟无人知晓，其后晋、楚、吴、宋等诸侯国先后崛起，齐国陷入长期低迷。

齐国为何"一世而衰"呢？有人认为主要原因是用人不当，齐桓公晚年出现了竖刁、易牙、开方等小人，他们最后祸乱了齐国，正是齐桓公用人不当、管仲荐人不力导致了小人弄权，齐国迅速由辉煌走向了衰落，所以苏洵在《管仲论》

中说："故齐之治也，吾不曰管仲，而曰鲍叔；及其乱也，吾不曰竖刁、易牙、开方，而曰管仲。"

还有人认为主要原因是制度建设问题，管仲的改革多为人治而非法治，许多改革措施没有像商鞅变法的二十等爵制、户籍制、什伍连坐制那样成为制度固化下来，今后无论谁执政都不影响政策的执行，而齐国随着改革决策者和主要推动者的离去，改革事实上也消失了。

这些说法各有道理，但或许并不是问题的要害，"管仲奇迹"未能持续，更重要的原因也许与改革措施本身相关。管仲善理财、以商治国，固然创造了经济的繁荣，国家财力因此大增，甚至打造出了数量可观、装备优良的军队，但这些繁荣和强盛又是脆弱的。

齐国创造了对内对外贸易的繁荣，因此赚了很多钱，然而商业的本性重交易而轻生产，这增加了经济的不稳定性。又因为商业获利更容易，人们既然可以通过这条渠道致富，就会把它作为优先方向，不仅繁重的生产劳动不被大家羡慕，更不会冒着生命危险去战场上厮杀以博取向上晋升的机会，这是以商治国的弊端，至少在那个时代"商战"不如"耕战"更为坚实牢靠。

齐国拥有大量的甲士和战车，但无法解决"为谁而战"的问题，这是机制造成的。也许管仲看到了这一点，所以他曾提出了著名的"利出一孔"思想，强调国家对百姓和一切社会资源的绝对控制，强调百姓希望得到的一切都由国家来掌握、分配和赐予。但仔细考察一下，这句话也许只是一种主张而非业已达成的现实。

在一个重商主义和自由贸易盛行的社会，很难完全控制人的思想、利益和欲望，自然也无法完全控制人的行动，"利出一孔"更像是为争取君王对改革的支持而提出的口号。对一个国家来说民不富、国不富是"万万不能的"，但只有民富、国富也不是"万能的"，由民富、国富到兵强、国强再到实现持续强盛，有时差的还真不是一两步。

（作者为郑州大学信息管理学院主任）

"有似此陋规，即严行禁革"

——雍正帝对书吏下了史上最严的整治令

李国荣

所谓书吏，是中央与地方衙门中，专门负责文书处理与档案收存人员的总称。他们多是科举落第的知识分子，虽无官的名分，却行使着官员的部分职权。康熙帝晚年，"政宽事省""无为而治"。诸多官僚作威作福、腐化愚昧、不视政事，只依靠幕友和书吏办事，以致吏治废弛败坏，各衙门书吏"人多庸猥，例罕完善，甚至夹私诬罔，贿赂行文"（章学诚《文史通义》）。对书吏队伍中的这种腐败情弊，雍正帝曾尖锐地指出，官衙书吏"一尘不染者仅一、二人而已"（《清世宗实录》），已严重败坏和妨碍国家的行政。因此，在他即位后，针对部院衙门的书吏进行全面清理整肃。

谕令革除"部费"

"部费"，是中央部院的书吏向地方公开索要各种小费的俗称，上下皆知，公然行之。以兵部为例，据档案载，仅陕西兴汉镇（今隶属安康市）的兵丁，每年就要摊派凑银300两，作为到部办事之用，其中庆贺表笺诸事每年送部费40两，呈报册籍诸事每年送银24两，这些已成定例。

雍正帝了解到这一情况后，于雍正八年（1730年）三月颁谕指出：兴汉一处如此，则各省与此处相类者亦必不少；兵部书吏如此，则其他部院衙门收取部费者亦定是大有人在。"此皆内外胥吏等彼此串通，巧立名色，借端科派，以饱私囊"。"着通告各省营伍，若有似此陋规，即严行禁革。如部科书吏人等仍前需索，或于文移册籍中故意搜求，着该管大臣等具折参奏"。（《雍正朝汉文谕旨汇编》）

严禁需索讹诈

刑部衙门专司刑名，人命攸关，"部中奸滑胥役，得以操纵其事，暗地招摇"。收到好处费的，则援引轻例，有的甚至将地方督抚的补参咨文沉压下来，暗中潜消其案，求得大事化小，小事化了；没有收到好处费的，虽然督抚声明情有可原，应予宽免，其胥役仍欺隐蒙混，不准邀免。这样，刑部胥役几乎把持了这类补参案件，其标准就是以是否收到好处费来定能否宽免。为根除这一腐败弊端，雍正帝颁谕：嗣后三法司会议案件，凡有行令补参者，督抚咨文到部，其或处或免作何完结之后，令刑部知会画题衙门，公同刷卷，"如此，则胥役不得萌逞故智上下其手矣"。（《雍正朝汉文谕旨汇编》）

就刑部书吏的勒索舞弊问题，监察御史耿大烈在雍正十一年三月十七日具呈的一道奏折中谈到：充军流放人犯，例可赎罪者，由刑部查明所犯情由奏闻，请旨定夺。然而，刑部"不法书吏竟敢任意作奸，或称具呈有费，批呈有费，以及查对原案具奏先后迟速之间，百计勒索讹诈"。（《雍正朝汉文朱批奏折汇编》）雍正帝据耿大烈所奏，指令刑部各官"严禁书吏，不得借端需索"。

书吏不得主稿

书吏作弊，还往往在援引案例上做文章。清朝刑罚，律无明文的多比照旧案。由于例案多变，办案人员可以随意比附，而且借此还可以推卸责任，于是书吏便往往从私利出发，断章取义。蒋良骐《东华录》载，雍正朝刑部书吏在查阅文书档案提供例案时，"往往删去前后文词只摘中间数语，即以所断罪承之。甚有求其仿佛比照定议者，或避轻就重，或避重就轻，高下其手，率由此起"。

针对这种情弊，雍正十一年三月，刑部右侍郎觉河图具折指出，刑部衙门责任重大，一切"稿案"自应由司员主稿，不得假手书吏，致滋弊端。在实际办案过程中，常常是司员酌定主意，而叙稿成文却出于书吏之手，致使书吏得以舞文弄弊，作奸犯科。为此，觉河图奏请："嗣后各司一应档案，仍令各司主事稽查"，满汉各官"亲自主稿。"（《宫中档雍正朝奏折》）雍正帝对此表示赞同，谕令照其所请实行。

严防增删案卷

清初旧例，各部院衙门司官升迁调转，其所掌管的案卷新旧交接时，一般是在案卷的封面上注明司官姓名，接缝处或标"封"字，或用司印，没有统一的规定。制度上的漏洞，给掌管案卷的书吏进行徇私舞弊提供了机会，常有增删案卷的事情发生。

雍正帝就此于元年三月颁谕各部院衙门："收贮案卷，封禁虽严，而翻阅查对，不能脱书吏之手，盗取文移，改易字迹，百弊丛生，莫可究诘。嗣后司官迁转，将所掌卷案新旧交盘，各具甘结，说堂存案。"一个月后，雍正帝又进一步指令：各衙门案卷，"有添写处，亦用堂印。并设立印簿，开明年月、用印数目、用印司官姓名。如此，则无腾挪之弊，卷案亦按簿可查。传谕各衙门一体遵行"。（《雍正朝汉文谕旨汇编》）此谕令从制度层面上严格约束了管理档案的吏员。

禁止书吏馈送

雍正帝认为书吏"狡猾性成，或以小忠小信趋奉本官，得其欢心"。为此，他严禁各部院司官书吏向堂官馈赠送礼。

雍正十年九月二十六日，雍正召见各部尚书、侍郎，当面指出："部院事务，每有本衙门堂官为司官书吏所蒙蔽，不能尽知。"同时更谈到，各部院的司官书吏为往上爬，往往向堂官送礼，他说："即使所馈无多，而一经收受，则举劾之际，不无瞻徇牵制。如其人果属可举，而曾经收受馈遗，则虽公亦私，转滋物议；如系不堪之人，因平日受馈，情面难却，或姑为容留，或滥行举荐，必致贻误公事，有违国家澄清吏治之大典。"（《雍正朝汉文谕旨汇编》）因此，雍正帝明令禁止部院堂官收受司官书吏的馈送。

禁止长期任职

雍正帝注意到，在各部院供职的书吏，时间一长，便会在衙门内、在京城结下关系网，容易徇私作弊。为此，他规定，部院衙门的书吏必须五年一换，期满不得再留。

上有禁令，下有对策。书吏们不能在本衙门继续留职，"役满之后，每复改换姓名，窜入别部，舞文作弊"。有的则"盘踞都中，呼朋引类，遇事生风，影射撞骗，靡所不为"。有鉴于此，雍正帝又多次颁发谕旨，查拿这类书吏。他命令"都察院饬五城坊官严查访缉，其有潜匿京师及附京州县者，该地方官定以失察处分。有能拿获者，以名数多寡，分别议叙""严禁缺主、挂名、冒籍、顶替"之徒混充官衙书吏。（《雍正朝汉文谕旨汇编》）由于雍正帝对中央机关书吏的大力整顿，"奸徒渐知敛迹，部务得以整齐"。乾隆帝登基后，还特地重申，沿用其父这套管束书吏的办法。

（作者为中国第一历史档案馆副馆长）

乾隆时代的得与失

张宏杰

1793年，也就是乾隆五十八年夏天，英国派出的第一个访华使团到达中国。英国人对这个神秘的国度充满好奇。他们相信，中国就像《马可·波罗游记》中所写的那样，黄金遍地，人人都身穿绫罗绸缎。然而，一登上中国的土地，他们马上发现了触目惊心的贫困。

使团成员约翰·巴罗在《我看乾隆盛世》中说："不管是在舟山还是在溯白河而上去京城的三天里，没有看到任何人民丰衣足食、农村富饶繁荣的证明……触目所及无非是贫困落后的景象。"

乾隆时代的盛世在英国人眼中为何如此黯淡

乾隆统治下的中国，纵向比，是中国几千年历史中人口最多、国力最盛的时期；横向比，是当时世界上最强大、最富庶的国家。何以我们5000年文化得出的这个集大成的盛世在英国人眼中如此黯淡？

原因是，乾隆时代中国人和欧洲人的生活水平差距实在太大了。

14世纪，欧洲人并不比中国人富裕多少。他们的食物中肉食比重并不算高，一大块面包加一碗浓汤就已经让辛苦了一天的英国农夫心满意足。但是随着社会的快速发展，欧洲人的生活水平得到了极大的提升。

几千年来，中国农民的主要食物一直是粗粮和青菜，肉、蛋、奶都少得可怜，通常情况下，在春荒之际，还要采摘野菜才能度日。乾隆时代，民众吃糠咽菜的记载比比皆是。据《18世纪的中国与世界·农民卷》介绍，普通英国农户一年消费后，可剩余11镑，约合33—44两白银。而一个中等中国农户一年全部收入不过32两，而年支出为35两，也就是说，辛苦一年，还要负债3两，才能过活。所以一旦遇到饥荒，普通人家会立刻破产，卖儿卖女的情况十分普遍。

乾隆盛世的贫困，不仅仅体现在物质上，更主要的是体现在精神上

到达浙江沿海后，因为不熟悉中国航线，英国人请求当地总兵帮他们找一个领航员。总兵痛快地答应了。

英国人看到了意想不到的一幕。总兵的办法是派出士兵，把所有从海路去过天津的百姓都找来。使团成员巴罗说："他们派出的兵丁很快就带回了一群人。他们是我平生所见神情最悲惨的家伙了，一个个双膝跪地，接受询问……他们徒劳地哀告道，离家远行会坏了他们的生意，给妻子儿女和家庭带来痛苦，总兵不为所动，命令他们一小时后准备妥当。"

这一幕在欧洲是不可想象的。英国人说："总兵的专断反映了该朝廷的法制或给予百姓的保护都不怎么美妙。迫使一个诚实而勤劳的公民、事业有成的商人抛家离子，从事于己有害无益的劳役，是不公正和暴虐的行为。"

而同时代的欧洲，人权观念已经深入人心。一个人不管地位多高，都不能任意将另一个人置于脚下。

乾隆所处的18世纪，政治文明的进步并不慢于物质文明

乾隆盛世的出现，有赖于乾隆皇帝最大限度地调动了传统人治明君的所有技术资源。如果这一盛世出现在汉朝或者唐朝，当然无愧于"伟大"二字。

　　然而不幸的是，乾隆所处的18世纪，是人类历史伟大的转折点。在这以前，人类进步的脚步一直是迟缓的。而从这个世纪起，历史开始跑步前进。戴逸先生在他的《论乾隆》文中说："乾隆在位六十年，正好是英国经历了产业革命的全过程。"戴逸先生又在他的著作《18世纪的中国与世界》一书中提及："在此之前……地球的底层蕴含着庞大的资源和能量，人们一直在探求而少收获。18世纪，一下子得到了打开宝库的钥匙，新的生产力像蛰伏地下的泉水，突然地喷涌迸射出来。工农业产值几百倍、成千倍的增加，物质财富滚滚而来，源源不绝。"

　　而这个世纪政治文明的进步并不慢于物质文明。乾隆十三年（1748年），孟德斯鸠发表了名著《论法的精神》。乾隆四十一年（1776年），美国宣布独立。乾隆五十四年（1789年），法国爆发资产阶级大革命，提出了"主权在民原则"。乾隆皇帝退位后的第二年（1797年），华盛顿宣布拒绝担任第三任总统，完善了美国的民主政体。18世纪，世界文明大潮的主流是通过立宪制和代议制"实现了对统治者的驯化，把他们关到法律的笼子里"。

　　而在地球的另一端，乾隆皇帝却在做着相反的事情。他视民间社会的活力和自发精神为大清江山永固的最大敌人，积60余年努力，完成了中国历史上最缜密、最完善、最牢固的专制统治，把民众关进了更严密的专制统治的笼子里。

乾隆盛世不过是文景之治、贞观之治和
开元盛世的大总结和大重复

　　乾隆盛世的功绩是创造了空前的政治稳定，养活了数量空前的人口，奠定了中国今天的版图。然而乾隆时代给中华民族精神上造成的永久性创伤，远大于这一时的成就。

　　横向对比18世纪世界文明的发展，乾隆时代是一个只有生存权没有发展权的盛世。纵向对比中国历史，乾隆时代也是中国历史上民众权利被剥夺得最干净、意志被压制得最靡弱的时代。乾隆盛世是一个饥饿的盛世、恐怖的盛世、僵化的盛世，是基于少数统治者利益最大化而设计出来的盛世。

　　虽然登峰造极，但乾隆的统治并没有任何新意。乾隆盛世不过是文景之治、

贞观之治和开元盛世的大总结和大重复。不幸的是，这个盛世出现在不应该出现的时候，因此其成就如烛火遇到了太阳，一下子暗淡无光。

（作者为中国人民大学清史所教授）

永宣之治：内政外交多姿多彩

晁中辰

　　明初，经洪武、建文、永乐三朝的恢复发展，到仁宗、宣宗两朝，出现了社会经济的繁荣。永乐帝驾崩后，他的儿子朱高炽、孙子朱瞻基先后即位，是为明仁宗、明宣宗，这个时期被认为是明朝国力最强、政治最清明的时期，形成了明代早期国泰民安的升平景观。后世有史家称之为"仁宣之治"，堪比周朝的"成康之治"、汉朝的"文景之治"和唐朝的"贞观之治"。宣德十年（1435年），朱瞻基去世，年仅38岁。"仁宣之治"就此完结。

　　以前，当人们谈到明代治理较好的时期时，常常提到上述"仁宣之治"。实际上，仁宗只在位10个月，即使他再英明，也不可能在如此短的时间内将国家治理成盛世。他除了一即位就下令停止"下西洋"以外，并没有什么重大举措为后人所知。但他为人宽厚，"深恶赃吏"，名声较好，故文人多愿为他说好话。宣宗只在位10年，基本上是个守成之君，其统治期间"蒸然有治平之象"，其实也是永乐年间鼎盛的余绪。仁、宣二帝所倚重的大臣，如"三杨"（杨士奇、杨荣、杨溥）、"蹇夏"（蹇义、夏原吉），都是永乐年间的遗臣。正是在明成祖永乐年间，明朝的国力达到鼎盛。明成祖以此为基础内外经营，使永乐年间呈现出中国历史上少有的辉煌。以前，由于明成祖是通过靖难之役从侄儿建文帝手中夺来的皇位，被封建士大夫称为"篡逆"，故不愿肯定永乐帝的政绩。今天人们已清楚，靖难之役实则是皇族内部争夺皇位的战争。永乐年间的盛世景象也应该得到如实的承认，把永乐盛世和仁宣时期的太平合称"永宣之治"，更合于历史实际。

永乐年间出现了许多治国名臣，在仁、宣二帝时都发挥了举足轻重的作用

永乐盛世的出现是以经济发展为前提的。明成祖生于乱世，深知以农为本的道理，也深知农事之艰难。有一次，有的官员主张要农户自己把粮食运往北京。永乐帝不同意，说了一段颇体恤民情的话："国以农为本，人之劳莫如农……幸足供赋租，而官吏需索百出，终岁不免饥寒，又可令输数千里之外乎？"一个封建帝王能说出这种话，是难能可贵的。

永乐帝经常发放给穷苦农民耕牛、种子之类，帮助他们解决生产中的困难。打开《明实录》就会发现，这一类记载可谓俯拾皆是。例如，永乐帝刚即位一个月，"以北平、山东、河南累年经兵，缺耕牛，特命……以官牛给之"。当年年底，户部郎中李昶奏言，北平各郡县的老百姓"虽多复业，今尚艰食，且乏牛耕种"。明成祖遂命调粮接济，并命官府买一些耕牛发放给他们。这对农民恢复生产来说，自然有着十分积极的作用。

永乐帝提倡臣下直言民间疾苦。有一次，永乐帝对通政司官员说："设通政司，所以决壅蔽，通下情……自古昏君，其不知民事者多至亡国。"因此，凡有关百姓休戚者，虽小事亦必须马上奏闻。如自己不报，别人却报了，则对地方主政官员要严加惩处。有一年，河南遭受了水灾，地方官匿而不报，反而说是个丰收年。永乐帝遣人巡视，发现有不少老百姓在吃草种子，甚至有人已饿死。永乐帝立命对这些地方官严加惩治，并为此榜谕天下："自今民间水旱灾伤不以闻者，必罪不宥。"

正是在永乐帝一系列措施的激励下，出现了许多治国名臣，其中最著名的大概就是"蹇夏"（蹇义、夏原吉）、"三杨"（杨士奇、杨荣、杨溥）了。他们都直言敢谏，清正有为，使永乐时的政治比较清明，"政无壅蔽"，从而促进了

永乐盛世的形成。这几位名臣在仁、宣二帝时都发挥了举足轻重的作用。

永乐年间是明代历史上最多姿多彩的时代

永乐帝依仗国力强盛，陆续兴办了一些浩大工程，影响深远。其中，大规模营建北京和浚通大运河影响最大。永乐帝要将首都从南京迁至北京，故营建北京的工程十分浩大。经此营建，北京建筑的布局更加匀称整齐，设计更加科学合理，许多建筑巍峨壮观，显示了中国古代独特的建筑艺术和风格。迄今为止，除新中国成立后的一些新建筑外，北京的基本格局都是永乐时期奠定的。例如，故宫的宫殿，虽几经焚毁，几经重建，但仍保留着永乐时期的基本样式和格局。

永乐帝以强大的国力为后盾，积极发展对外交往。尤其引人注目的是，永乐帝遣使四出，广加招徕，使中外使节往来呈现出空前活跃的局面，并出现了郑和下西洋的空前壮举。实际上，除郑和外，还有很多数次出使的使节。例如，侯显出使榜葛剌（今孟加拉国）、尼八剌（今尼泊尔）等地，《明史·侯显传》赞道，侯显"五使绝域，劳绩与郑和亚"。像李达、陈诚数次出使中亚诸国，陈诚还留下了一部《使西域记》。与此同时，外国使臣也频繁来华，使洪武末年那种"门前冷落鞍马稀"的局面顿时改观，外国来华使节"络绎于道"。永乐五年（1407年）就有11个国家的使节来华。永乐十七年（1419年），郑和第五次下西洋回国时，就随船带回了17个国家和地区的贡使。永乐二十二年（1424年），来华朝贡的共"十六国，遣使千二百人贡方物至京"。这种盛况在中国历史上是空前的。

除外国贡使和王子、王妃外，永乐年间还有4个国家的国王7次来华，其中3个国王死在中国，葬在中国，成为中外友好交往的佳话。这从一个侧面有力地表明，当时的中外交往是何等之盛。这种"万邦来朝""祯祥毕集"的盛况正是永乐盛世的一个典型表现。这正如《明史·成祖本纪》赞语所说，永乐帝"威德遐被，四方宾服，受朝命而入贡者殆三十国。幅陨之广，远迈汉唐。成功骏烈，卓乎盛矣"！对永乐盛世的这种赞誉是毫不夸张的。史实表明，永乐年间是明代历史上最多姿多彩的时代。在整个中国历史上，这种盛世景象也是不多见的。

应摒弃对永乐帝的历史偏见，
如实地承认"永宣之治"的客观史实

汉有"文景之治"，唐有"贞观之治"，清有"康乾盛世"，这都是对治理较好的一个时代的概括和赞誉。这样的时代应具有几个基本特征：一是经济繁荣，人民生活比较安定；二是政治比较清明，国力强盛，在经营边疆和抵御外患上功业卓著，虽兴办浩大工程而财力不绌；三是在文化建设上卓有成就。

以这几个标准来衡量，永乐年间都完全具备，而仁宗和宣宗年间则不全具有这些特征。与永乐帝积极进取的治国方略相反，仁宗和宣宗都是采取保守退缩的方略，以守成为主。今天人们看到，故宫、天坛、京杭大运河和武当山宫观都被列为世界文化遗产，而它们都与永乐帝的名字密切联系在一起。从这个角度来看，中国历史上没有任何一个人物可与明成祖永乐帝相比。

另外，作为一个时代，时间不能太短，不要说仁宗在位不到1年算不上一个时代，再加上宣宗在位的10年，加起来才11年，也很难算得上是一个时代。大概正因如此，所以"仁宣之治"就不如"文景之治""贞观之治"那样响亮，那样为世人所熟知。永乐帝在位22年，将永乐盛世和仁宣时期的太平合称为"永宣之治"，时间跨度33年，就可以大体算得上一个时代了。因此，今天应摒弃对永乐帝的历史偏见，如实地承认"永宣之治"的客观史实。

（作者为山东大学教授）

透过荣禄看晚清朝局与新政

金冲及

　　荣禄在晚清政治中的重要地位，可谓众所周知。甲午战争、戊戌变法、庚子事变这些重大历史事件中，他都起着举足轻重的作用。荣禄不是宗室亲贵，但他一生最后几年却身膺首席军机大臣，又被授以文华殿大学士，位高权重，这在晚清历史上实属罕见。

　　然而，遗憾的是，长期以来除了简略的官修传记和几篇碑传文，没有一部有关荣禄的完整而具有较高学术水准的传记或专著。当然，这也并不奇怪。最大的困难在于：有关荣禄的历史资料极为散乱，既没有人为他编过稍完备的文集，也没有年谱长编之类的资料集。庚子事变中，他的府第被焚毁，自己保留的早年文稿、往来书信、档案等文字资料都付之一炬。如果要对荣禄进行系统而深入的研究，就得拿出"上穷碧落下黄泉"的精神，从搜集散见各处的原始资料做起，并对这些资料进行细心比较和考证，去伪存真，做好扎实的资料基础，这是研究工作的第一步。只是这项艰巨而细致的工作，比起研究同时代其他历史人物所需花费的工夫要多得多，难免使人望而却步。

　　忠文同志正是本着这种精神，知难而进。他熟悉晚清朝政掌故，著有《晚清人物与史事》。在确定荣禄研究的选题后，他又花了极大精力，奔走各地，细心搜寻查阅资料，诸如中国第一历史档案馆和台北故宫所藏清代朱批奏折、录副奏折、传包档案，中国社科院近代史研究所藏醇亲王、李鸿藻、张之洞、鹿传霖档案，上海图书馆所藏盛宣怀档案，有关人士如翁同龢、袁世凯、李鸿章、刘坤一、张荫桓、王文韶、廖寿恒、那桐、荣庆、陈夔龙的文集、日记、书信、笔记、年谱，以及报刊文献等，每有所得，如获至宝。在尽可能占有详尽资料的基础上，忠文同志经过严谨细致的比核梳理，终于比较完整而清晰地再现出荣禄一生的基本经历和关键时期的思想活动。这是一项开拓性的工作。此中甘苦，诚如古人所说："如鱼饮水，冷暖自知。"

史家论述历史人物，应力求做到知人论世。忠文同志这部《荣禄与晚清政局》，比起他以往的研究，明显又前进了一步。他不只是停留在对历史人物个人经历的微观剖析，而是力求扩大视野，透过荣禄的研究，对晚清朝政的全局有比较宏观的考察，并做出自己的论断。这些论断中，有两点特别值得注意：

一是他认为甲午战争后的变法浪潮，包括戊戌变法在内，并不只是围绕康、梁的维新运动展开的，而是在民族危机加深的时代背景下朝野各方寻求救亡自强出路的产物。甲午战争后的变法，既有康、梁等要求的以日本、俄国为榜样的激进改革，也有清廷自上而下推行的以练兵、开矿、修建铁路、兴办学堂为核心的实政改革（也就是洋务派式的改革）。荣禄当属于后者。以往受到康、梁宣传的影响，学界对于清廷的实政改革研究明显不够。

二是清末新政之所以没有根本性的进展，同甲午战争后清廷财政枯竭、统治阶级内部矛盾重重、社会矛盾日益尖锐等情况有关。以往对晚清朝局的研究也比较薄弱。本书用很多篇幅描述辛酉政变后统治集团高层内部的分歧与矛盾：最高统治者慈禧太后真正看重的是个人权力；满洲宗室中的恭王、醇王、端王、庆王等各有怀抱，在地位上此起彼伏；满洲大臣中，荣禄和刚毅相互对立，明争暗斗；汉族大臣中，先有李鸿藻、沈桂芬为首的"南北之争"和清流、浊流之争，光宣之际又有袁世凯、盛宣怀间的钩心斗角、相互倾轧。如此不一而足。像清朝在康熙、雍正和乾隆初期那种朝气奋发、敢有作为的气象，几已荡然无存。就是当时被人称为"有血性"的能臣荣禄，也贪恋钱财，唯慈禧马首是瞻。读者不难感到，人们对这个暮气沉沉的封建王朝已难寄期望。

当然，带有开拓性的探索不可能尽善尽美。作者的有些论断和叙述是否恰当，还需要作更深入的研讨。以荣禄与晚清政局的关系来说，当他进入统治集团最高层的时候，清朝已面临王朝末日。他病逝不到10年，统治中国200多年的清王朝终告覆亡，有着2000多年历史的君主专制制度也告结束。这样的历史性巨变，在此前10多年早见端倪，但书中的论述和分析尚不够到位，似乎还不能使读者对将要到来的历史巨变产生强烈的预感。当然，这是个复杂的问题，不可能在一本书中得到很好的解决，也许可以唤起更多史家一起作进一步的探索。

（作者为中央文献研究室原副主任）

明永乐朝空前活跃的对外交往

晁中辰

明洪武末年，只有周围少数几个国家来中国"朝贡"，这种冷落现象在建文时没有什么改变。在明朝永乐年间，由于明成祖放宽了海禁，亚非友好交往得到空前发展。

受郑和下西洋的推动，亚非国家来华使节往来不断，其频繁程度为中国数千年封建社会所仅见

明永乐年间，最广为人知的重大事件无疑是郑和下西洋。受郑和下西洋的推动，亚非国家来华使节往来不断，其频繁程度为中国数千年封建社会所仅见。郑和第一次下西洋于永乐五年（1407年）回国，"是年，琉球、中山、安南、暹罗、日本、别失八里、阿鲁、撒马尔罕、苏门答剌、满剌加、小葛兰入贡"。其中，除少数几个国家外，大都与郑和出使有关。许多国家的使节就是搭乘郑和的船只来中国的。例如，永乐十七年（1419年）郑和第五次下西洋回国时，就带回了17个国家和地区的贡使。永乐二十年（1422年）郑和第六次下西洋回国，第二年来中国朝贡的共"十六国，遣使千二百人贡方物至京"。据统计，洪武年间自洪武二年（1369年）二月开始有贡使来华，到朱元璋死的29年间，共有来华使节

183次。在永乐年间，自永乐元年（1403年）二月至明成祖死的21年间，共有来华使节318次。洪武时每年平均6次多一点，永乐年间则平均每年达15次之多。这种盛况在中外关系史上是空前的。

实际上，除中外使节的频繁往来以外，还有数位外国国王多次来访。这是历代封建王朝所不曾见过的。他们都受到明成祖的盛情款待，其中有三个国王死在了中国，葬在中国，留下了许多友谊的佳话。这从一个侧面反映出，当时与亚非国家的友好交往已发展到多么高的程度。

永乐年间，满剌加祖孙三代国王亲自来中国朝贡

满剌加即马六甲，今属马来西亚，洪武和建文时一直未通中国。永乐元年（1403年），明成祖遣尹庆出使满剌加，当时其地尚未称国，也没有国王，隶属于暹罗。尹庆赐其酋长拜里迷苏剌织金文绮等，宣示明成祖威德和招徕之意。拜里迷苏剌大喜，遂于永乐三年（1405年）遣使来中国，贡方物。明成祖很高兴，遂封拜里迷苏剌为满剌加国王，并赐予诰印、彩币、袭衣等物。其使者表示，其王愿每年来贡，请求明成祖"封其山为一国之镇"。明成祖答应了他的请求，并亲制碑文勒于山上。从此以后，两国关系甚是密切。永乐七年（1409年），郑和还在满剌加建了一个像小城一样的官仓，一应钱粮都储存在这里，各分支船队都在这里取齐，等风顺时一起回国。

满剌加王对明成祖十分感激，便决定亲自率领一个庞大的使团来中国朝贡。史载：永乐九年七月二十五日，"满剌加国王拜里迷苏剌率其妻子及陪臣五百四十余人入朝。初，上（明成祖）闻知，念其轻去乡土，跋涉海道以来，即遣官往劳，复命有司供张会同馆。是日，奉表入见，并献方物。上御奉天门宴劳之，别宴王妃及陪臣等。仍命光禄寺日给牲宰上尊，命礼部赐王金绣龙衣二袭，麒麟衣一袭，及金银器皿、帷幔裀褥。赐王妃及其子侄、陪臣、傔从文绮、纱罗、袭衣有差"。满剌加是个小国，其使团竟有540余人，这是很少见的。由此足可看出满剌加王对这次出使的重视。

明成祖给他的礼遇也很高，没到京以前就"遣官往劳"，来京朝见的当天就

亲自设宴款待，而且赏赐极丰。三天后，明成祖又在会同馆设宴款待满剌加王及王妃。九月一日，明成祖又于午门设宴，款待满剌加王及各国使臣。十五日，拜里迷苏剌辞归，明成祖又于奉天门设宴饯行。

第二年，拜里迷苏剌派他的侄子来中国，向明成祖致谢。从此以后贡使往来不断。

永乐十二年（1414年），拜里迷苏剌死，其子名叫母干撒于的儿沙，亲自来向明成祖告讣。明成祖遂命他承袭满剌加王，并赐予金币。永乐十七年（1419年），新王率妻子、陪臣等人亲自来中国谢恩。永乐二十二年（1424年），新王又死去，其子西里麻哈剌嗣位，又一次率妻子、陪臣来中国谢恩。

自明成祖封满剌加王以后，满剌加王不时亲自来中国。至于一般的贡使，或一年一次，或隔年一次，一直不断。直到明中期葡萄牙人占领满剌加以后，这种朝贡活动才停止。仅在永乐年间，祖孙三代国王都亲自来中国朝贡，使双方的经济文化交流发展到很高的程度。这不能不说是中外关系史上的一件盛事。

明成祖册封苏禄东王、西王和峒王同为苏禄国王

苏禄，指今菲律宾的苏禄群岛。在随郑和出使的人员留下的三本书中，只有《星槎胜览》一书记有"苏禄国"。我们不能肯定郑和是否亲自去过苏禄，但至少他的分支船队到过此地。苏禄王的来访当与郑和的出使有关。当时苏禄有三个王——东王、西王和峒王。永乐十五年（1417年）八月，三人一起率领一个340余人的庞大使团来访。这在《明实录》上有明确记载："权苏禄东国巴都葛叭答剌、权苏禄西国麻哈剌吒葛剌马丁、故权苏禄峒者之妻巴都葛叭剌卜，各率其属及随从头目，凡三百四十余人，奉金缕表来朝贡，且献珍珠、宝石、玳瑁等物。赐予视满剌加国王。"也就是说，对苏禄三王的礼遇和赏赐与满剌加王相同，即同样优厚。

八月八日，明成祖正式册封三王同为苏禄国王，并赐予诰命、印章、冠服等物，对随同人员也都给予了不同的赏赐。

八月二十七日，三王辞归，明成祖又赐予金银、玉带、文绮、绢帛诸物甚

丰。九月十三日，东王在回国途中于德州病死。明成祖闻讣后十分悲伤，马上遣官往祭，命地方官为其营建坟墓，葬以王礼，赐谥号为"恭定"。明成祖命其长子回国袭封，留王妃及东王次子和十名随从守墓，待三年丧满后回国，并令德州地方官每人每月支给钱粮一石，布钞若干，另在德州找三户回民供役使，全免其差役。

明成祖还命为东王立碑勒铭，并亲自撰写了碑文。苏禄东王墓和所立石碑至今尚存，地址在今德州市北门外，已被列为国家重点保护文物。王妃于永乐二十一年（1423年）回国，共守墓6年。其次子和一些随从则长期在中国住了下来，一直都享受很多优待。现在德州北门外的安、温二姓都是其后裔。

永乐十九年（1421年），东王的叔叔来贡，献给明成祖一颗大珍珠，重7两多，得到明成祖的大量赏赐。永乐二十二年（1424年）苏禄又来贡一次，以后一直到明朝灭亡，就再也没有看到苏禄的贡使。这表明，只有在明成祖大力发展中外友好关系的时候，苏禄才和中国有如此密切的交往。这种交往已成为中国和菲律宾友好关系史上的佳话。

浡泥王和古麻剌朗王来访并安葬在中国，其陵墓至今犹存，成为中外友好的历史见证

浡泥又写作渤泥、佛泥、婆罗等，即今文莱，为加里曼丹岛北端的古国。浡泥在北宋时即已通中国，洪武时曾遣使往谕，浡泥亦遣使来朝贡。明成祖即位后，双方的关系更加密切。永乐五年（1407年），郑和第二次下西洋期间到了浡泥。第二年八月，浡泥王麻那惹加那亲自来朝。他们一行先到了福建，地方官马上报告了朝廷，明成祖遂派中官杜兴前往迎接，并"宴劳之"。奉明成祖之命，凡浡泥王所经各地，地方官都要设宴款待。

浡泥王到京后献上方物，对明成祖说了一番颂扬的话："陛下膺天宝命，统一华夷。臣国远在海岛，荷蒙大恩，锡以封爵。自是国中雨旸时顺，岁屡丰稔，民无灾厉；山川之间，珍宝毕露；草木鸟兽，悉皆蕃育；国之老长，咸谓此陛下覆冒大恩所致。臣愿睹天日之光，少输微诚，故不惮险远，恭率家属国人诣阙朝谢。"明成祖十分高兴，对浡泥王嘉劳再三，对王和王妃、随从都给予丰厚的赏

赐。当天，明成祖亲自设宴于奉天门，款待浡泥国王，而王妃及随从则另宴于旧三公府。

永乐六年（1408年）十月一日，浡泥国王因病死于会同馆。明成祖很悲伤，为此"辍朝三日"，遣官致祭，赐以缯帛。太子和各亲王也都遣人往祭。明成祖特命工部为浡泥王准备棺椁、明器，将浡泥王安葬于南京安德门外的石子岗，立碑勒铭，并于墓旁建祠，谥号"恭顺"。浡泥王有一子，名字叫遐旺，刚4岁。明成祖命遐旺袭王爵，赐予冠服、玉带等物，让他的叔叔尽心辅佐。明成祖还命地方官找了三户人家充当坟户，专事守墓，免除其徭役。

古麻剌朗亦称作麻剌，位于今菲律宾的棉兰老岛。永乐年间，古麻剌朗国王也曾来中国访问。永乐十五年（1417年），明成祖曾遣太监张谦出使该国，并赠送给国王干剌义亦敦奔绒锦、纻丝、纱罗诸物。永乐十八年（1420年）十月，国王干剌义亦敦奔率妻子、陪臣随张谦来朝，贡方物。明成祖命礼部以礼遇满加剌王的规格来接待。古麻剌王对明成祖说："虽为国中所推，然未受朝命，幸赐之。"明成祖答应了他的请求，便仍用旧王号对他进行了册封，并给予印诰、冠带、金织袭衣等，对王妃和陪臣都给予了丰厚的赏赐。

永乐十九年（1421年）正月间，古麻剌朗国王辞归，明成祖又赐予金银、铜钱、文绮、纱罗等物。他们一行四月间到达福建，国王干剌义亦敦奔竟病死在当地。明成祖闻讣后很悲伤，遣礼部主事杨善前往谕祭，谥号"康靖"，名地方官治坟墓，以王礼安葬于福州。明成祖命其子继承王位，率众回国。

如上所述，仅永乐一朝就有4个国家的国王先后7次来访，并有3个国王死在中国，安葬在中国，其陵墓至今犹存，成为中外友好的历史见证。这种情况是历朝历代都不曾见过的。这从一个侧面表明，永乐年间的海外交往达到了前所未有的高度。这正如明代人严从简在《殊域周咨录》中所说："当时之夷，殁葬于中国者，如浡泥、苏禄、麻剌共三人焉。非我朝德威远被，乌能使海外遐酋，倾心殒身如此哉！"这不仅与明王朝"德威远被"有关，更是永乐年间积极推行睦邻友好政策的结果。

（作者为山东大学教授）

"永贞革新"开启治理体系转变

韩毓海

中国的统一自秦开始，问题是：秦与隋如此富强，为何这两朝如此短暂？汉和唐则不然，这里的原因是什么？中国为什么自秦以来还是反复地经过战乱和分裂呢？

国家的统一，必须建立在财政和税收统一的基础上，只有这样，行政的统一才有保障，这是"永贞革新"直面的问题，是这场改革的实质所在。

公元780年，唐德宗时代的宰相杨炎提出两税法的改革，它标志着中国第一次有了中央财政预算。以前是需要钱就花，财政税收是个无底洞和一笔糊涂账，有了预算以后，就可以把预算摊派到各个州郡去，更为重要的是，这就可以约束藩镇的横征暴敛。而对老百姓来说，就是夏秋两季收税，谓之两税，"居人之税，秋、夏两征之。其租、调杂徭悉省，皆统于度支"，确立财政预算，这就把度支的地位抬了起来。而与杨炎同朝的转运使刘晏，则推行榷盐法，实行盐的国家专营，只在山西与江淮这两个产盐的地方设置盐官，并负责把盐销售到全国去，这又使盐官和转运使的地位抬升起来。

唐代制度的核心"三省"，即中书、门下和尚书，是一个类似于"三权分立"的贵族制度，而德宗时代的改革，则使度支、转运和盐铁这三个部门的地位迅速上升，这就是以国家的经济集权，代替了原来的贵族制度。到了后唐的李嗣源，正式确立了以户部、度支和盐铁为核心的"三司"制度，宋代则延续了这个制度。

以"三司"代替"三省"，标志着中国由从徭役制国家向赋税制、预算制国家的转变，这是一种具有现代意义的转变，是中国传统治理体系的大转变。

"永贞革新"发生在唐顺宗的永贞元年，也就是公元805年。这场改革的实质，就是把藩镇的财权和税权收归中央，把上述变革，以制度的形式确立下来。

唐顺宗是个残疾皇帝，顺宗失音，不能决事。国家大事由王叔文和王伾两个人决定。这两个人是翰林学士，都是做户部和度支起来的。围绕着他们形成了一批从财政、商业和产业角度思考治理问题的官员，柳宗元和刘禹锡也在"永贞革新"的集团里。柳宗元在朝廷里做监察御史，吏部侍郎，类似于纪委的工作。刘禹锡做的是盐铁转运的工作。这些改革者认为，唐顺宗虽然身体不好，失音，不能理政，可是他并不糊涂，应该支持他。

顺宗退位后，柳宗元被放逐到永州，写了著名的《封建论》，他提出：秦朝崩溃的原因"在治不在政"。政治体制是好的，是统一的制度，但治理方式是错的，仅靠秦始皇和官员的勤政不能保证统一，如果国家没有财政预算，仅凭徭役制度，勤政就会变成"苛政"。

汉代州郡的财政供给是国家，但封国诸侯有财政和军事裁度权，所以，汉代只有封国才敢造反。

唐朝的问题在藩镇有兵，在于国家不能节制藩镇手里的兵。唐朝州郡的官员没有敢造反的，就是因为他手里没钱也没兵，缺乏造反的资本。因此，柳宗元认为维护统一的办法，就是把兵权、财权收归中央。

我们谈中国治理体系的转变，为什么要从"永贞革新"开始说起呢？因为统一是需要物质条件的。这是马克思主义观察中国历史的一个基本方法。马克思在《政治经济学批判（1857—1858年手稿）》当中讲道，中国与欧洲气候不同，相对欧洲来说，中国比较干燥，中国土地的耕种比较依赖大规模的公共水利设施的建设，因此，中国先天不具备土地私有化的条件。大规模进行水利基础设施建设，这就成了中国历代王朝最基础的工作。在这个过程中，终于产生了一个很重要的工程，就是大运河。正是这样一个公共的工程，把中国的南方和北方沟通起来。中国长期统一的基础，是公共工程、公共财政，这是历史转变的物质条件，所谓的唯物主义的解释，就是这样的。

　　而除了物质条件外，还需要制度条件和制度保障。为什么宋代以后，中国的政治稳定有了保障呢？这是因为，经历了唐代中期的"永贞革新"之后，贵族与皇帝分权的三省制度，逐渐变成了技术文官执政的所谓三司制度。国家治理的核心工作就是预算（度支）、商业（转运）和产业（盐铁），而不是过去贵族擅长的礼仪、辞赋和经史。这是很重要的转变。这种工作重心的转移，使中央的财政制度能够确立。

（作者为北京大学教授）

宋代官员日记中的公务旅行

黄纯艳

  《于役志》是欧阳修记录其景祐三年（1036年）自开封赴夷陵令之任时的行程，是宋代除外交使节行程录外的第一篇官员旅行日记，开创了一个新的文体（日记体），其后官僚纷纷效仿，今天仍留有多篇宋人旅行日记。这些旅行日记从一个特殊的角度记录了当时官员的生活、交通、社情、环境等情况，为后人留下了第一手资料。

宋代官员调换任所时的旅行日记始于欧阳修作《于役志》

  宋代文人官僚常见的长途公务旅行主要有三类：一是调换任所，如赴任、离职；二是职务行为的公差，如出巡、押纲等；三是临时差遣，如出使境外等。现在文献中留存下多种宋代文人官僚调换任所和出使境外的旅行日记。出使官员必须撰写行程录（又称语录），作为工作报告递交枢密院。外交出使是特种公务旅行，有路线和日程规定，特别是贺正旦、贺圣辰等常使，有具体时限，入出使国后又有对方伴使陪同，使臣身负外交使命和搜集境外情报的责任，现存的使臣行程录除楼钥《北行日录》外，几乎都是记载出境后的见闻，略记甚至不记本国境内的活动和见闻。公差和出使可使用驿站设施，且多为团队行动。外交使团使副三节人等往往达数十人。另如郑刚中绍兴九年（1139年）作为从官，随签书枢密院事楼炤往陕西公差，宣谕德意，一众官员有15人。官员赴任或离职的旅行与上述两种公务旅行有所不同。赴任或离职的官员行程相对宽松，且多拖家携口，他们的旅行反映的信息具有自身特点。

宋代官员调换任所时的旅行日记始于欧阳修作《于役志》。《于役志》全稿不分卷，记录景祐三年（1036年）欧阳修被贬为夷陵令的赴任行程。作为宋代第一篇官员赴任旅行日记，加之欧阳修一代文宗的地位，《于役志》被后来的官员纷纷效仿，涌现了一批日记体游记。陆游显然阅读过《于役志》，其《入蜀记》所记自两浙经长江入蜀行程，运河与长江交汇点以西至夷陵的行程与欧阳修赴夷陵任相同。《入蜀记》谈到长江有地名"大信口，欧阳文忠公《于役志》谓之带星口，未详孰是"。《入蜀记》按日叙事，记载交游会友，以及对名胜古迹和社情风俗的观感，显然仿行了《于役志》。郑刚中的《西征道里记》就是按日记事，不记公务，只记观览。郑刚中称"其本末次序属吏不敢私录，至于所过道里则集而记之。虽搜览不能周尽，而耳目所及亦可以验遗踪而知往古。与夫兵火凋落之后人事兴衰，物情向背，时有可得而窥者"，"自吴逾淮，道京入洛，至关陕，其所经历得于闻见者靡不具载"，体例完全与《于役志》相同。外交使节行程录写作目的主要是记录境外信息和稽查使节言行，因而主要记录出境后的见闻和言行，但也有楼钥《北行日录》按日记录了宋朝境内的行程及见闻。王十朋《西征》诗中有"岁云莫矣却归来，捉笔书为《于役志》"之句，说明《于役志》已成为旅行日记的代名词，具有广泛影响。

公务旅行也成为官员们积累阅历、验证知识、增长识见的重要途径

官员赴任或离职的旅行与公差和出使比较，不同在于行程时限相对宽松，官员们有比较充分的时间会友、游览。这也成为他们积累阅历，增长识见的重要机会。

1. 交游，会见亲友故旧及沿途官员，结识新知

欧阳修说夷陵之行："行虽久，然江湖皆昔所游，往往有亲旧留连，又不遇恶风水，老母用术者言，果以此行为幸。"与亲朋旧友的交游使漫长的旅途成为愉快的经历。《于役志》不长的篇幅中记载最多的就是与亲朋旧友的交游宴乐，以至于王慎中曰："此公酒肉账簿也，亦见史笔。"

欧阳修虽为贬官，但文章名闻天下，地方官乐而与之交往。如在南京，留守推官石介、应天推官谢绛、右军巡判官赵衮、曹州观察推官蒋安石"来小饮于河亭，余疾不饮，客皆醉以归"。在楚州，知州陈亚在魏公亭与欧阳修置酒赏荷。在扬州，在此任官的王君玉、许元、唐诏、苏仪甫等轮流宴请欧阳修。此外，欧阳修与沣阳县令赵师道、丹棱知县范佑、蕲春主簿郭公美、黄州知州夏屯田等都有交游。欧阳修与有些人是初识，如在泗州始见春卿，在洪泽始识李惇裕，在鄂州始与令狐修已相识。在鄂州他还与哥哥相见。

张舜民、周必大、范成大、陆游等人在赴任或离职的旅途中未有不会见官员、访问亲朋的。此不一一枚举。

2. 游览，官员一般都沿途参观名胜古迹，观察社情民情

观景访胜也是欧阳修旅途中的重要活动。《于役志》记载详于与友人的交游，对游览活动也有着笔，如五月乙巳"午次陈留，登庾庙"。六月庚戌"晚次灵壁，独游损之园"。六月乙丑"与隐甫及高继隆、焦宗庆小饮水陆院东亭，看雨，始见荷花"。六月甲戌"知州陈亚小饮魏公亭，看荷花"。七月甲申"与君玉饮寿宁寺。寺本徐知诰故第，李氏建国以为孝先寺，太平兴国改今名"。他在楚州及江宁多日滞留也一定游览胜迹。

张舜民《郴行录》、范成大《骖鸾录》《吴船录》、陆游《入蜀记》、周必大《乾道庚寅奏事录》的主要篇幅都是记载沿途的游览观感。在特有的风光里愉悦心身，在往古的遗迹中追怀历史，在身临其境时体验前人的诗文，官员们在旅途中借以增长阅历，验证知识。

官员们的旅行日记还记载了诸多社会状况，不仅充实了他们的知识视野，也为后人保留了可贵的第一手材料。如张舜民在湖北见"万石船。船形制圆短，如三间大屋，户出其背，中甚华饰，登降以梯级，非甚大风不行。钱载二千万贯，米载一万二千石"。又如，范成大见到自徽州而来的杉木在严州江上被课重税，使本来甚贱的杉木贩运至杭州价钱大增，"婺至衢皆砖街"，因"两州各有一富人，作姻家，欲便往来，共甃此路"。此类的见闻不一而足。

3. 祭祀，行走在充满未知险情的水上世界，祭祀神灵成为旅途生活的重要组成部分

水上世界会面临陆上所没有，甚至是无法理解的危险，在人们心里促生莫名的恐惧和敬畏，不用说随时可能船毁人亡的三峡和险滩令"摇橹者汗手死心，皆面无人色""旁观皆神惊"，就是寻常的江段，大风一起也会夺人性命。陆游航行在长江马当河段，顿遇险情，"舟至石壁下，忽昼晦，风势横甚。舟人大恐失色，急下帆趋小港，竭力牵挽，仅能入港系缆，同泊者四五舟皆来助牵"。随时面临不测之险，人们常常把一些奇异的现象视为预兆，就在这次险情发生前，"忽有大鱼正绿，腹下赤如丹，跃起柂旁，高三尺许。人皆异之。是晚果折樯破帆，几不能全，亦可怪也"。而在这个石壁上就有一神庙，"依峭崖架空为阁""江上神祠惟此最佳"。遇到险情，当时的人们自然会去求助于神灵。

欧阳修的旅程平安，"不遇恶风水"，但也曾几次祭拜神灵。八月丙辰，在江州"祷小姑山神"；八月癸亥，"次新冶，祷江神"；八月丁丑"次昭化港，夜大风，舟不得泊，祷江神"。可见祈祷神灵是水上航行生活的组成部分。张舜民的郴州之行就多次祷告神灵。在南京，"拜双庙"（即张巡、许远祠）。在洞庭湖口有忠洁侯庙和青草庙，"乘舟人当有酒肉之赐"。"夜船上不敢打更提举。舟人云：'庙中自打更报牌也'"。在潭州"舣舟王公亭，奠南岳行祠"。在衡山拜岳祠，又"谒北门侍郎神位"。

宋代官员赴任及离职的公务旅行程限宽松，有比较充分的时间交游观览。公务旅行也成为官员们积累阅历，验证知识，增长识见的重要途径。宋人说："不行一万里，不读万卷书，不可看杜诗。"宋代士大夫的知行风范正是在这"行万里路，读万卷书"的过程中养成的。

（作者为云南大学历史与档案学院院长）

中国古代官制如何选贤任能

齐　惠

《尚书》又称《书》或《书经》，以记言为主，是中国上古历史文献和部分追述古代事迹著作的汇编。其中有不少关于选贤任能的记载，如"三载考绩，三考黜陟"。

中国古代官制中，从官员的进入、管理到退出三个环节彼此承接、环环相扣、首尾相应，在选贤任能方面形成了一套能上能下、能进能退的用人体系。古代选贤任能的官制及其背后的制度精神在维护皇权统治方面曾起过重要作用。其中的一些具体做法及其理念，对西方、乃至世界还曾产生过积极的影响，值得今天的研究者重新审视和思考。

进入：不拘一格选人才

"选贤任能"在选官和任用的环节主要特色是不拘一格地发现和使用人才。从先秦的乡里举荐制，到汉代察举制，再到魏晋南北朝九品中正制，直至隋唐出现科举制度，中国古代选贤任能的官制一步步走向成熟。隋唐以后，在以考试为主的选拔方式外，其他制度如荐举、学校、军功、胥吏、捐纳等也根据统治形势需要而使用，多途并举、广收慎用。以科举考试为途径的选才，在破除门阀政治、吸纳社会底层精英等方面发挥了关键作用，特别是从社会底层制度化吸纳人才，有利于加强对政权的认可，打通上情下达和下情上达的制度渠道。同时，科举考试制度将教育与用人有效对接，确保官员政治观念的认同，这一点对于维系大一统政体的长治久安至关重要。

发现人才之后就要从全局和整体上考虑怎样安排，即进行授官分职的铨选。从铨选程序来看，不同级别、职务、性质的官员采取不同的任用方式，通常是级别越高、权位越重的官职越需要通过高官要员集体协商后圈定差额人选供皇帝选择确定，对于一些格外受到重视的官职，如阁臣、监察官、地方主官、边疆大吏等都要采用更为特殊和严格的任用方式。铨选中还有限制性的规定，如回避籍贯、亲属、师生、同乡等，目的是为了防止形成官官相护、联络有亲的关系网，防止出现以权谋私甚至形成四分五裂的地方诸侯现象。

"选贤任能"的选任标准让"民众"与"政权"逐步相接近。从积极意义上讲，越是注意从社会不同阶层特别是社会底层吸纳人才，越能扩大执政者的执政基础。所以，对于政权的稳固来讲，最根本的措施是要在全国范围内选拔"贤"和"能"。

管理：能上能下用人才

如何将选贤任能的宗旨落到实处，就需要在管理环节通过考核、奖惩、监察等相互作用、相互协调的制度营造能上能下、各尽其能的政治生态。

首先，考核是察贤否、明功过的制度措施，也是整顿吏治的重要方式。《尚书》上记载大禹那个年代就有"三载考绩，三考黜陟"的政治实践。在秦汉官制建立后，定期考核，根据考核结果决定升降成为定制。在官员履职一段时间后（一年、三年、六年、九年）由上级或专门人员和机构对其政绩、功过和德行进行考核，分出优劣等级加以奖惩黜陟。考核是识别官员行为善恶、能力大小的重要手段，考核结果作为对官员升降去留的直接依据。

其次，奖惩制度具有有功必赏形成激励、有过必罚形成震慑的作用，是否客观公正、赏罚分明、严格执行，关系到整个官僚群体的人心向背。宋代苏洵曾说，有官必有考核，有考核必有赏罚。有任官而没有考核，就等于没有任官，有考核却没有落实赏罚就等于没有考核。明清时期，对官员惩处有"公罪"和"私罪"之分，工作中的过失错误称为公罪，主观故意犯错或犯罪称为私罪，公罪从宽、私罪从严。为何如此？乾隆皇帝说得透彻，公职人员一心为公做事，由于受各种条件环境的限制难免有失误甚至错误，有时事情虽比较大，但从其发生原因上讲有可宽恕处；但公职人员一旦以公谋私，违法乱纪，虽然有时事情危害比较小，但也绝不能姑息养奸，只有这样，那些努力工作的官员才会得到宽容保护并勇于做事，那些营私为奸之人受到严厉惩处从而抑制以权谋私之风，这样的管理制度才更加公正。

最后，监察制度具有监督、检察、弹劾、惩戒和教育的功效，是纠察官邪、肃正朝纲的制度利剑。古代监察制度遵循"钳制关系"而设置，即监察与行政分属两套吏制系统，同体而异事，共同服务于大一统政体。古代监察制度发挥功效主要依赖于：监察权相对独立，对最高统治者负责，监督纠察不受行政干扰和掣肘；监察官依法以弹劾纠错为职要，威震百官；监察有体系化、组织化、法律化的趋势，与执法、司法部门相互衔接、相互制衡；监察官必须具有刚正不阿的品质和相应的业务能力，其选拔、任用和升降有相应的制度法律规定，确保监察官有威、有为、有畏；监察官权重位卑，设置精微，有利于发挥大小相制、内外相维的作用。

退出：新陈代谢励人才

退出从程序上讲是以"选贤任能"为宗旨的官制设置的最后一个环节，并对"进"和"管"产生重要影响。在古代，退出主要体现在致仕（退休）制度中，涉及退休条件、待遇和退休后的管理，这些不仅关系到退休官员的切身利益，也会直接影响到在职官员的情绪和行为，更关系到整个官制体系的有效运作。

畅通的退出渠道确保了新陈代谢。早在《礼记·王制》中就有"七十致政"的礼制规定，汉代身为太子老师的疏广、疏受主动向汉宣帝提出退休申请，被认为是"不恋权位""知足不辱、知止不殆"的榜样。在古代官制中，致仕并不简单是一般意义上的年老退休，而是一种"乞休"制度，即自己主动提出退休申请，称自请致仕。尽管在复杂的官场中，主动提出退休有各种原因和目的，但还是为畅通退出渠道、加速新老更替、维系官场人事动态平衡起到一定的积极作用。

由于官场中存在各种利益和荣誉，主动申请退休者是少数，更多则恋栈不去，于是采取强制退休的方式，主要做法是将退休制度与考核制度相结合。例如，明朝对"老""病"官员就有强制退休的制度规定。退休待遇与考核挂钩，不称职或有过错者则以原品级退休，如果发现犯罪则要追究相应责任；对退休时九年考满没有过错者嘉奖，给予升两级退休的优厚待遇。退休前考核，激励与警示并存的效果很明显，在拓宽制度渠道的基础上，引入赏罚机制增加了制度的权威性和生命力，有利于增强在职官员对行为的预期。

在古代官制中还将退休制度与铨选制度相结合，因特殊需要可从退休官吏中选拔人才，使其再次回到官场任职。宋代的起复制度，为退出官场的官员提供了再次供职的渠道。明代铨选中因"急才"和"需缺"进行的"起废""添注"的任用方式给退休官员重新回到官场带来机会。退休官吏被起复任职，从积极意义上讲，可以为那些因忤逆权贵、直道难容、志向未遂等各种非年龄原因离开官场的贤能之人，提供再次发挥才能的机会，为选贤任能提供更广泛、更具有弹性的制度保障，但从消极意义上讲，起复退休官员为各种奔竞之徒打开方便之门。对这一制度的用舍行藏，也体现了执政者的政治智慧。

（作者为中央党校政法教研部副教授）

消费催化一个王朝的盛衰

叶　雷

　　虽然历史不会简单地重复，但总是重复惊人相似的一幕，所以前世足以为后世之鉴。从公元960年到1279年，宋代几乎遭遇了一个国家、一个社会可能遇到的各种复杂情况，因此，宋代依然是很好的一面镜子。历史的时空中漂浮着万千碎片，北京外国语大学何辉教授研究历史经济的代表作《宋代消费史：消费与一个王朝的盛衰》，就是选取了宋代消费这一独特视角，通过考察影响消费的诸因素，考大国之变，制今明之鉴。

宋代在人们的印象中是光芒四射与积贫积弱的矛盾体

　　提起宋代，很是让人纠结，就连真实的宋代也让人难以确定。历史学家陈寅恪评价："华夏民族……历数千载之演进，而造极于赵宋之世"；曾担任亚洲研究协会主席的美国学者罗兹·墨菲也称"宋朝算得上一个政治清明、繁荣和创新的黄金时代"。翻看历史，确实证据诸多：街巷制取代里坊制奠定了中国现代城市的基本格局；印刷术、指南针、火药的应用与外传，对中国乃至整个世界都产生了深刻的影响；《清明上河图》的背后是一个富甲天下、空前繁盛、经济总量占当时世界一半有多的富庶国家；夜市、夜生活、旅游等也都是从这里发迹；理学、文学、史学、艺术等造就了中国文化历史中的丰盛时期；政治上也实现了从中古世纪向近代社会形态的转型……中国历史上，乃至整个人类文明史上，宋代的伟大贡献都是抹之不去的。

然而，留在教科书中的宋朝，则是用"积贫积弱"来形容的，历史学家钱穆就说："宋代……内部又终年闹贫，而且愈闹愈凶，几于穷得不可支持。"当然，证据也很多：与之前的王朝相比，统治疆域面积最小；而且让人首先就想到靖康之耻、崖山之劫、澶渊之盟，屡战屡败、丧师失地、割地赔款，不仅缴纳"岁币"赎买平安，还制造了臭名昭著的"儿皇帝"，狼狈不堪的程度远超丧权辱国的晚清；就连引以为豪的经济，政府也是常常"入不敷出"、赤字连年，穷到连军粮都无法充分供应，王安石就曾说"今士卒极窘，至有衣纸而擐甲者，此最为大忧，而自来将帅不敢言振恤士卒……"甚至"只是侥幸没有遇上严重的天灾人祸，才保宋朝百年平安"；对老百姓来说，宋朝更是一个非常黑暗和恐怖的朝代，经济上的被盘剥自不用说，《宋代酷刑论略》一书今日读来仍觉害怕。

也许，繁华自由、光芒四射是真实的宋代，暗黑恐怖、积贫积弱也是真实的宋代，正是这样一个矛盾的复合体，绵延了316年之久，在中国自秦统一之后的大王朝中仅次于两汉排在第二，在战争中立国，也在战争中亡国。

宋代遭遇了那个时代的"中等收入陷阱"

如果用"中等收入陷阱"经济学概念梳理历史，那么，宋代则遭遇了那个时代的"中等收入陷阱"，"中等收入陷阱"的根源究竟是什么？何辉的《宋代消费史：消费与一个王朝的盛衰》正是在做这个方面的探索。书中，我们不仅可以了解宋代人吃什么、穿什么，平日里都有哪些娱乐、休闲，还可以了解宋代不同时期的贡赋品种与数量，可以了解宋代主要城市普通雇工的收入和消费水准，可以了解秦桧的年收入，甚至可以知道宋代的"房地产泡沫"，要想在开封买一套普通住宅，一般收入群体不吃不喝得150年到400年，"农民工"则需要800多年的努力，官人吃饭一餐"即银近百两矣"……

经济基础决定上层建筑，消费则是经济基础的一面镜子。宋代商业发达，没有宵禁，甚至是24小时营业，车马拥挤，人头攒动；酒楼、茶馆里吹箫、弹阮、歌唱、散耍之声可传入深宫，有的酒楼一到晚上数百名浓妆艳抹的妓女聚满长廊，以至于宋徽宗都抵挡不了诱惑……娱乐场所遍地开花，北宋首都开封仅一个片区就有大型娱乐场所50余座，大的可容数千人，南宋杭州的娱乐场所比北宋开封还要多……《朝京里程图》类似如今的旅游地图，旅游成为了一个专门的产业，"洛阳的牡丹花节""开封的菊花节"那个时候就开始举办，琉璃瓶已是奢侈品，富人消费则还要在瓶里贴上一层金箔片……宠臣宦官大肆兴建园苑，收集奇花异石……

民间消费与王朝盛衰的历史镜鉴

投资、消费与出口被称为实现经济增长的三驾马车，宋代基本上还谈不上出口经济。消费是整个经济链条的最后一个环节，在经济学的意义上，投资每增长一个百分点，能拉动经济增长0.2%，而消费每增长一个百分点，能拉动经济增长0.8%，是投资的4倍。所以，何辉教授将"解密"的关键放在消费上，通过大量的史料，最后得出了一些基本的结论：经济因素是影响宋代消费的决定性因素，社会消费受到政治与军事因素影响非常明显；政治腐败、社会动荡严重降低了人民的生活消费水平；舆服制度制约着民间消费；宋代的消费观念与社会风尚受到统治阶级的影响甚至左右；最主要的消费群体是宗室、官僚和军兵，限制了真正的大众消费需求的产生；奢侈消费让大宋陷入财政危机；以土地兼并为"催化剂"加上权力高度集中、财富高度集中，不仅导致了异常脆弱的贫富二元社会结构，也阻碍了社会生产力的发展，更使原有社会联系弱化、消解，个体以原子态存在，最终让宋朝成为一根一击即倒的朽木。

（作者单位：华中师范大学）

传统·现代·未来

敢于用中国本土概念解释别人

苏长和

当今世界的政治学和国际关系理论处于沉闷状态

我认为近代资产阶级革命以后，西方政治学理论至今没有形成革命性的突破，大部分理论还停留在17—19世纪阶段，在吃老本，讲来讲去就那么几个人。国际关系理论也是，流行的理论大多是在西方内部国际关系经验和实践基础上产生的，解释当今世界的变革，已经力不从心。政治学和国际关系学界如果都是英美那几个人、那几个概念、那几个理论炒来炒去，那就是"一言堂"了，会使国际学术界万马齐喑，不符合学术自由的秉性，把我们的独立思考给束缚住了。我们国际关系学界最近出现了一股较强的学术自觉趋势，就是试图重新书写国际关系理论。我认为现在是一个很好的理论创新时机，但关键是要有理论自觉意识、独立思考意识，否则创新的方向就会有问题。

从"找不同"思维转向"找共通"思维

我们在抽象任何一种理论的时候，往往会不自觉地陷入到自我局限的思维窘境中，表现为树立一个假想的对立面，在概括自己与对立面的不同中突出自己的特色。我把这种思维方式称为理论建构中的防御性的"找不同"思维，其优点在于有助于在多样群体中确立某个事物的类别和独特属性，但是其缺点在于产生内卷的封闭效果，在持续不断的"找不同"中，理论往往缺乏舒展的气质和吸纳外人的效果。"找不同"思维是必要的，然而仅有此又是不够的。

这就需要另外一种思维也即"找共通"的思维，其要求在看似不同的事物之间寻找彼此的共通性和联系性，将理论的解释边界扩大开来。一种理论要具有更强的解释性和吸纳能力，它在能够解释自身的同时，也能通过对他者的解释能力乃至在被他者接受过程中产生扩散效应。因此，中国制度模式和制度体系既是"土特产"，但又不是"土特产"，理论从特殊到普遍的惊人一跳，往往在于构成这个理论的关键概念，完成了从描述某一特定现象的专有名词，扩大到解释更广泛现象的普通名词。从这个意义上讲，当我们说某一理论是"中国特色"的时候，这还只是思维的第一步，这种特色要具有世界意义，还必须要勇敢地迈出第二步，应该能够在解释外部世界或者在被外部世界接受的过程中，完成从专有名词到普通名词的升格，变得具有普遍意义。

敢于用中国本土概念解释别人

人类社会和政治生活中有许多同义异名和同名异义的概念和表述。西方说"宁在乡村当首脑，也不在罗马当副手"，这个表述在中国就是"宁做鸡头，不做凤尾"。我们讲中国的协商民主，可以说是中国民主的独到形式之一，是中国政治的一个专有概念，但是这个概念要有扩散能力，就需要用这个概念去研究别人，通过在发现和解释别人过程中，这个概念就不是中国专有的了，就变成了一个普遍概念。

所以，就需要我们有理论自信，去发现其他国家和社会中的协商民主成分。中外学者一起研究，这个概念就走出去了。但是，关于这个概念的原创权在中国，别人研究协商民主的时候，文献追溯首先要引中国学者最先的看法是什么，中国的民主政治是如何对此形成安排的，通过这样，我们也就掌握了这个概念的发明权和解释权。我认为这是文化领导权建设的内容之一。现在学界有种风气，就是什么概念都追溯到希腊和西方，长期下去，自己的学术史、学科史就没有了，源流就接到别人那里去了。这是不行的。

长期以来，我们政治学和国际关系概念基本来自西方。一个国家的社会科学如果充斥着外来概念，那么本国的学术表达一定会成为问题，对自己的认识、理解和表达也会成问题，外来概念对本国话语和思维会起到格式化的效果，将本国社会和政治中的核心意义遮蔽、覆盖和修改了，长期下去，文化主权自然会削弱，也很难谈文化领导权。

关于"协商民主"只是一个例子，相信还有很多，我们需要的是围绕这些核心概念一个一个梳理和积累下去，形成自己独立的社会科学知识体系。但我认为，在解释别人过程中，我们一定要抱有对他者文化的基本尊重，不能像西方的东方学那样，把别人像小姑娘一样随意打扮，用概念作为标签，随意贴在别人身上，甚至贬低或者诬蔑他人。

（作者为复旦大学国际关系与公共事务学院外交学系教授）

要有"烟火气"，不要有"火药味"

陈先达

　　哲学有各种类型，并不存在唯一的哲学样板。无论何种哲学，只要它真正反映时代精神，都会为人类提供智慧。中外哲学史上那些哲学思想，都是我们的精神食粮。我的专业是马克思主义哲学，但我并不是专业排外主义者，只是精力有限、水平有限，对中国哲学，尤其是西方哲学知之甚少，至今仍引为憾事。

力求从哲学的角度谈论现实问题，
尤其是已经成为社会思潮的问题

　　我只能写点关于马克思主义哲学方面的文章。《可信又可爱的哲学》这本结集里的文章算不算哲学，可能会有不同的看法。哲学有边界，什么是哲学，什么不是，会有个界线。例如，传统的本体论问题、认识论问题，人生论问题、价值论问题等，属于哲学王国的领地，可说是正宗的哲学。可哲学作为智慧之学，又不应该有绝对的边界，它可以在任何领域中应用。

　　智慧是不应该有边界的。有边界的智慧不叫智慧，应该称之为专门知识。尤其是马克思主义哲学，它作为世界观和方法论应该起到一把万能钥匙的作用，为我提供观察和解决问题的思想方法。我的这些文章不少并非正宗的哲学问题，而是现实问题。但我仍认为它是哲学，因为我力求从哲学角度来谈论这些问题。至于水平如何，是否有哲学味，另当别论。我喜欢这种写法。是否承认它是哲学文章，并不重要。豆腐白菜，各有所爱，何况在如此复杂的精神领域，多样性是正常的。

我喜欢谈点问题，尤其是已经成为社会思潮的问题。我认为作为一个马克思主义哲学工作者，对此不能视若无睹。当有的马克思主义哲学博士生和我讨论构建哲学体系问题时，我总是向他泼冷水：你呀，先不要忙于构建体系，还是从问题出发吧，学会用辩证唯物主义方法分析问题。不学会捕捉问题、研究问题，就忙着构建哲学体系，是企图在沙滩上盖高楼，除了满足自己的思辨癖好外，什么都得不到，弄不好连话都不会说。哲学的确需要概念和范畴，但我总觉得一个马克思主义哲学研究者如果离不开概念、范畴，不能用中国话说哲学问题，不能用普通人能懂的语言解释哲学问题，这种马克思主义哲学就走不出书本和课堂。

哲学家并非都要安坐在自己书斋中
研究纯哲学，写纯哲学文章

文学应该"干预生活"。哲学呢，哲学难道离生活越远越好吗？有的学者是这样主张的。似乎哲学越纯越高尚，千万不能为现实所"污染"，应该由尘世上升到完全由概念和范畴筑起的思辨王国。别种哲学我无权置喙，但马克思主义哲学决不能这样做。马克思主义哲学一定要关注现实和现实问题。当然它的关注方式应该是哲学的，而对问题的回答也应该是哲学的，即能够提供比就事论事更多的一点东西。这个更多的"一点"，就是哲学分析，就是对问题回答中蕴含的哲学智慧。哲学对问题的分析，应该能使人举一反三。

并非专门哲学刊物或杂志发表的文章才算哲学，报纸上的文章不具有哲学品格。我不这样看。我想起马克思的《第179号〈科隆日报〉社论》。在这篇文章中，马克思与海尔梅斯展开过激烈辩论，其中就涉及"哲学是不是也应该在报纸上讨论宗教问题"。其实，不仅是讨论宗教问题，还可以在报纸上从哲学角度讨论一切重大现实问题。哲学家并非都要安坐在自己书斋中研究纯哲学，写纯哲学

文章，更应该关注现实。为此，马克思在上述《第179号〈科隆日报〉社论》中说过一段非常著名的批评当时德国思辨哲学的话："哲学，尤其是德国哲学，喜欢幽静孤寂、闭关自守并醉心于淡漠的自我直观；所有这些，一开始就使哲学同那种与它格格不入的报纸的一般性质——经常的战斗准备、急于报道的耸人听闻的当前问题的热情关心对立起来。"

完全由纯概念推演而成的文章，高深、思辨，可谁也不懂。这种文章，如同面额巨大的纸币，在市面上不能流通。报纸文章要求通俗，通俗并不等同于肤浅。马克思生活在思辨哲学最为发达的德意志王国，康德、谢林、黑格尔都是思辨哲学大家。马克思在青年时代就认识到纯思辨哲学对青年的危险性。他说过，"那些主要不是干预生活本身，而是从事抽象真理的研究的职业，对于还没有坚定原则和牢固、不可动摇的信念的青年是危险的"。这种哲学为什么是危险的，危险何在？危险在于青年人没有生活体验，又没有真正树立坚定的原则，会陷于抽象思辨的泥塘而难以拔足。马克思自己就遭遇过这种危险。他在波恩大学读书期间，沉迷于构建庞大的哲学思想体系，几乎陷于疯狂状态。马克思在经历这次思想危机后发现沉迷思辨，从头脑中构建体系是一条错误的哲学道路。他转学到柏林大学后，由于参加青年黑格尔运动，特别是大学毕业后的实际工作，找到了一条哲学通向生活的道路。

我是一个经历过新旧两个中国的人，我的良知告诉我：问题应该这样看，文章应该这样写！

有人对我说，你的文章有"火药味"。我说不对，我的文章没有"火药味"，我不针对任何人，但有点"烟火气"。我不敢自夸接地气，但至少不是不食人间烟火。对我来说，哲学文章没有"左"与"右"的问题，但有"对"与"错"、"全面"与"片面"的问题。我说过，我是讲理派，凡事都有理，都得讲理。比如，在《批评、抹黑及其他》以及关于教科书风波的文章中，我都是抱着讲理的态度。不讲理，就不是哲学。

比如在《批评、抹黑及其他》中，我并不认为我们党、我们的政府、我们的社会不存在任何问题。当然会有问题，有些问题还不可容忍，包括社会公平与正义问题、贪污腐败问题。对一些不合理、不公正现象，不仅要批评，而且可以揭露、抨击。批评与自我批评，从延安时代起就是中国共产党自己立下的规矩。一个人如果拒绝批评，老子天下第一，总有一天会上演"霸王别姬"。一个政党也是如此。但抹黑不是批评。抹黑是"项庄舞剑，意在沛公"。不管如何自称为恨铁不成钢，只是骗骗老实人而已。好比全国各个地方都存在或大或小的问题，我把这些问题称为垃圾。批评好比清扫垃圾，是希望变得适宜人居，尤其是建设性批评，不仅告诉你哪里有垃圾，而且具体建议如何清扫这些垃圾。抹黑不同，它不是清扫垃圾，而是堆垃圾，把全国的垃圾堆到一处，指给全世界看：瞧，这就是中国！这就是中国共产党！一个是扫垃圾，一个是堆垃圾，这就是批评与抹黑的界线。

我是学历史出身的人。在世界历史上，没有带着白手套绝对干干净净的革命。法国大革命是这样，俄国十月革命是这样。谁要存心控诉革命的"罪恶"，要找材料太容易了。可马克思说过，"革命是历史的火车头"。我看这个真理是否认不了的。中国共产党的革命是人类历史上少有的革命，是中国历史上从来没有过的革命。中国革命有过错误、包括"左"的和右的错误，有过曲折。既有无数壮烈牺牲的烈士，也有过被冤屈者，有误伤者。冤假错案都有过。但我们党承认错误，及时总结历史教训并改正错误。何况，中国共产党和中国革命，有比任何错误都辉煌无比的成果，这就是建立新中国，把一个原本受尽外国列强欺凌、压榨、一穷二白、文化落后的中国，建设到现在这个样子。我们当然不是事事满意，但总不能自作自贱吧。难道只应该抹黑，而不能点赞？抹黑，叫骨气，叫气节；而点赞，叫舔碗边，这是什么逻辑！

赞成什么，反对什么，我不遮遮掩掩，也没有必要遮遮掩掩。说句掏心窝的话，我已风烛残年，一无所求。我是一个经历过新旧两个中国的人，我的良知告诉我：问题应该这样看，文章应该这样写！

（作者为中国人民大学教授）

对待传统文化需谨防一些倾向

石仲泉

当前，我国社会兴起了传统文化热，由此也引发如何正确对待传统文化的问题。我个人认为，目前总体上对于传统文化的认识和态度是比较好的，但也存在一些值得注意的问题和倾向。

倾向之一：过分抬高"新儒学"的地位

社会上和学界有一种倾向，排斥和反对马克思主义，将"新儒学"抬到至高无上地位。这是有悖我们党对待传统文化的态度和政策的。

无论是传统儒学还是"新儒学"，都有其用以为改革开放和社会主义现代化建设服务的积极作用，我们应当充分发挥其正能量的积极作用，但并非其所有学说、观点和理论都是正确的，更不能作为兴国、强国的指导思想。这是两个问题，不能混淆。

我们党重视传统文化和提倡弘扬优秀传统文化，但并不是要以传统文化来替代马克思主义作为党的指导思想。那种鼓吹党的指导思想的多元化的论调，是错误的、有害的。

倾向之二：泛用一些似是而非的说法和称谓

对传统文化的宣传要科学、精准，不应泛用一些似是而非的说法和称谓。比如什么叫"国学"？不少地方和高校都成立有"国学院"，但为什么将传统文化称为"国学"，却没有科学的论证和说明。

现在一般是将"国学"与传统的以儒学经典为主导的诸子百家文化划等号的，或者说是将"国学"作为传统文化的统称或简称的。这样做是否合适或科学呢？我以为，这是值得商榷的。所谓"国学"应当指在一个国家中具有统治地位或主导作用的理论学说，简言之，即作为国家的指导思想理论才能享有"国学"的称谓。根据中华人民共和国宪法，我们国家实际上是以马克思列宁主义、毛泽东思想和中国特色社会主义理论体系为指导思想的。因此，要讲"国学"，这个具有指导思想地位的理论才是当代中国的真正"国学"。从这个意义上说，传统文化不宜称为"国学"。如果将历史上溯2000年，从西汉董仲舒始"独尊儒学"，自那以后大概可以说，历代封建统治者都是以"儒学"作为"国学"的。因此，它的创始人孔夫子被称为"至圣先师"。

近代以来，国家的社会政治制度变了。当代中国是实行的马克思、恩格斯创立的科学社会主义理论指导下的社会主义制度，若仍然将以"儒学"为主导的传统文化称为"国学"，似很难解释得通。如果不是在具有指导思想地位意义上将传统文化称为"国学"，那又是在什么意义上讲的呢？是否因为它是在中国大地上土生土长的理论学说，因而可以称为"国学"呢？如果以"土生土长"来立论，也有一些问题需要解释清楚，如中医算不算国学，九章算术、齐民要术是不是国学；再如我们是一个多民族的国家，即使在过去历史上，除汉族以外，其他少数民族并不都将"儒学"尊奉为"国学"，何况现在呢？因此，我以为，将以"儒学"为主导的传统文化简单地称为"国学"应当有令人信服的科学说明才行。

倾向之三：以弘扬传统文化的名义兜售传统文化中的"糟粕"

对传统文化一定要坚持"取其精华，去其糟粕"原则，不能认为凡是传统文化都是好的、优秀的。毛泽东说得非常清楚：中国几千年的文化主要是封建文化，对封建文化一定要作具体分析：一是封建时代产生的文化，既有封建主义的东西，也有人民的东西、反封建的东西，要把封建主义的东西和非封建主义的东西区别开来；二是即使是封建主义的东西也不全是坏的，在封建主义发生和向上发展的时期，它的很多东西还是不错的；三是反封建主义的文化固然比封建主义的好，但也不是全部可以不加区别地加以利用，那时流传在民间的作品多少带有封建统治阶级的影响。因此，他很强调对历史文化既要充分利用，又要取批判态度。

反观现在的一些影视剧，在弘扬传统文化的大旗下，一个时期内后宫戏充斥荧屏，尔虞我诈，钩心斗角，很吸引观众眼球。这传播的究竟是正能量还是负能量，值得研究。在19世纪80年代以后"厚黑学"之类的糟粕，不是以传统文化的名义在图书市场很受欢迎吗？一些官员变成贪腐分子，不少人就是受了其影响而堕落的。当然，坚持"取其精华，去其糟粕"原则，也不是要从一个极端走到另一个极端，而是要求坚持对待传统文化的科学态度。

（作者为中央党史研究室原副主任）

应理性地使用这两个概念

陈培永

在当代中国的政治生活中，有两个耳熟能详的词汇，一个是"中国特色"，一个是"国际接轨"。有位英国记者写道："中国人手中经常配备两把万能钥匙，即'国际接轨'和'中国特色'。这两组'四个字'，是中国人最熟悉，也是最时髦的新词儿。"这两个词汇，本来都是符合中国客观实际的战略口号，在有的人那里却成为信手拈来的万能钥匙，隐藏着被虚化、被滥用的危险。这值得注意和思考。

中国的社会主义，中国的制度设计，必须要有"中国特色"。中国的特殊国情，决定了必须有中国特色，与其他国家盲目趋同，就是放弃了中国的特殊国情。鞋子合适不合适，只有自己才知道。

中国的发展中国家地位，决定了在一些地方必须与"国际接轨"，必须学习西方发达国家的经验。一些先进技术、管理经验，必须放下身段去学习，以少走弯路。不能为了"中国特色"而"中国特色"，拒不吸取西方国家现成的先进经验。坚持"中国特色"为基础，以与"国际接轨"为手段，绝对是中国经济社会发展的正确道路。

但问题是，一些人把"中国特色"与"国际接轨"当成挡箭牌。他们根据自己的需要来使用，西方国家没有的一些怪现状、怪做法、怪观念，统统被打上

"中国特色"的标签，便公然实现了"合法化"，而且也宣告了这种怪现状在中国是无法取消的。西方国家存在的赌博、卖淫等现象，则呼吁要与国际接轨，实现其合法化。

可怕的是，中国社会甚至还有形成了某种"特色派"和"接轨派"的现象。"特色派"坚持以"中国特色"来强调走西方道路的不可行性，实际上有可能成为阻挠改革的代表。"接轨派"则是主张与西方趋同，什么都要走上西方的道路。有的属于中间派，当坚持"中国特色"有助于其利益的最大化时，就坚持"中国特色"，当与国际接轨有助于实现自己利益时，就高喊"要与国际接轨"。

我们必须审慎、理性地使用"中国特色"，要辨明"中国特色"的优劣之分，防止拿"中国特色"对各种问题进行搪塞，避免盲目性。在社会主义制度上，当然要讲中国特色，在基本道路上，要讲中国特色。但是一些具体做法，不一定非要打上"中国特色"的标签，以防过度运用"中国特色"，给人带来一种眼花缭乱的词汇海鲜，说得过多，而让人无所适从。反对一切以"中国特色"或地方特色名义，为违法行为、不合理行为、阻拦改革行为开绿灯的行径。

我们要坚决反对什么都讲接轨，什么都是西方的好，要打破对西方的偶像崇拜。要自信地认识到，"国际接轨"有两重意义，一重是学其他国家的经验，一重是把中国经验让其他国家学。坚决反对拿国际接轨来装饰门面，而实际上换汤不换药、该接轨的不接轨、不该接轨的乱接轨的做法。

（作者为北京大学马克思主义学院教授）

"新乡贤"：看得见、记得住的价值引领

颜德如

今天的中国乡村社会，已经不可能存在像古代那样退居乡里的士大夫了。一代之事必有一代之人为之。新的时代必将有契合它的各种秀异分子。因此，不同的乡村区域，应结合本土实际，着力培育和凝聚新乡贤。

情感认同

一方面，以故土情来激发本地民众或者吸引在外地工作生活的同乡对家乡的热爱、眷恋，使他们积极参与、支持乃至组织建设美丽乡村的各种事业；另一方面，要充分考虑当下在乡村推行的各种政策制度，是否契合民众的"喜、怒、哀、惧、爱、恶、欲"（即孔子说的人之七情），是否是以普通人的具体情况为出发点、落脚点，制定、调整各项政策制度。孔子讲的"饮食男女，人之大欲存焉；死亡贫苦，人之大恶存焉"，务必要引起政策制度制定者、修订者的高度重视。只有这样，在乡村社会推行的各项举措，才可能引起民众包括新乡贤的情感上的共鸣与认同。明显违逆人情、人欲、民俗的措施，是难以被民众所认可并广泛实施起来的。

价值引领

中国古代的乡贤，一方面"他们在地方上热心公益，保家卫国，造福一方"，另一方面积极"推行以儒家为主的社会价值观，维护乡村社会秩序的稳定"。那么，今天的社会主义核心价值观是否可以扎根乡村？依靠什么样的力量和载体来扎根乡村？首先要弄清楚乡村社会民众的价值追求是什么，这种价值追求与社会主义核心价值观是什么关系。有学者认为，中国古代社会的农民赋予现实生活意义的一套价值系统是"传宗接代"，"通过传宗接代，个体有限的生命融入到子子孙孙向下传递的无限事业中，产生永恒意义"。但如今农民的"这种传统价值与现代社会中个人奋斗、自我实现的价值并不相容，正被作为愚昧落后观念被遗弃"。因此可以说，在中国广大的乡村社会，民众面临着安身立命的价值如何构建的重大问题。到底构建什么样的价值观来促进乡村治理呢？大体应从人本性、乡土性、亲善性和现实性四个要素来综合思量、培育和传播乡村社会的发展目标，使之成为本土的文化共识，使之成为"与基层治理相适应的价值文化与社会认同"。一般而言，友善、诚信、互助、和睦、公道、安康，是乡村社会民众乐于接受、愿意遵守和易于传承的价值信条。新乡贤正是熔铸和传播这些价值的积极力量和重要支柱。

荣誉认可

乡贤在中国古代社会本身就是对有德行、有贡献的社会贤达去世后予以表彰的荣誉称号，是对他们人生价值的肯定，是一种荣誉认可。地方上还建有乡贤祠，以便世人铭记他们的嘉言懿行、学习他们的献身精神、怀念他们的恩德善行。这更是一种令家人、族人和乡党倍感荣光的无上荣誉。当下，对新乡贤的激励可以通过多样化的形式：颁发牌匾，让世人瞩目；汇编成曲，令世人传唱；绘像于墙，使世人观瞻；列入馆藏，供世人感念；载入方志，俟来者效仿。

教育涵养

　　古乡贤及其事迹已经不可复原和再现，但他们的道德精神与力量通过文献和文物在代代相传，这就形成了乡贤文化之传统。为此，就要形成新时代的新乡贤文化。这样古乡贤的道德精神和力量才可以传承下去，才可以成为涵育乡风、敦化民风、醇厚人心的持久力量。一个重要工作就是要总结出每一地域新乡贤的道德精神，然后再通过两种常态化的途径加以传播、颂扬与承继：一是融入蒙学内容，使孩子自小就对乡贤有向慕之心，以其为榜样，激励他们端正德行，立志贡献地方和国家。二是载入族谱，形成家训，以便垂范后人，供他们传习和效法，使家族永沐荣光。

（作者单位：西南政法大学）

传统文化创造性转化不能陷入误区

陈先达

作为中国传统文化重要组成部分的儒家思想，的确有许多好东西，但应对这些好东西进行创造性转化。比如孝道。不用说世界上其他国家，即使中国封建社会的行孝方式在当代也很难实行。在当代中国，如何建立孝道，如何恢复孝心，专靠引用古书是没有方法解决的。

诚信也是如此。当代中国社会的诚信存在一定的缺失，这是为什么？儒家学说中确实有不少关于诚信的经典名言，应该学习。可我们当代的诚信缺失问题不能归结为不信孔夫子，不读古书。当代中国正处于急剧变化时期，原来的规范破坏了，新规范没有建立。市场经济是以货币为中介的陌生人社会，如果市场不规范，缺乏监管，一个人人讲诚信的社会就不可能建立起来。市场经济条件下的诚信问题，既是道德问题，也是法律问题。怎么样建立新的诚信？要按照当代社会特点来考虑这个问题。教育是重要的，但靠大量引证古书，甚至以古人为榜样进行教育，不是根本解决问题的办法。当代人的道德，当代人的价值观念，当代人的信仰是属于当代人的问题，不是古人的问题。它不是简单的思想观念问题，而是经济基础与上层建筑、社会存在与社会意识之间关系的矛盾问题。不认真治理社会秩序、市场秩序，坚决反对腐败，缩小社会贫富差距，逐步走向共同富裕，单纯就道德谈道德，其效甚微。光靠办国学班、经理班、读经班，我看不是解决问题的根本之路。

有一种观点认为，物质富裕以后，精神必然开始衰退。我认为这是错误的。物质生产是基础，物质生产不会必然带来精神堕落，只有物质生产发展以后，导致的社会不公，分配不公，富者日富，贫者更贫，才会导致这个问题。你想想看，如果一个社会极少数人占有社会极大财富，而大多数人贫困，会出现饱暖思淫欲、饥寒起盗心的现象。所以问题不在于物质生产的丰富，激发人们的贪婪和欲望，而在于富裕中存在大量的贫困，即只有一部分人占用财富，因此关键在于如何建立共同富裕的社会。社会主义当然要发展经济，要发展生产，生产更多的社会产品以满足人们日益增长的需要，使改革红利惠及全民。因此坚持社会主义制度，坚持按劳分配，坚持缩小社会贫富两极，才使精神文明与物质文明同步发展成为可能。如果物质生产丰富，社会财富增加而人们的道德观念、价值观念反而越来越下滑，问题肯定不在于生产力的进步，不在于科学技术的进步，而在于社会关系、生产关系，即生产力与生产关系的矛盾。

我们所处的时代是科学技术发展的时代。我们应该重视中国传统文化在培养人的道德素质、人文素质和思想境界方面无可替代的作用。人文素质是非常重要的，我们应该加强人文素质的教育、传统文化的教育，但决不能偏到另一方面。科学素质，包括自然科学和社会科学素质同样重要。要搞好经济必须研究经济学，尤其是中国的社会主义经济学，搞好管理必须研究管理学，搞好政治制度建设必须研究政治学，等等。至于要上天，要出海，要提高劳动生产率，要靠发展科学技术。要技术创新，一定要发展科学技术。这些都不是光读经能读出来的，吟诗能吟出来的。

因此，对于优秀传统文化，我们一定要头脑清醒：要重视人文，重视人文素质的培养，但决不能陷入一个误区，让孩子从小只重视读经，读到不知道当代世界是一个什么样的世界。

（作者为中国人民大学教授）

工匠精神：生于制度还是孕于文化

刘志彪

　　"工匠精神"这个词汇，在李克强总理今年的政府工作报告中出现后，成为中国发展语境中的重要概念。众所周知的是，一个国家的制造业如果没有"工匠精神"，是不可能有真正的世界著名品牌的。培育精益求精、消费者至上的工匠精神、工匠制度和工匠文化，是中国制造业实现转型升级、建设制造强国的关键所在。

　　但是也有人认为，中国人从来都不缺少工匠精神，古代我们有鲁班，近代我们有很多的老字号，如同仁堂、云南白药、茅台酒，现代我们有华为、中国高铁等世界著名品牌。但我觉得，中国古代、近代的工匠精神，留传下来的大多是美好的故事而不是世界著名品牌；现实中一些留传下来的老字号，不是在发扬壮大，而是后继无人，品牌的声誉和美誉度在变质、消失；在当代世界著名品牌榜中，来自于中国的品牌少到可以忽略不计的程度。这不是妄自菲薄而是现实。

　　于是一些人转而认为，不是中国人缺乏这种精神，而是中国不适合这种模式。工匠精神在当代，只适合于高成本高收益的产品和服务项目。如宝马汽车，因为高价格、高收益，所以适合于生产商付出高的资金、人力和技术成本去精雕细琢。反之，在人均收入较低的条件下，绝大多数国人消费水平处于贫困或温饱状态，他们不愿也不能购买高质高价的产品和服务，企业自然会选择低质低价、薄利多销的商业模式。我对这种意见的批评是：收入水平和消费水平对应着消费的档次，但是与有没有精益求精、消费者至上的工匠精神之间，并不存在直接的对应关系。在古代和近代，中国人都很贫困，但是其工匠精神来自于哪里呢？现在中国人的需求结构正往高级化方向迅速地升级，据《中国日报》报道，2015年中国消费者在境外的奢侈品消费总计1168亿美元，这笔消费占据了全球高端产品消费总量的46%。但是这一波澜壮阔的消费升级趋势，并没有逻辑地转化为拉动本国企业工匠精神发扬光大的力量，而是转化成了对国外产品的需求。显然，不是中国不适合工匠精神的模式，而极有可能是因为某种原因，使这种精神无处发扬，无法跟上市场需求的变化。

我国市场化取向改革中30多年的高速发展，只是更多地解决了中国人低端的"有无"问题，而非高端的"好坏"问题。目前我国已经过了物资缺乏的年代，因此发扬光大过去的工匠精神、追求中高端的转型升级很有必要，这是一种回归，回归职业初心、职业精神和职业道德。

一些有识之士指出，中国缺少的不是"工匠精神"，而是缺少"工匠制度"。我们不要用工匠精神的浪漫，去掩盖工匠制度的缺失。人们经常问，为什么中国人的聪明和勤奋，不能通过制度创新，转变为工匠精神去创造物质财富？为什么这种聪明经常转化为它的反面：造假、模仿、偷工减料甚至为了赚钱而故意生产有害产品？工匠制度并不是哪路神仙来外生给定的，而是在经济社会体制系统的长期运行中内生的。

由此看来，缺少工匠制度还是表面化的解释，制度背后的相互作用的文化，才是缺乏工匠精神的深层次的原因，即支撑工匠精神的文化，才是我们真正缺乏和必须重构的东西。例如，中国传统文化里头，有多少是提倡青年人去做一个扎实工作一辈子的"工匠"的呢？在学而优则仕的文化里，劳心者治人，劳力者治于人。我们能不能扪心自问：我们都希望自己的子女成人后去干制造业吗？去做一个默默无闻的技工吗？显然，我们缺失的是社会鼓励工匠精神的文化。当然，未来为了鼓励形成工匠文化，我们也有必要在物质上给予工匠们必要的、持久的激励（如实施首席技工制度、给发明创造者产权等）。

我想，如果我们可以让精益求精、消费者至上的工匠精神成为企业所有者、经营者和劳动者一致共同的理念和行为准则，我们的企业在全球竞争中应该就是不可战胜的。届时就是中国跨国企业屹立于世界之林的时刻，也会是中华民族伟大复兴之日到来的辉煌时刻。

（作者曾任南京大学商学院副院长、经济学院院长）

严耕望与他的《治史三书》

虞云国

　　严耕望（1916—1996），号归田，1941年投入钱穆门下，从师问学长达半个世纪。严耕望一生研究、聚焦在政治制度史与历史人文地理两方面。前期为主的政治制度史研究集中在秦汉至隋唐的中古长时段。在学术大成的晚年岁月里，严耕望先后著成《治史经验谈》《治史答问》与《钱穆宾四先生与我》。1998年，大陆首次由辽宁教育出版社将上述三本小册子合编为《治史三书》。2008年，上海人民出版社获得授权，在大陆出版《治史三书》的中文简体字版。前人评俞樾一生拼命著书，后学最受用的还推《古书疑义举例》；严耕望也著作等身，但对初涉史海的学子来说，比起其皇皇巨著来，《治史三书》也许最有启发之功，可以说是最佳治史入门书。除作为最佳史学入门书，《治史三书》的其他价值也值得重视。

作为严耕望学术自传的价值

　　在20世纪中国中古史领域，继吕思勉、陈垣、陈寅恪等一代大师后，大陆可举唐长孺与周一良为代表，台湾无疑应以严耕望为领军者。严耕望既已进入中国现代学术谱系，对他的研究自然是中国现代学术史，尤其是20世纪中国史学史的课题之一。胡适曾劝学界朋友"写他们的自传",以期"保存这许多难得的第一手史料"。严耕望没有留下自传,虽提及记有日记或生活日录,据闻也未保存下来。但《治史三书》里,既有《钱穆宾四先生与我》的专书,也有自道学史历程的专篇,在漫谈治史经验时,严耕望随时回顾自己的学术生涯,研究者不妨将这些鲜活的叙述视为他的学术自传。林磊编著《严耕望先生编年事辑》(中华书局2015年)时,就充分取资了这些素材,较详赡地勾画出这位史学大家的学术轨迹。

不仅如此,在《治史三书》里,严耕望对个人学术也自有定位。他自认为:"在学术上,不能算是先生(钱穆)的最主要的传人",因钱穆之学"从子学出发,研究重心是学术思想史,从而贯通全史",但学术思想恰是他"最弱的一环",因此自己的研究"只是先生学术的一个旁支"。这种自我论定是客观而中肯的。

作为现代学术史料的价值

《治史三书》的诸多回忆颇具史料价值。例如,他回忆内迁之初武汉大学历史系与文学院的课程设置,历史系教师有吴其昌、方壮猷、陈登恪、郭斌佳等著名学者,还算"阵容不很强"的;文学院开课的有文字学家刘赜、文学家苏雪林与美学家朱光潜等名家。严耕望与海内外诸多名家有过疏密不等的学术交往,包括亲炙问学的师长李则纲、钱穆与顾颉刚,求学供职校所的掌门人王世杰、王星拱与傅斯年,史语所先后同事李济、姚从吾、劳榦、全汉昇等。他在自道治学经历时,对这些人物或详或略都有叙及,即便吉光片羽,也足为研究现代学术文化史所取资。

除亲历的人事,严耕望对20世纪中国史家颇有月旦臧否,既有专书《钱穆宾四先生与我》,也有关于南北二陈与吕思勉的专论。诚如所言,这些评骘虽仅基于其"个人治史之意趣",却不啻是对现代学术文化史的一家言。作为弟子,严耕望对钱穆堪称实事求是。他逐一列举其师不朽之作,指出都完成在50岁前,而其后述作"多讲录散论之类,视前期诸书远有逊色"。即便对列入不朽的《国史大纲》，一方面推崇其创获与识见，足以追步司马迁而超迈司马光，另一方面也批评其"行文尚欠修饰，或且节段不相连属，仍不脱讲义体裁"。对陈寅恪与陈垣，严耕望也非一味肯定。他对《柳如是别传》的著述体裁与论题价值独持保留意见；对陈垣晚年缺乏史家定力，学术生命"即此而斩"，也有扼腕之叹。至于对其他史家与学人的片断评点，全书也随处可见。他论顾颉刚为盛名所累，与傅斯年一样，"对于近代史学倡导之功甚伟。惟精力瘁于领导，本人述作不免相应较弱"。严耕望评价现代学术史的人与事，其观点只是独得之见，妥当与否另作别论，却无疑值得玩味而不宜轻忽。

作为古今学术名著的评点价值

严耕望研读与查阅过的古代典籍与今人史著难计其数，《治史三书》提及的就有数百部，随文或有评断，读者不妨以严氏书评视之。

在古籍方面，严耕望不仅重视历代正史、十通政书、总集类书、地志图经，而且强调佛传道藏、农书本草与金石考古类文献对历史研究的史料价值，对相关典籍的瑕瑜得失时有要言不烦的评判。他论顾祖禹《读史方舆纪要》与钦定《嘉庆一统志》："发现顾氏虽很有才气，但其书内容甚粗疏，错误很多；《一统志》虽是官修的书，成于众之人，但实甚精，往往转胜顾书"，完全是在历史人文地理研究中长期考较两书后的心得体会。

在史料问题上，严耕望躬行"竭泽而渔"原则，主张研究中古史"更要尽可能地把所有关涉这个时期的史料书，全部从头到尾的看一遍"，现存中古书籍有限，这确是行之有效的经验谈。但印刷术普及后，传世史料急速增长，及至明清，要想将存世断代史料从头到尾全看一遍，终一生光阴也绝无可能，研究者自宜调整战略，而不必胶柱鼓瑟。但他强调先研读该断代正史与基本大书的方法，仍是必须力行的不二法门。

（作者为中国宋史研究会会员和理事、
上海市教委重点学科中国古代史学术带头人）

一个新社会主体正形象地走进公众视野

黄月平

主持人

黄月平

话题嘉宾

张颐武（北京大学教授）

金定海（上海师范大学人文与传播学院副院长、教授）

樊泽民（教育部高等学校社会科学发展研究中心讲师）

话题缘起

近年来，随着"90后"开始步入社会，他们的社会形象、生活选择、职场表现成了社会关注的热点。有人对"90后"沉迷的"二次元"文化直呼"看不懂"；有人认为"90后"是家中青春期超常的孩子、职场冷漠的新人；还有人认为，"90后"比较现实、功利化，缺乏理性信念，等等。究竟该怎样客观理性认识"90后"的特征，看懂和读懂"90后"，本文特邀专家进行多角度、深层次解读。

高度分散化的"90后"

个体化是"90后"最大的特点。不可用"90后"群体内部的某一特定小特征去总体标榜已高度分散化的"90后"青年群体。

主持人： 近年来，关于"90后"的话题开始浮出水面。从现实看，随着"80后"已经渐渐人到中年，中国青年的主力已经从"80后"转向了"90后"。应怎样界定"90后"的代际特征？

张颐武： 当前，"90后"呈现的一些特点开始成为社会讨论话题。虽然以代际来划分人群确实存在一些局限，但这还是一个有价值的参照。因为每一代人的成长环境不同、社会的发展状况不同都会给人们带来重要的影响，一代人的成长路径也会有所不同，他们不仅会表现出更多的共同点和相似性，而且也会体现出和上下不同的几代人的代际差异性。这些体现为一般人在生活中的感受和经验，值得深入地思考和探究。今天的"90后"已经开始在社会的各个领域里彰显其存在，也会在未来对社会产生更大的影响。

樊泽民： 我认为，受特定历史时期的特定社会环境的影响，"90后"是一个内部高度分化的群体，"标签式"的总体定性的意义远劣于分层意义上的微观确认。"90后"承接当今时代的变迁和中国社会的转型，他们个体化的兴起具有标志性意义，也是其最大特点。个体化兴起的结果是群体的碎片化、原子化。相比"80后"内部还因社会不发达而不能主动选择，只能接受具有相似性的资源供给，形成部分群体性认同与共识，"90后"内部从一开始就在资源多元化自主选择的基础上解构了群体共识。"90后"的生活方式、消费模式、价值取向、文化圈子、身份认同等多领域都表现出高度的差异化、层次化，因此不可用"90后"群体内部的某一特定的、易被舆论捕获的小特征，去总体标榜已高度分散化的"90后"群体。"90后"代表着一个特定群体，但对这个群体严谨的社会科学实证研究还不多、不够深入。当下一些流传于网络和媒介中的"90后"研究报告，总体来讲都程度不同地存在一定的研究误区和困局。

被表达的"90后"

"90后"暂时没有自己的代言人，总是被一些媒体在道德和商业的混乱驱动中随意制造和粗暴定义。

主持人：近几年，随着"90后"开始步入社会，社会和媒体对"90后"的表现有很多评价，褒贬不一，怎样看待舆论环境中的"90后"？

金定海：随着人们对"90后"的认识不断加深，"90后"这一名词更多体现出的是社会化意义，是指这10年间出生的孩子大多有孤傲、叛逆、个性、不随大流的特质。由于他们一直处于青少年的成长阶段，因此，对他们的评价大多来自"长辈"和媒体之口。2012年，"90后"毕业的大学生开始进入社会，意味着他们以社会主体的形象走进公众视野，公众对"90后"的关注更加严苛，批评也更集中，"90后"们需要面对这些批评和挑战。

新媒体环境下，"90后"群体被乱贴标签，负面报道居多。标签是符号化的表达，每个人身上或多或少都会有几个标签，但是对一代人贴标签应该始于"80后"，而到"90后"这一代呈现出愈演愈烈之势。于是，我们看到在"90后"整个一代人身上有了"非主流""脑残""炫富""'90后'是缺失真正偶像的一代""是金钱观不正确的一代""是没有远大理想的一代"等诸多标签。当网络和手机成为人们重要的媒介工具后，人人都可以是媒体发言人。不论大众媒体抑或自媒体对"90后"都有诸多关注。然而在这些报道中，能够引起高度关注的新闻多是关于"90后"的负面报道，如"90后"撞车、"90后"殴打老人，甚至还将某些事件概括为"摸奶门""脱裤门"等，这些负面报道给"90后"一代人赋予了"自我""另类""冲动"的形象。当这些新闻出现时人们批评的声音也随之到来，社会大众认为"90后"比"80后"更是"垮掉的一代"，认为他们是没有社会担当、以自我为中心的一代。这些负面报道造成社会对"90后"的各种担忧，更重要的是给"90后"形成巨大的压力，这对于他们的成长是非常不利的。

到目前为止，"90后"是失语的一代，也是匿名的一代，他们没有自己的利益代言人，他们的声音湮没在"长辈们"的话语中，在主流媒体上更没有他们的一席之地。每一代在成长过程中都会有一段时间的失语状态，然而他们的这种失语状态很容易导致话语权被成人所"强暴"与"掠夺"。"90后"暂时没有自己的代言人，意味着人们对"90后"的认识可以根据自己的主观意念随意表达。这样的失语状态是危险的，因为"90后"群体总是被一些媒体在道德和商业的混乱驱动中随意制造和粗暴定义。

网络"原住民""90后"

网络化的"90后"在中国社会引发了"鲶鱼效应",整个社会的价值体系、文化体系、权威体系和商业体系都因"90后"的出现而发生了较大变化。

主持人: "90后"是彻底网络化的一代,被称为网络"原住民",他们生活、工作、交流、交友方式发生了巨大的变化,这对当前社会运行产生了怎样影响?

樊泽民: 中国接入世界互联网的20多年来,互联网深刻影响了多数人的生活、工作、交流、交友,尤其是与互联网几乎共存共生的"90后"一代,他们是彻彻底底的网络化一代。"90后"出身于独生子女家庭,生活于市场经济时代,长成于网络发达的社会。网络化的"90后"在中国社会引发了"鲶鱼效应",打破了传统的社会和市场运行规则,整个社会的价值体系、文化体系、权威体系和商业体系都因"90后"的出现而发生了较大变化。信息技术深刻改变并深度影响着"90后"的生活方式、交流方式、行为方式、思维方式和聚集方式。"90后"作为消费者,他们善于利用网络工具解决问题,这些特质促进了中国企业重视并形成"互联网思维"。企业透过互联网与"90后"目标消费者保持频密的互动联系,从尊重"90后"消费者需求的角度与消费者进行信息交换。他们很会找一些市场上的"痛点",很会在互联网上抓眼球和自我营销,这体现了"90后"群体崇尚自我的意识。

互联网的最大特征是信息的海量。"90后"的信息来源渠道多元。他们对事物形成认识和判断时,打破了代际的单一思维,能从不同视角去观察和理解社会。沿用传统的对社会现象的解释无法取信于"90后",他们的价值观和思维方式发生了改变,变得更加立体、包容和开放,当"90后"成为社会主体时,整个中国的价值体系将更加开放、自由和多元。"90后"在接受和掌握新技术方面具有天然优势,更能适应这个时代的快速变迁,而年长者不可避免地丧失了"经验传喻"价值。"90后"将整个中国带入到"后喻文化"时代,这是一种"反向社会化"。不是后辈向前辈学习,而是前辈向后辈学习,引发"信息反哺"现象。

"火星文"中的"90后"

"90后"的网络用语对主流社会的影响表现出"90后"的影响力，他们不只是被别人表达，他们也在用自己的方式表达自己，这种表达就是争取话语权的表现。

主持人：跟"90后"打交道，很多老一辈人直呼看不懂，他们的网络用语也被称为"火星文"，怎样看待这一现象？

金定海：处于成长阶段的"90后"其话语权始终没有掌握在自己手里，但是，"90后"们也一直在争取自己的表达权。他们在积极地创造着自己的文化、自己的语言、自己的表现，以此来显示他们对社会的思考，其中尤其以网络用语凸显出其价值。"90后"创造的网语和亚文化已经反过来成为社会流行语和未来文化的前提，显示了"90后"表达自我的愿望，更重要的是他们以此来争取自己的话语权，是与外界的一种对抗，是他们自我力量的呈现，"火星文"就是其中的一个重要表现。

所谓"火星文"，即是同音字、音近字、错别字、英文、日文及特殊符号等杂糅起来表音或表意的文字。这个称呼最早出现在台湾，后来在大陆、香港迅速传播开来。"火星文"的流行源于其独特的写作和表达，与"90后"所推崇的表现与自我个性相吻合。但随着使用和发展，"火星文"也成为"90后"孩子对抗家长的一种方式，他们通过家长看不懂的这种语言来进行朋友间的交流，通过这种方式来保护自己的隐私，不让大人们侵入。

此外，"90后"所创造的网络用语也逐渐进入主流社会，成为全社会通用的词汇，如萌、屌丝、宅男宅女等。这些"90后"的网络用语对主流社会的影响表现出他们的影响力，他们不只是被别人表达，他们也在用自己的方式表达自己，而这种表达就是话语权争取的表现。

文学场域中的"90后"

"90后"对社会已经确立的主流价值相当认同，同时也发展了一个独特的文化生活的趣味和空间。

主持人： 我们知道，以韩寒、郭敬明等为代表的写作群体是观察"80后"代际特征的一个重要窗口，那么，当前"90后"的写作有什么特点，是否能反映"90后"某些代际特征？

张颐武： 与"80后"初出茅庐时渴望对话不同，"90后"在社会规则上相对偏于温和，他们一方面顺应社会的主流要求，而另一方面又拥有一个比较丰富的精神世界，他们发展出来了一个独到的世界，所以与他们相处，会发现有时候"语言不通"。"90后"的卢思浩、张皓宸、苑子文、苑子豪等年轻畅销书作者作品有相似性，和郭敬明、韩寒已经大有不同。他们的新书在短期内占据了当当、京东等图书销售排行榜的半壁江山。"90后"作者笔下以篇幅短小、语言幽默与温和的小感伤相结合的方式来表现，这些作品有一点像过去的所谓"小小说"。但他们的写作也很接近短小的段子，用一个小故事来表现温情和感伤的混合复杂的情绪。他们的写作主要集中在网上。"90后"作家出道较晚，他们经历了长期的市场磨炼，从写段子开始，对市场的运作很熟悉，有高度的敏锐性。他们作品中反叛性不足，就是生活的平常性，人物也是不好不坏，有点小感伤、小同情，又有调侃机智，似乎对社会看透了的感觉。没有大喜大悲，写的就是生活中相对小的波澜和小的故事，里面有迷茫、期望等丰富情绪的细腻传达。其中有某些中等收入群体后备军的特性。这种表达受到了年轻读者的欢迎。他们的写作几乎不为成年人所关注，形成了独特的青少年写、青少年读的另外空间。这其实反映了"90后"现状的一部分特征。他们对社会已经确立的主流价值相当认同，同时也发展了一个独特的文化生活的趣味和空间。

"自我"的"90后"

开放的环境、多样的文化形态让他们表现出了更多的自由。"90后"群体不会过分依赖于利益性的人际关系，显得独立、自我。

主持人： 最近，一则关于一位"90后"实习生拒绝为单位同事订盒饭的新闻引发了热议，这反映了"90后"怎样的价值观？从总体上看，"90后"的自我表达呈现哪些特点？

金定海："90后"的价值观显然与他们的前辈不同，他们享受到了中国改革开放的发展成果，可以通过网络了解外面的世界，这种开放的环境、多样的文化形态让他们表现出了更多的自由。"90后"喜欢有更多自己的空间，不想让其他人过多地干预自己的生活。而这种自由又使他们能够最大限度表现自我、彰显人的价值，而不会像前几代人经过传统教育后变得规矩。"90后"表现出个性特质，追求的就是"与众不同"，这种个性张扬表现在各个方面，从衣着、发型等个人生活领域到参与、表达等社会生活领域。"90后"群体不会过分依赖于利益性的人际关系，显得独立、自我。因此他们的价值表达表现出了自由与个性。

正是由于"90后"的价值表达呈现出了自由与个性，因此也使其审美表达有着自己的特点：躲避、叛逆、游戏与调侃的美学混合。

"90后"躲避崇高也躲避荒诞，因为崇高和荒诞背后都有英雄，他们不希望过多地卷入他人生活，更喜欢个人化的生活。但他们逃避不了现实的挤压，于是创作出自己的文字、歌曲、漫画，通过自我表达来实现这种躲避。正如"90后"崇拜的对象多是娱乐明星，而不是如前几代人所崇拜的科学家、政治家、文学家。甚至这些明星都不需要扎实的唱功和逼真的演技，只要有个性就获得追捧。此外，他们通过文字和漫画来表达自己对生活、对人生的理解。而这些文字和漫画又完全颠覆了传统定义，故事中的笑料也完全不同于传统意义上的幽默。他们用"90后"的个性思维，用不同于前人的思考方法进行创作，而这种"火星思维"也成为了"90后"的标志。

此外，"90后"的成长是正处于中国经济市场化浪潮大发展的时候，中国加入世贸组织，国外产品和品牌涌入中国，消费主义也影响到国人的消费习惯，"90后"很早就耳濡目染这一切。特别是他们是随着高科技成长起来的一代，对数码产品尤为热衷，手机、电脑离不开他们的生活。他们对时尚非常敏感，对当下的流行趋势异常清楚。但同时，他们消费理性早熟，对品牌有自己的选择，不盲从，消费自主性更强，非常看重适合自己消费感受的品牌，对体现自己个性的产品尤为钟爱；此外也看重产品的质量。"90后"对互联网的熟练运用，使他们注重网上社交口碑，熟悉网购团购，打折和促销活动能够吸引他们的注意。由于家庭经济实力的差别，"90后"的消费差异性也较大。

"实惠"的"90后"

"90后"更早地了解、认识、感知社会生活的各种样态，在更快融入社会的同时，也使他们可能变"务实"为"实惠"，走向理想信念缺乏和道德观念淡薄、是非界限模糊的另一极。

主持人：有人认为，"90后"处理事情比较自我、功利化，对生活的认识更加现实，缺少理想信念，您怎样看待这一观点？

樊泽民："90后"具有理性的人生态度与目标设计。社会开放所带来的信息通达和网络交往的社会性，使"90后"群体能更早地了解、认识、感知社会生活的各种样态、规则和"潜规则"，加之当今社会竞争日益激烈，生存发展压力逐渐增大，催生他们更加清晰、理性、务实的个人发展意识和生涯规划。给我们最大震撼的不是他们的"特立独行""反叛""非主流"，反而是他们对自己未来的规划十分清晰。这说明他们对一些具体的事物、切身的利益更加关注，对生活的认识更加现实，对自身有更加清醒的认识、更加明确的定位。这种生长于物质相对富足状态下的理性也相对"功利化""工具化"，在推动"90后"更快融入社会的同时，也使他们可能变"务实"为"实惠"，走向理想信念缺乏和道德观念淡薄、是非界限模糊这样的另一极。

张颐武：一方面，"90后"基于现实选择，判断事情比较理性，不太容易盲目冲动，这总体上是好的，体现了年轻人更加智慧地面对世界、面对自己。但另一方面，他们也存在志存高远不足，比较关注自己的一套，容易自满。历史是一个连续的过程，每一代都有自己的历史责任，前几代人把中国建设到这样一个程度，而他们站在新的历史起点上，应该把国家带到一个更好的"地方"。

"粉红一代""90后"

"90后"也有着较强的群体意识，他们用欲红而嫩、潜力无限的"粉红力"来为自己做出新的注解，形成了独特的"辩护性爱国主义"。

主持人： 国外媒体称"90后"更具有爱国情怀，在最近的"帝吧出征"事件中，"90后"用自己特有的方式，高调、自信、幽默地展现了他们的国家认同和爱国情怀，如何认识这一现象？

张颐武： 最近的"帝吧出征"事件令很多人惊讶，其实也是"90后"生活在中国大发展新环境下的必然结果。"90后"眼界相对开阔，有的"90后"从小便去过很多国家，有更丰富的留学经历等，其他的"90后"也是在网络和生活中相对见多识广，有多样的生活经验和感受。他们对国家的认同来源于现实的认知和与其他国家的比较，对外国的一些东西有着"免疫力"，但他们的爱国常常有自己的一套更为灵活的表达方式。他们往往表现得相对更"成熟"，更倾向于理性的思考和辨析。

樊泽民： "90后"思想活跃，关注新鲜事物，关注新的思潮与文化，国际政治、经济形势的新发展，使广大青年对自身成长发展的观念不断更新。"90后"成长的时代正值中国崛起和逐步走向世界舞台的中心。他们对中国经济和国家地位充满自豪感，认为中国正逐步走向强大，中国与世界其他国家应是平等、同步的关系，这就是平等和自信的国际观，并形成了独特的"辩护性爱国主义"。他们总是会站在中国人的角度去捍卫国家，他们认为中国不像有些人说的那么差，中国尽管不完美，但值得期待。他们觉得"我们的国家不比别人差"，这是"90后"爱国主义的基调。在价值观层面，"90后"具有较强的国家认同感与群体观念。国家的强盛、国际地位的提升，能够直接触及"90后"内心的情感，增强"90后"对于国家的向心力和认同感。多数"90后"认为，"我为自己是中国人而感到自豪"，这充分体现出因为"90后"群体的发展成长历程与中国的大国崛起之路相互交叠，因此他们对国家的认同感较强。"90后"不仅拥有一些约定俗成、内部公认的表达方式，更标新立异地将自己定义为中国未来的"粉红一代"，用欲红而嫩、潜力无限的"粉红力"来为自己做出新的注解。

每一代都曾经是"90后"

对"90后"的"特长"和"特短"有更清醒理性的认知，其实是非常重要的。先有更多的理解，然后才会有更多的沟通、激励和引导。

主持人：一代人有一代人的青春，一代人有一代人的特征，在这个多元的社会中，应该怎样理性认识"90后"的代际特征？

金定海：从代际进化的角度看，在分享挨骂的机会上，每一代都是"90后"，因为每一代都年轻过。"50后"曾被誉为"祖国的花朵"，没吃过苦，后被制造为红卫兵一代、知青一代；"60后"则因中国当时特殊历史事件使其文化知识欠缺，被称为红小兵一代、摇滚一代；"70后"赶上了改革开放的浪潮，热衷于下海、出国，价值观扭曲，被称为尴尬的一代；"80后"随着国家经济的快速发展和外来文化的侵入，独生子女的他们被认为是缺少责任心、自私自利，被称为垮掉的一代、叛逆的一代。如今，"90后"渐渐成长起来，意味着他们被社会批评的时刻也就到了。这本不是"90后"的问题，而是每一代都会遇到的问题，这就是代际更迭期的症候。

张颐武：现在有些代际争论并不奇怪，因为中国社会变化太快了。往往在几年间就形成了一些不同的特点，但代际争论并不表示不同代际的人群之间有优劣之分，而是他们成长的社会环境不一样，他们都有自己独特的"特长"和独特的"特短"。现在我们的代际争论往往是只看别人的"特短"，而对他们的"特长"缺乏认识。其实代际讨论也是一代人试图了解另一代人的过程。而且，每一代人到了一定的年龄段都自然会把老一辈身上合理的东西吸纳进来。社会舆论可以予以提醒，但不必过于担心。对"90后"的深入认识和了解，对他们的"特长"和"特短"有更清醒理性的认知，其实是非常重要的。先有更多的理解，然后才会有更多的沟通、更多的激励和引导。

（作者为《北京日报》理论周刊编辑）

鲁迅的一点"宝藏"

游宇明

有人说：鲁迅尖锐批判国民的劣根性，是源于他早年在日本看到的那个有关日俄战争的幻灯片。幻灯片中，一个中国人替俄国人做了密探，被日本人砍头，周围的民众麻木不仁。鲁迅由此觉得要治文艺，改变中国人的精神。这有一定的道理，但也不尽然。认真研究鲁迅的生平经历，我们会发现他对国民劣根性的痛恨，更多地与其日常生活遭受的屈辱相关。

鲁迅出身于官宦之家，童年时代虽然谈不上大富大贵，但至少衣食无忧。1893年，由于祖父为了后辈前程在科考中作弊，被清政府抄了家，他们家的经济状况立即变坏了，因此沦于"草根"。鲁迅开始出入于药店与当铺，出入药店，是因为父亲患了重病；出入当铺，则是由于家中实在没有收入来源。在其父亲去世后，鲁迅母子在城里待不下去，只好寄居亲戚家。鲁迅受尽了周围的人的冷脸、白眼。成年后，鲁迅做过长达16年的教育部公务员，成了著名作家，有段时间还当过待遇优厚的教授，再也无须为养家糊口发愁了。然而，"发达"之后，鲁迅似乎并未从底层人士那里得到多少温情，相反，遭受的来自"草根"的歧视倒是一桩接着一桩。

鲁迅有点不修边幅，衣服穿得很随便，长年一身长衫，有时衣服上还难免有些油渍，这就使某些势利的"草根"觉得他不是个人物，常常欺侮他。某次，他去华懋大厦拜访史沫特莱。门丁将他上下打量一番，势利地说："走后门去！"

这类饭店的后门通常是给"下等人"走的。鲁迅绕到电梯前，开电梯的看了他一眼，说："走楼梯上去！"鲁迅没有作声，真的一层一层地爬楼梯去见史沫特莱。

1926年，鲁迅应厦门大学文学院院长林语堂之邀，去厦门大学任教，说定月薪四百大洋。当时厦门大学给教职工发薪水，都是由总务处开了支票到市区集通银行去领。鲁迅第一次去领薪水，递上支票，银行职员上下打量了他一番，高声问："这张现金支票是你自己的吗？"鲁迅没有吭声，只是吸了一口烟。"你这人干什么差使？"银行职员又问，鲁迅两眼望着前方，依然没有作声，只是又吸了一口烟。也许是从未受到这样的冷遇，银行职员执意要找回自己的面子，第三次发问："你每月有这么高的薪水吗？"鲁迅还是没有回答，只是满脸愠色地望着银行职员，又狠狠地吸了一口烟。最后，支票自然还是兑了，但鲁迅内心的感受可想而知。

对某些"草根"的势利，鲁迅有时也会忍不住回击一下。某次，他穿一件破旧的衣服去理发店，理发师认为这个人肯定是个穷人，出不起大价钱，就随便给他理了一下。鲁迅从口袋里抓出大把钱给了理发师，理发师开心得不得了。第二次，鲁迅又去理发，这回理发师将他视若上宾，心想此次鲁迅一定会给更多的钱，未料理完发之后，鲁迅却将铜钱数了又数，一个也不多给。理发师觉得奇怪，问他为什么，鲁迅说："先生，上回你胡乱地给我剪头发，我胡乱地付钱给你。这次你很认真地给我剪，所以我很认真地付钱给你！"说完，不顾理发师一脸惊愕，飘然而去。自己做"草根"，受到底层人物歧视；自己不再是"草根"，依然遭遇某些底层人士的不敬，鲁迅写到这样的人物时难免带些特殊的情绪。他作品里的闰土、阿Q、祥林嫂、单四嫂子、人力车夫、吕纬甫、魏连殳等等，除了人力车夫等个别人物，多数形象身上都具有浓厚的"国民劣根性"，他们虽无本质上的大恶，却或者保守、愚昧，或者自私、势利，或者乡愿、呆滞。我们不难设想，如果鲁迅没有那么痛苦的"草根"记忆，他写的底层人士还会那么活灵活现，他对国民劣根性的批判还会如此刀刀见血吗？

不夸张地说，"草根"记忆绝对是鲁迅一生的宝藏。

（作者为湖南人文科技学院副教授）

史学离不开高远的想象力

罗志田

　　以我的陋见，大学教育的一个重要目标，就是为学生的想象力装上翅膀，可以翱翔于学术、知识和思想的宇宙之中。在各学科中，历史学尤其需要具有丰富的想象力。遗憾的是，一般人的看法，史学恰是既不需要也最缺乏想象力的（一位史学出身的杂志主编曾如此对我说）。这应该引起我们这些教史学者深思反省。此事要紧，我只能多引一些通人的见解，看看过去关于史学与想象力的关系有些什么看法，以及经历了怎样的变化。

　　史学无须想象力的看法素为非史学者所相信，钱钟书曾半带挖苦地说："历史考据只扣住表面的迹象，这正是它的克己的美德，要不然它就丧失了谨严，算不得考据；或者变成不安本分、遇事生风的考据，所谓穿凿附会。"在他看来，"文学创作可以深挖事物的隐藏的本质，曲传人物的未吐露的心理"，这是"它的艺术的责任"。简言之，"考订只断定已然，而艺术可以想象当然和测度所以然。在这个意义上，我们不妨说诗歌、小说、戏剧比史书来得高明"。

　　钱先生是读集部书的大家，今日也有人在发掘其史学方法。然而集部书中究竟"文学"成分多些，曲传人物"未吐露的心理"，尤为钱先生最所擅长。不过，当年学了唯物史观的郭沫若曾特别强调，他们的古代"批判"与胡适等人的国故"整理"不同：胡适等只要"实事求是"，他们却要在"实事之中求其所以是"；胡适等的整理只能"知其然"，而他们的批判则要"知其所以然"。不论郭沫若对双方的判断是否准确，史学不仅"断定已然"，更要探寻"所以然"，应当是不错的。

梁启超的立场相对中立而偏史学，他说：文学和史学，看似关联密切，其实两者"各走不相同的方向。史学最重科学精神"，而纯文学则"都是超科学的，都是全靠想象力"。正因"文学家最重的是想象，神经太健康的人，必不易当文学家"。在梁启超的时代，"科学"受尊仰的程度不输于今日。梁氏自己也曾提倡小说革命，并写过小说，后来则更多从事史学。以常人的眼光看，"神经太健康"而近于"科学"的人，恐怕太过无趣，却正是一些史学中人和史学之外的人对史学的"想象"。

换言之，说史学无须想象力，不一定是负面的看法，有些毋宁是正面的肯定。他们认为，史学是一门实证的学问，凡事能证实即可。不过，实证的基础是史料，而实际遗留下来的史料，可能不过是原初材料的千百万分之一。古代史不用说，研究近现代史的人，每觉史料汗牛充栋，常有被史料没顶之感。然而真到了论证具体问题时，立刻产生"书到用时方恨少"之感。盖史料不足是任何史家始终面临的常态，有此不足之感，则立言或能不失分寸；那些每觉史料充足而勇于立言者，除表明自身的胆大敢言外，也婉转道出其尚未入流的消息。

明确了史料不足是常态，就需要重新思考史学之所能了。根据史料以实证的方式"考定已然"，恐怕只是史学的第一步。孔子曾说："夏殷之礼，吾能言之，杞宋不足征也"；"文献不足故也，足则吾能征之矣"。这里所谓"征"，一般的解释就是以史料证实之意。但不足以证实的，也还能有所"言"。这一点至关紧要，可惜过去的人不够重视。所谓"多闻阙疑，慎言其余"，是慎言，而非不言。

胡适就说："历史家需要有两种必不可少的能力：一是精密的功力，一是高远的想象力。"前者用以"严格的评判史料"，近于科学；后者则偏于艺术。正因"史料总不会齐全的，往往有一段，无一段"。那没有史料的一段空缺，就"靠史家的想象力来填补"。有时"史料所含的意义往往不显露，这时候也须靠史家的想象力来解释"。由此看，胡适并不满足于"知其然"，郭沫若显然误解了他。

　　最重要的是，不能因为史无明文，便以为实无其事。作曲者可以于无声处表意，画家可以不着笔墨而传神，史家亦然。若因史料的空缺而主动"湮没"一段历史，历史就真正被割断了。后人了解历史必须依靠史料，但不意味着存留的史料就是过去的全部历史。用蒙思明的话说：高明的史家，"不仅能够根据史料知道历史，更能由有史料留存部分的历史去知道那无史料留存部分的历史"。他的哥哥蒙文通，也特别提倡从历史记载的蛛丝马迹寻觅往昔的真相，以连接那些可能割断的历史。

（作者为北京大学历史学系教授）

从原点上确立中国学术话语权

顾　骏

"中国学派"从哪里出发？"中国话语权"何以确立？

在经济发展、社会进步的背景下，国内学界要求"创立中国学派""争取中国在社会科学领域的话语权"的呼声日趋高涨。中国经验必须上升为中国理论，这个要求之意义重大，无论怎么评价都不过分。现在的问题是，"中国学派"从哪里出发？"中国话语权"何以确立？尚未见到严格的方法论阐述。学界固然已开始整理改革开放以来中国社会科学研究的成果，希冀探索出中国学派和中国话语权的构建之路（这样的努力是重要而可贵的），但由于尚未找到区别于西方学派的中国学派的出发点或中国话语权的基准点，简单的成果收集、整理和概括，一则难以避免"碎片化"，无法构成真正意义上的"学派"；二则所有整理作业仍在西方社会科学理论的地基上展开，"中国学派"的标注有了，但中国话语仍不清晰，讨论的问题和切入的视角体现的仍是西方学术体系。这意味着确立中国话语权的历史性任务仍需要根本性突破。

要确立中国话语权，既不能"言必称希腊"，唯西方学术规范马首是瞻，也不能简单同西方学理范式反着来。这如同中医，固然有效，但今天国人不可能拒绝抗生素、核磁共振和外科手术等同传统中医毫无关系的诊断方法和治疗手段。

所以，平等看待不同文化对人类文明的各自贡献，超越不同文化之间的个性差异，从人类文明的共通之处出发，实事求是地总结中国经验何以构成对人类的独特贡献，才是中华民族屹立于世界民族之林的资格证明，才是中国话语权的依托所在。所以，要建立"中国学派"、争取"中国话语权"，首先必须解决的是如何找到一个既能体现人类文明共通之处，又能让中国与西方并驾齐驱的逻辑起点。仅仅与西方学者在西方设定的理论跑道上"你追我赶"，意义不大，辟通足以同西方对话的中国自己的理论路径，才真正具有战略价值，而找到这个逻辑起点、回到原点更是重中之重。

回到原点就是回到人类文明共通之处"中国不是没有科学，而是没有西方意义上的科学"。"中国不是没有宗教，而是没有西方意义上的宗教"。"中国不是没有××，而是没有西方意义上的××"，是西方的"中国学家"在进行中西文化比较时约定俗成的句式，目的在于避免陷入一种貌似科学其实不合逻辑的学理纠缠，"中国何以没有××"。

从方法论视角来看，这一句式的价值在于提出一个简单而深刻的认识论问题："建立在西方经验基础上的概念和定义，在多大程度上能适用于中国经验？"

各种主张"中国没有××"的观点看上去并非毫无证据，中国确实时常缺少同西方关于"××"定义相吻合的"××"。然而，看似有数据支持的论断却存在一个明显的方法论缺陷：用于判断中国有没有××的经验依据本身建立在只有一个模样的预设基础上，凡与这个标准不符的就不是××，所以中国没有××，自然成了学界"公认"。如果可以证明，这个关于××的定义本身是有缺陷的，那么以此认为中国没有××的结论，自然只能是"皮相之论"。

比如，西方哲学关于"超越性价值"的界定往往包含了摆脱日常生活的意向，似乎唯有建构了彼岸世界才能体现人类对超越性存在的追求。但人对自身的超越，为什么一定要同日常生活过不去？人为什么不能在世俗生活中直接达致"超越"？庄子"庖丁解牛"的故事，就用技艺纯熟而至"游刃有余"时，分割牛肉的日常劳作会呈现为充满韵律感、艺术感的舞蹈动作为例，说明了"超越性价值"无处不在的道理。古人曰"大隐隐于朝"，禅宗也倡导"吃饭喝茶"中的顿悟，不都是中国式"超越性价值"的经典案例？

再作进一步的推论，要严肃回答"中国有没有××"，不但需要回溯到关于××的界定本身是否成立，还需要确定一种文化是否天然有资格提出定义并以此判定其他文化有没有某些事项。这个问题不解决，看上去"事实确凿"的结论也是靠不住的。反过来，只要能找到一个超越特定文化提出的界定，并从学理上给以证明，就可能对中国文化的特殊性质作出有说服力的论证。

回到原点就是回到科学的基本特征

许多西方人和部分中国人认为，中医不是科学。因为中医的理论推理不符合西方的形式逻辑，概念找不到对应的生理实体，证据链不完整，疗效的个体间差异太大，内在机理也缺乏可以量化的经验支持，如此等等。

可是，西方用来判断一项活动是否科学的标准只反映西方思维达到的视野和高度。传统实证科学依赖于人类的感知世界，而任何一个物种所能感知的世界，只是宇宙的一小部分，同宇宙可能存在的事物与现象相比，趋向无穷小。

既然宇宙中存在那么多无法用人类感官，也无法用目前主导人类感知和思维的西方科学来把握的事物，那主张中医恰好处于西方科学思维既无从感知，也无从理解的那部分之中，逻辑上是成立的。西医之所以无法证明中医是科学，既可能是因为中医本身"非科学"，也可能是西方对科学的认知存在局限。所以，如何找到一个既能超越中西医的区隔，又能为两者共同接受的评判标准，才是解决问题的好办法，而这就需要回到"什么是科学"的原点。

"哲学家们只是用不同的方式解释世界，问题在于改变世界"，马克思在《关于费尔巴哈的提纲》中的这句话，点出了现代社会所要求的"科学"的最核心特征。实证哲学创始人孔德在西方哲学史上的贡献就在于让沉溺于本体论思辨的哲学转向方法论的探寻，其背后的动力也在于人类需要走出神学虚构和玄想思辨，实现"从解释世界向改变世界的转变"。

把符合这一潮流的科学标准用于中医，那问题就从是否符合西医的标准变为中医是否真的产生了疗效。推而广之，能否"以有设计的手段符合逻辑地实现预期的目的"，才是评判科学的终极标准。谁都不会认为西方科学已经肃清了人类在科学所及范围的一切未知，这样的确信显得过于狂妄，不是科学和科学家应有的品格。科学永远只是向着真理逼近，而不是到达；科学认知结果永远等待着被推翻，而不是故作矜持、担当证明别人"非科学"的绝对标准。

回到原点就是回到理论预设

西方的市场经济理论有一系列理论预设，第一条是带有"不可知论"色彩的认识论预设："以人类理性之有限，个人不可能掌握经济规律，只有通过无数个人自发决策的博弈和对冲，才能最后发现市场价格和依托于这个价格的效率"，所谓"无形的手"就是这个通过无数的"手"所造就的"超越个体理性的市场定价机制"。在这一预设中，所有人类个体都被降格为电脑的一个元件，其作用只是整台机器运算中的片段。

这个认识论预设基本上左右了西方经济学的理论走向，"政府是市场的守夜人"等命题由此而来。随着经济的发展，经济学也在发展，西方经济学的这个"不可知论"预设也被自觉不自觉地作了修正，政府作用逐渐得到正面评价，"凯恩斯主义"的登台甚至盛行，隐含着为集中于个别人头脑中的决策过程辩护的意思，但"政府是没有效率的"之类命题仍然根深蒂固，所以才会有"改革开放以来，政府主导的中国经济发展效率何来"的困惑。破解这个话题容易，破解话题背后的问题不容易，动摇经济学问题背后的认识论预设更不容易，而要真正解读中国经济发展之谜，把中国经验抽象为普遍方法，为世界解决问题提供"中国方案"，又必须跨出这一步，回到理论预设这个原点，实现哲学层次的方法论突破。

比如，如果说西方市场经济理论主张只有通过无数个人同时决策的对冲，才能克服人类理性的不足，从而得以发现价格、实现效率，这种横向比较的"纠错"模式本质上属于"共时性"范畴，那么，中国改革开放的成就很大程度上得益于"摸着石头过河"的前进策略，其中隐含着某种前后相续的"试错"模式，理论上可归之于"历时性"范畴，这个模式是否同样可以取得"错误决策对冲"的效果，因此得以弥补个体理性的不足，从另一个方向实现效率最大化？虽然这条理论路径尚未得到学理论证，但中国经验至少揭示了不同于西方"共时性"预设的"历时性"预设的存在可能，而这正是一个值得"中国学派"努力去把握的理论和方法论问题。

回到原点就是回到学科基本问题

众所周知，西方哲学的基本问题同探究世界本原有关，世界到底是物质的，还是精神的，长期占据了西方哲学思考的主流。与此不同，中国文化关于世界本原的思考是一元论的："无极生太极，太极生两仪，两仪生四象，四象生八卦""道生一，一生二，二生三，三生万物"。跳出西方的二分法思维模式，中国学者有可能从"道"的概念得出全新认识，找到既与西方最新科学研究相衔接，又不走同一条路径的新起点。

中国文化推崇"道"，但"道"在西方的对应概念是什么？译为"Road"，肯定不行，形而下的物性实体无法与不分形下形上的"道"相对接。译为"Way"也不行，路径、方式之类完全虚化的内涵覆盖不了派生万物、既虚且实的"道"。后来又找出一个"Rule"，但西方意义上的规律或规则，同样配不上中国的"道"。最终，西方人放弃了，直接采用中文发音"Dao"来指称之。

但如今国内仍将"道"解读为"规律"的文章比比皆是，始终没有搞清楚中国的"道"同西文翻译过来的"规律"到底有什么不同。

在西方本体论思考中，世界本原是物，物是一种实体性存在，规律是实体物的存在方式或者实体物相互关系的表现。如果说实体物是静态的空间存在，规律则是实体物动态的时间存在。先有实体，再有体现实体的规律，这是对规律的基本规定。

中国的"道"却与之截然相反。道乃万物之本原，在时间上，道先于物而存在，无道则无物。而且，道始终存在于万物之中，所谓"道在屎溺"。所以，道与物的关系是：物乃道的有形载体，而非道为物的动态表现。这是中国的"道"与西方"规律"的重大区别之所在。

西方关于物体与规律之关系的世界观，决定了其认知取向是专注于对实体的物及其动态表现的描述，此即所谓"知识"，而中国以"道"为起点的世界观，则决定了其舍弃物体的外在表现而回归于"道"本身，其理论表达形态就是所谓"道理"。

老子曰："为学日益，为道日损，损之又损，以至于无为，无为而无不为。"不妨翻译为"追求知识会懂得越来越多，追求道理会知道得越来越少，少之又少，最后什么都不知道，不知道才能无所不知道"。"无为而无不为"的状态就是中国传统学问的最高境界："通"。万物一理，知一便是知万，所以知"道"自然知"万物"。

数千年来，中国文化为何知识积累不多，而专注于阐发"微言大义"，部分根源便在于此。这种认知观念和模式有其局限，但不可否认，其中有着某种极具未来价值的认知基因，不是毫无道理的，因为截然不同于西方的认知观念和模式，一旦同未来科学新发现相互印证，就有可能为人类认知打开新路。

回到原点：为了中国经验同西方理论的平等对话

就其根本性质，确立"中国话语权"属于"跨文化工程"，内含着不同文化间的对话。人类不同文明各有轨迹，也各有长处，近代以来，中国的巨大发展是通过吸取以西方为主导的世界文明成果而得以实现的，在现代社会诸多重大领域中，完全凭借中华文明内生而达到当下水平是十分困难的。古老文明可以为独立绵延而自豪，但拒绝学习不是中华民族的品格，"赵武灵王胡服骑射"奠定的开放心态和学习传统，至今仍在发扬光大。

回到原点，是为了中国更好地学习西方，包括学习西方的理论和话语体系。自西学东渐以来，"做中国的事，说西方的话"几成主流，不仅在认知西方时，中国人采用了西方话语，而且叙述中国时，也完全采用西方话语。这里不但有东方大国近代衰落的原因，更有深层次的文化缘由：中华民族似乎有一种不善于甚至不屑于表达的倾向，推崇"心领神会""尽在不言中""此时无声胜有声"。习惯于意会的中国人，在发明概念和由概念连贯而成的理论方面，存在明显短板，并因此影响到学术交流的效果和效率。向西方学习如何提炼概念、构建理论的能力，以此形成方便交流沟通的话语体系和逻辑架构，确有必要。中国经验要从国人感悟的集合变成能为其他文明中人抽象把握、熟练使用的话语体系，不可少了这个环节。

回到原点，最终是为了向包括西方在内的人类共同体传播中国经验、提供中国方案。作为古老文明一以贯之的结晶的中国经验必须提炼出对人类社会的普遍意义，这是世界走进中国的非预期结果，是中国走向世界的必然选择，是当代中华民族所负载的人类使命，是华夏先哲前贤"为天地立心，为生民立命，为往圣继绝学，为万世开太平"的新篇章！

（作者为上海大学社会学系教授）

"新大潮"推动"新文明"的觉醒

郑必坚

环顾四宇，两股时代潮流交相辉映。一股潮流是和平、发展、合作、共赢。还有一股潮流是信息化、数字化、智能化，简言之，就是网络化。这两股潮流，不是分道扬镳的，也不是平行的，而是相互联系、相互结合、相互促进的。网络化对于和平崛起的中国来说，意义更是非同寻常。当我们把网络化与当今世界和平、发展、合作、共赢的时代潮流作为相互联系的一个整体来讨论的时候，当我们把中国的网络化发展走势与中国的和平崛起道路作为相互联系的一个整体来考虑的时候，我们就可以注意到：扑面而来的是一个由网络化大潮推动的新文明的觉醒。

1. 这种新文明的觉醒，首先体现在生产力上

从工业革命到信息革命，导致生产力和生产方式的发展趋向正在从大规模生产转向个性化定制，产业链发展趋向也从制造业转向大数据和信息内容本身。网络空间的数据越用越增值，取之不尽，用之不竭。基于互联网和大数据技术迸发出的新型生产力将为人类创造无穷的新资源、新财富、新空间。数据可以复用，信息可以共享，这是网络空间超越实体空间的本质特征，也是可以撬动人类走向新文明的最大杠杆。新的生产力和生产方式已经出现，为人类提供了一种非零和博弈和构建利益共同体的可能性。

2. 这种新文明的觉醒，还体现在国防力上

信息技术推动了信息武器的发展。信息武器的威力主要体现在控制能量的释放上，信息优势也由此成为战略制高点，从而改变着战争与防务格局。与此同时，在网络空间成为第五维疆域以后，网络空间安全威胁已经上升为主权国家第一层级的安全威胁。前不久，美国发生大规模断网事件，不仅规模惊人，而且严重危害到普通民众的生活。大家熟知的全球性网络安全事件一再证明，国家有国界，网络威胁无国界，在网络世界谁也不能独善其身。发展网络国防力量，构建新型防卫体系，也是开展国际合作、维护世界网络空间和平与发展的大国责任。

3. 这种新文明的觉醒，也体现在文化力上

网络化开启了人们的头脑和民智，提升了人们的素质和能力，现代人接受的信息量是过去任何一个时代的人都无法比拟的。以新媒体、自媒体、网络语和表情包等来表意的"网络文"，充分利用碎片化传播，其流行度和影响力对网民尤其是青年一代的影响，堪比中国100年前的"白话文"运动。而且，今天的"网络文"又是世界范围的，是中华文明复兴同世界潮流相交汇的契机。"互联网+文化"和文化创意产业也已经脱颖而出，网络跨文化的传播力量更是不可估量。

上述的所谓"三个力"，归根到底要落到一个大写的"人"上，尤其是青年人身上。今天的"网络青年"，已经是由"网络文"熏陶出来的，在网络世界活跃地生存、自由地发展、自主地创业的一代"新青年"。在中国，他们就是人们常说的"80后""90后""00后"。他们已经是我们的工业生产大军、农业生产大军、科学大军、教育大军、文化大军、创新大军、网络大军中的"生力军"。大体再过20年，他们将从"生力军"变成"主力军"。

总之，互联网正形成一个全新的时代，人类已经生活在同一个地球村里，形成了一荣俱荣、一损俱损的相互关联。新时代需要新觉醒，新空间开启新文明。在这种新文明形成发展的过程中，生产力、国防力、文化力这"三力"在同互联网的联系和结合中，在一定条件下相互渗透、相互转化，必将创造出前所未有的人类奇迹。

（作者为中共中央党校学术委员会主任）

自觉与平等：孔子释"仁"之精义

汪学群

仁者能好人，能恶人

孔子以"爱人"释"仁"，有爱就有好恶，他说："唯仁者能好人，能恶人。"只有仁人才有正确的价值判断，包括好恶取向，仁充当了道德判断的标准。"苟志于仁矣，无恶也"。立志于仁德，就不会为非作歹。他又说："君子去仁，恶乎成名？君子无终食之间违仁，造次必于是，颠沛必于是。"离开仁，何以谈得上成就其名，因此君子时刻以仁为行为准则，任何时间及场合都坚持不懈。而"不仁者不可以久处约，不可以长处乐。仁者安仁，知者利仁"。不仁之人不可能长处困境，也不可能长处乐境。仁者本身具备仁而安于仁，知者因行仁有好处而行之，有智慧的人同样以仁为行为准则。

孔子也知道做到爱憎分明是不容易的。他说："我未见好仁者，恶不仁者。好仁者，无以尚之；恶不仁者，其为仁矣，不使不仁者加乎其身。有能一日用其力于仁矣乎？我未见力不足者。盖有之矣，我未之见也。"这里以仁为标准区分两种人：爱好仁的人与厌恶不仁的人，前者是仁，后者虽然对不仁厌恶，但是否达到仁，孔子并未明说。对于这两者，他本人都没有见过。在他看来，爱好仁的人再好不过了，厌恶不仁的人实行仁德时不受不仁德的人影响。如果把自己的力量用在实行仁德上，力量一定充足，只是是否能做到这一点，他对此持怀疑态度。也可以说，行仁德或反对不仁是件困难的事，因此他强调作为行仁的主体，人自我要付出努力。

为仁由己、推己及人

"爱人"应从自我出发，应付出努力，这一点尤其表现在孔子所讲的"为仁由己，而由人乎哉"一句。"为仁由己"，是强调实现仁要靠自己而非依赖于别人。在孔子看来，仁并不远离人而内在于心，要实现仁就必须发挥主观能动性，如他所说"仁远乎哉？我欲仁，斯仁至矣"正是此意。这表明行仁应自觉而非被动，属于自律而非他律，由此突出行仁的自觉特性。

当然，在实现仁的过程中会遇到各种困难。孔子在回答樊迟问仁时说："仁者先难而后获。"克服困难在先而后有酬报即是仁。孔子主张为了实现仁连老师也不让，所谓"当仁不让于师"。这大有吾爱吾师，更爱真理之意，也即表现出一种对仁的执着追求。关键时刻甚至可以牺牲自己的生命来维护仁，这就是孔子所说的"志士仁人，无求生以害仁，有杀身以成仁"。曾子继承这一思想，指出："士不可以不弘毅，任重而道远。仁以为己任，不亦重乎，死而后已，不亦远乎？"这些豪言壮语激励着多少后代志士仁人为实现仁，赴汤蹈火，在所不辞。

孔子又讲"推己"。如果说"由己"注重道德自觉，那么"推己"则偏向道德平等。孔子说："夫仁者，己欲立而立人，己欲达而达人。能近取譬，可谓仁之方也已。"仲弓问仁，孔子说："己所不欲，勿施于人。"又以"恕"来诠释"己所不欲，勿施于人"。实践仁必须由己出发，将心比心，推己及人，自己不想做的事情，就不要强加在别人身上，或者说要根据自己内心的体验来推测别人的思想感受，凡事能就近以自己作比而推己及人，可以说就是实行仁的方法。

在孔子看来，推己及人表现为一个循序渐进的过程，这个过程的起点是孝悌。"孝悌也者，其为仁之本与"！孝悌可谓仁的根本。"弟子入则孝，出则悌，谨而信，泛爱众，而亲仁"。由对父母的孝推及对其他老人的尊重，由对自己兄弟的热爱推及对其他人兄弟的热爱，由亲及疏，由近及远，做到孝悌、恭敬守信，最后达到博爱，也即实现"博施于民而能济众"的理想。另外，"爱人"并不是墨子主张的"兼爱"，这种无差别的平均的"爱人"由于受当时社会条件的局限不可能达到，因此流于空谈。而有差等的平等的"爱人"更能反映当时的社会水平，并通过推己及人使其有了具体的内容，且具可操作性而不至于流于空洞的说教。总之，孔子以"爱人"为基点，试图在道德层面上构建起人与人之间的平等关系。

以仁改造礼

孔子也讲礼，如说"人而不仁，如礼何？人而不仁，如乐何"？颜渊问仁，孔子说："克己复礼为仁。一日克己复礼，天下归仁焉。"仁与礼互释，但两者有所偏重，礼属于外在仪式，仁属于内心，更为根本，反映时代特色。我们应该从社会变迁与学术思想转型来理解以仁改造礼。孔子生活在春秋晚期，学术界常以"礼崩乐坏"来形容当时的社会，指周代原有的封建规章制度和文化秩序开始瓦解，开启了从分封制向郡县制、贵族社会向平民社会、王官之学向百家之学的转变。在这一社会变动之际，亟须圣人出来改进，时势造英雄，孔子应运而生，担当起承上启下、继往开来的历史重任。他清楚地认识到维护旧的礼已经不可能，必须适应这种新变化，那就是系统阐发仁的价值。相对而言，礼属于周代的旧物，代表着等级，而仁则是春秋以来的开新，代表着平等，礼崩乐坏之后才有仁。他也意识到社会及道德的发展不能出现断裂，因此并没有完全否定礼，而是以仁改造礼，赋予礼新意蕴，期以仁与礼互动而达到维护世道人心的作用。

孔子讲的为仁由己、推己及人反映了仁的两大特点：自觉与平等，这才是孔子以"爱人"释"仁"的精义所在。

（作者为中国社会科学院历史研究所研究员）

更深层地考察中国古代人文景观

张 杰

文化景观是20世纪70年代以来西方理论界逐渐发展起来的一个重要概念，近来文化景观已成为世界文化遗产体系中的一个重要类型。对中国古代空间特质的研究无疑将有助于我们从文化的更深层去考察中国古代的人文景观，挖掘内涵，从理论上提高对中国传统聚落本体与其遗存环境的系统保护的认识。

山川曾经是古人观象授时的重要参照坐标

我们的先民对地貌与水源、旱涝灾害、气候等特别关注，并在生产、生活、军事等实践中进行了长期的摸索，对环境的适应性模式进行了深入研究，把既接近水又能抵御洪涝、海拔相对较低的河道弯曲的汭位作为建造聚落的理想用地。另外，由于治水实践必须涉及整个水系流域，所以我们的先民在远古就形成了超大尺度的空间意识，积累了广博的地理与空间知识，这些随着时间的推演逐步积淀成为中国古代宏大的地理观和空间哲学。

与山水环境的密切关系使我们的祖先对其重要性有着深刻的理解。山川不但为人们提供了生存所必需的物质条件，还曾经是古人观象授时的重要参照坐标，在此基础上中国古代形成了原始的山川崇拜。山川崇拜孕育了中华民族独特的山水文化，并广泛渗透于中国古代的正统与民间文化，分别表现在文学、艺术和聚落中。在中国古代的山川崇拜中，昆仑模式占有重要地位，它不但概括了黄河流域的地理大势——"水归东南"，还记录了以山水围合为基本特征的中国古代空间模式，与《禹贡》描述的、以镇山为主导的九州模式一脉相承。

虽然礼制中对中国古代的空间、聚落进行了系统的规定，但并不意味着古代建筑、规划是一种现代意义上的标准化设计

礼制不但是维系中国古代社会政治权力的核心制度，也决定了中国古代的聚落系统中不同空间要素之间的相互关系，成为今天我们解读中国古代空间的重要途径。

由于空间是社会构成的基本要素，所以中国古代的礼制从分配、管理、形式、规划设计等方面对空间进行了详尽的规定。这种空间礼制，在秦、汉以后随着大一统的帝国的建立得以加强，并在古代中国及其周边广大地区的人文地理形态上打下了深深的印记。礼制与空间的密切关系也使"三礼"成为涉及古代中国空间规划设计、空间或器物形式美原则的重要文献。城池是中国古代礼的重要组成部分，与礼的社会约束一道共同维护着国家的安定。

（作者为清华大学社区研究所所长）

多途径提升跨文化交流能力

汪　消

习近平同志提出"一带一路"建设，是中国向沿线国家发出的重要倡议，得到了国际社会高度关注和沿线国家的积极响应。倡议共同合作发展，发挥各国优势，打造互利共赢、包容共进的发展和利益共同体。但也有一些国家对"一带一路"建设心存疑虑，担心中国是不是要建立自己的势力范围，想称霸等。如何化解这些疑虑和误解，说清楚、讲明白这个倡议？党员干部提升跨文化交流能力就显得尤为迫切和重要。实践证明，跨文化交流能力越强，就越能在对外交流中增信释疑，起到促进交流、增进友谊、增强合作意愿、完善合作方式、开展共同合作的作用，为我国和平发展赢得良好的外部环境。

在增强多元文化意识中提升跨文化交流能力。"一带一路"沿线60多个国家在历史传统、社会制度、宗教信仰和语言文字等方面存在巨大差异。首先，应增进对各国文化差异的理解，增强多元文化意识。文化的多样性是一种客观存在。在漫长的人类历史发展进程中，不同的国家和民族受政治、经济、历史、宗教的影响，逐渐形成了不同的文化类型。即使是在经济全球化迅速发展的当代，文化的多样性也依然存在。其次，在与不同文化背景的人进行交流时，要学会尊重和适应不同文化下的价值观、宗教观、思维方式、风俗习惯、语言表达等方面差异。比如，西方人多信奉基督教，西方文化强调个性，自我中心意识很强，主张自我实现。而中国的传统教育以儒家思想为主，中国人的文化信仰体现在"和"的精神中，表现在"仁、义、礼、智、信"的信条里。中国文化则强调集体主义、群体意识。因此，在与不同宗教信仰背景的人交流时，尊重其宗教习俗，适应其风土人情，正确对待不同文化，保持积极沟通心态。切忌以己度人，强加于人。

在求同存异中提升跨文化交流能力。本着求同存异，谋求共同发展，坚持"亲、诚、惠、容"的理念，以睦邻、安邻、富邻的态度进行文化交流。任何文化都有共同之处，也有不同地方。当不同文化相互碰撞时，需要运用"求同存异"的思想，寻求共识，实现文化认同。一方面，任何文化都包含人与人之间的爱与宽容。基督教文明崇尚"博爱"；中国儒家则强调"仁者爱人""己所不欲，勿施于人"。由此可见，不同文化在深层次结构中存在共性，存在的共识是可以追求的。另一方面，要正确看待各种差异的存在，它是客观的存在，努力适应差异。存异应了解"异"在何处，敬其所异。始终尊重差异，理解差异，包容差异。同时，重视对不同文化互鉴共赏。注重各国文化之间的相互借鉴和学习，相互吸收彼此文化的精华和长处，形成不同文化之间的互补。只有在知同、明异、互读、共赏的过程中，才能促进共同发展和繁荣。

在学习交流与实践中提升跨文化交流能力。加强对各国文化、宗教、历史的学习，增强跨文化交流的意识和适应性，培养文化的理解力，增进对各国文化差异的理解。一方面，多参加一些相关的专题讲座、文化沙龙、主题论坛等活动，学习并掌握与不同文化背景的人打交道的实际技能和跨文化交流技巧。另一方面，加强与沿线国家的政坛领袖、社会精英、专家学者、青年代表等重点群体的互访、论坛等对话交流活动。在对话交流活动中，阐释中国发展理念、发展道路和制度；阐释建设"一带一路"互利共赢的基本理念。通过"走出去，请进来"等形式，不断地深入交流，发挥好民间机构和团体的作用，做好"民心工程"，潜移默化，润物无声，搭建民心相通之桥。习近平同志指出，"国之交在于民相亲，民相亲在于心相通"。人心就是力量。不断寻求沿线国家人民的心理共鸣，争取沿线国家人民的理解和支持，增强互信，达成共识："一带一路"建设是在共商、共建、共享原则上建设的合作共赢之路。

（作者单位：北京市委党校）

日本人眼中的中国形象

王缉思

《日本人眼中的中国形象》一书专门研究从古到今日本人眼中的中国形象，其意义不言而喻。书中不仅运用了丰富翔实的资料，而且字里行间透出作者对中日关系深入细致的观察，促进两国人民相互了解的良苦用心，以及对改善双边关系的殷切期待。作为这本著作的首批读者之一，在此不揣冒昧，同广大读者谈几点自己的阅读体会。

或仰视，或俯视，日本从古到今
从来没有以平等的眼光看待过中国

读了本书对中日关系变迁史的陈述后最深的感受，是日本从古到今从来没有以平等的眼光看待过中国。古代日本怀着敬畏、崇拜之心仰视中国，全方位学习、模仿和接受中国的文化和政治制度。明治维新之后，特别是在甲午战争打败中国、日俄战争重创俄国之后，日本转而成为亚洲第一强国，同欧美列强平起平坐。"对中国的亲近感和敬畏之心永远成为过去，轻视乃至蔑视中国和中国人的民族沙文主义甚嚣尘上"，直至侵略、奴役中国。

反法西斯战争胜利后，中国成为联合国安理会五个常任理事国之一，国际地

位显著提升；而其时的日本不仅经济凋零，还不得不接受美国的军事占领，无权拥有正规军队。按理说，战后的日本该仰视中国了。可惜的是，中国很快陷入内战，联合国的中国席位又长期被台湾当局占据。不过，正如本书所揭示的，新中国成立后的一段时间，"日本社会主流的中国观再次对中国开始充满崇拜和憧憬之情，而且这次的崇拜与憧憬不同于历史上日本人对作为日本文化源头的中国文化长期抱有的崇拜与憧憬，而是一种对通过革命手段建立新国家的向往，认为新中国的道路才是日本应该走的道路。同时，在面对一个值得崇拜的中国时，他们自然认识到了近代以来日本对中国所犯的各种罪行，于是在崇拜感的同时又多了一层反省和赎罪的意识"。

中日邦交正常化之后，日本对中国的社会实际有了更多了解，日本的经济实力远强于中国，不少人又开始同情中国，希望能够帮助中国改变相对落后的状况。换句话说，"仰视"又一次转为"俯视"。

冷战结束前后中国国内的政治变化，20世纪90年代以来两国关系中出现的多重摩擦，加上中国实力的迅速上升，使日本的中国观又一次发生转变，可以说既非"仰视"或"俯视"，又非"平视"，而是本书作者所说的"厌恶"和"恐惧"。我相信，这两个令人不快而且吃惊的词语是作者经过仔细斟酌才使用的，也许是准确和客观的，也因此而发人深思。

日本人对中国的看法是国际关系中的特例，也是日本对外关系中的特例

当代国与国之间的平等关系只是国际法和外交中的一种说法，而非现实常态，国家之间事实上的不平等才是常态。一个国家的国民平等地看待和对待另一个国家，也是可遇而不可求的。但是，日本人对中国的看法曾在"仰视"和"俯视"之间两次交替，今天又出现了"厌恶"和"恐惧"，的确是国际关系中的特例，也是日本对外关系中的特例。

拿日美关系来说，从1854年佩里将军率领美国舰队强行敲开日本国门到今天，两国实力对比的天平一直朝美国倾斜，除了太平洋战争期间以外，日本一直

"仰视美国"。在日韩关系中，日本在甲午战争后强占了朝鲜半岛并据之为殖民地，至今在国力指标的主要方面优于韩国，所以日本对韩国和除中国外的东亚其他国家从未有"仰视"之感。日本对俄罗斯不乏疏离感，而对欧洲主要国家，现在则可以谈得上"平视"。对中国以外的所有国家，日本都没有"仰视变俯视""厌恶"加"恐惧"的特殊情结。理解日本对华态度的这种特殊性，才能理解中日关系为何陷入了一个长期的难解之结。

我听到过国内一些评论者，包括一些日本问题研究者，认为日本民族生性缺乏平等意识，只懂得尊崇和服从强者，轻慢弱者；日本人之所以现在还不尊重中国，是因为我们还不够强大。他们说，等到中国实力足够强大，在国际上跟美国平起平坐乃至超越美国，日本人就会乖乖地服气，就像现在对美国那样，对中国俯首称臣。

对于日本的民族性，我没有做过研究，也没有资格评论。但就本书所写到的中国和其他一些国家在日本的形象而言，上述观点就似是而非了。这种观点背后其实还有一个立论，即国际关系的本质是社会达尔文主义，是弱肉强食：不仅日本，其他国家在国际社会也都只认实力而不遵从道德规范。本书所做的日本民意和舆论调查、国际关系的历史与现状，都难以支持这一立论。一项调查显示，许多日本人承认中国已经是一个强国，这是无法改变的事实，"最好的结果，就是强大了以后，中国能够做个'温柔的巨人'"。我觉得"温柔的巨人"的比喻既生动又贴切。其他邻国看中国大概都持有类似的感情和期待。

且不论中国何时才能在实力地位上超过美国，让日本人"服膺"，就今天的中日关系而言，主要问题不是出在中国的硬实力不够，而是在于中国的软实力远远不足以让日本人喜欢或者"服气"。

只要中国社会在继续进步，
中国在日本人眼中的形象就会越来越好

本书提到的一项民意调查显示，俄罗斯、中国、印度、德国和美国五个国家中，日本人最喜欢的国家是美国，比例高达48.9%，其次为德国（36%）、印度

（9.3%）、中国（4.1%），喜爱程度最低的是俄罗斯。喜欢美国的主要原因是美国的政治民主和经济发达；喜欢中国的主要原因则是中国的灿烂文化和高速发展的经济。

本书提出"日本人普遍认为他们对中国传统价值观的认同度更高。超过半数的日本民众都认为他们赞同仁、义、礼、孝这些价值观，远高于他们眼中的中国人对这些价值观的认同。也就是说，日本民众认为中国人对中国传统价值观的认同度是极低的"。可以由此引申说，日本人认为他们对两国都认同的价值观的认识和践行，要高于中国人。我们当然不喜欢听到这样一个结论。但是，对照起当今中国社会的道德水准和国民素质，我们又不能不深刻反省自己。

在纠正日本对中国的误解和偏见、提高中国对日舆论工作的质量和效果方面，本书提出了许多中肯而有益的建议。同时，我相信本书作者会同意我拜读书稿后做出的一个基本判断，即改善日本人眼中的中国形象的根本途径，是进一步推动中国的改革开放和民主法治进程，让作为一个整体的中国公民更加文明、礼貌、友好、守信。只要中国社会在继续进步，中国在日本人眼中的形象就会越来越好。对这一点，我们应当有充分自信。

（作者曾任北京大学国际战略研究中心主任）

中国古代科技中的思想智慧

孙小淳

现代文明可以说是科技主导的文明。科技的力量，决定着文明的力量。近代科学产生于西方，无数的科学史著作，描绘着科学从古希腊到文艺复兴、到科学革命、到近代科学的历史轨迹。于是产生一种误解：近代科学好像是西方文化的必然，是其他非西方文明不可能产生的东西。更有观点认为，中国文明中没有科学的"基因"；中国的语言、文字、思维方式等，不可能产生近代科学；中国传统文化是科学技术的"弱智儿"。然而，这是带有偏见的，历史并不那么简单。

对世界古代科技与文明的深入研究发现，近代科学在欧洲产生，是世界多文明融合的结果。古埃及、巴比伦、古希腊、印度、阿拉伯世界、中国，这些古老的文明都为近代科学在西方的产生做出了重要贡献。中国的贡献，除了大家公认的"四大发明"之外，还有很多重要的科技发明与发现，如盈不足术、垛积术、叠铸法等。英国学者李约瑟在其鸿篇巨制《中国科学技术史》中列出了数十项发明和创造，虽然多少带有以现代科学的"后见之明"评判古代科技价值的"辉格史"倾向，但是充分说明了中国古代并不缺乏科技创造的智慧。

近代科学以机械主义为重要特征，到了20世纪初就显示出其局限性。早在20世纪20年代，英国著名哲学家怀德海就明确指出，西方近代科学经历了三个多世纪的发展，确立了以自然为大机械的唯物论和决定论，现代文明深受这种"自然机械论"的影响；文明如果不能超越这种思维，便会"在极其有限的进步之后陷入瘫痪"。正是基于这种认识，西方学术界开始反思现代科学，并从东方古代思想文化中寻找灵感。

阴阳五行学说，正是中国古代文明走出原始巫术和宗教神话，进入理性思维阶段的标志

《易经》和阴阳五行，常常被解读为"封建迷信"，被完全否定，这是浮皮潦草的歪解误读。中国自春秋战国以来发展起来的阴阳五行学说，正是中国古代文明走出原始巫术和宗教神话，进入理性思维阶段的标志。这一发展与古希腊的"自然的发现"差不多同时期，本质上也类似。从此开始，中国古代用"气""阴阳""五行"等这种"自然主义的"概念和理论，而不是用巫术或神灵来解释自然界乃至社会的现象和变化。比如，月食不再是"天狗吞月"，而是用阴阳之气造成的"暗虚"；地震不再是"神龟摆尾"，而是"阳伏而不能出，阴迫而不能蒸"。阴阳变化造成事物的变化，这是《易经》的实质，也就是一种"变化的哲学"。"易"即"变化"，《易经》运用阴阳的变化哲学构造了一系列的符号和概念，成为中国古代认识自然与人类社会的"思想概念总库"（李约瑟语）。古希腊亚里士多德的物理宇宙观，有"月上界"和"月下界"之分，认为天上的事物是"不变、不朽、永恒"的。中国与古希腊不同，"变化的哲学"，不仅可以运用于地上，而且可以运用到天上。这就使中国古代很早就观察和探究发生在天界的天文现象，如太阳黑子、彗星、流星、客星等。当17世纪初伽利略望远镜的发明在西方引起激烈争论之时，在中国却是波澜不惊，因为天上的这些变化是在中国古代"变化的哲学"预料之中的。

古代"格物致知"的方法，与现代科学的方法是并行不悖的

"格物致知"，出自《大学》。关于"格物"究竟什么意思？朱熹讲就是"穷究事物道理"的意思。怎么个研究法？说到底就是对事物进行观察分类。

《说文解字》说，"格，从木各声"，是树高长枝为格的意思，引申为"木格"。"格"说白了就是木做的格子，好比中药铺里的药格子，用来对草药进行分类。分类作为研究事物的方法，其重要性是不言而喻的。要研究事物，首先要会对其进行分类。中国古代特别注重观察事物并对其进行分类，虽然是初步的研究，也是富有成效的。中国古代对天文、气象、地震、植物等有非常丰富的观察和记录，至今具有科学价值。例如，古代的天象记录被用来研究超新星、宇宙演化和太阳活动，本草资料被用来进行现代医药学研究。古代"格物致知"的方法，与现代科学的方法是并行不悖的。

取象类比的思维方式，是中国古代科学
得以发明、得以创造的思想源泉

科学创造离不开丰富的想象。中国古代通过"取象类比"这种"关联性思维"以建立事物之间的联系，达到对事物的认识。这里"象"的形成是关键。《诗经》的"兴"是建立意象的典范，如从"关关雎鸠，在河之洲"就能联想到"窈窕淑女，君子好逑"。"象"的形成是一个通过想象而"兴象"的过程。中国古代用这种取象类比的关联思维，构建了关于天、地、生、人的宇宙图式。讲述天地宇宙之间音律、节气、阴阳的变化，论证它们变化的规律，都是用取象类比的方法，往往是根据"音似""形似"或"神似"。而这些"相似"又是与总的宇宙图式、经验的观察、直观的想象、表述的方式等紧密相关联的。理解中国古代的科学，必须对古代科学思维的"兴象"方式有认真的研究。这套取象类比的思维方式，是中国古代科学得以发明、得以创造的思想源泉。

天人合一，使人们相信宇宙是人可以认知的，
这应该算是科学的"第一原理"

"天人合一"，是中国古代另一重要的思想，其要点是宇宙与人是和谐的，是一个整体。人类生活在宇宙之中，如果宇宙与人不构成一个和谐的统一体，那

就意味着宇宙对人来说是完全混乱的，人类在其中不可能生存，宇宙对人来说也是不可知的。所以"天人合一"的思想，本质上是正确的，也是必要的。宇宙生人，人类本来就带有宇宙印记，人类的音乐、审美、身体节律，都与宇宙密切相关。天人合一，使人们相信宇宙是人可以认知的，这应该算是科学的"第一原理"。当代最著名的科学家，如霍金、温伯格等，相信宇宙的和谐，追求"终极理论之梦"，讨论"人择原理"和"伟大的设计"，与追求"天人合一"终极目标是完全一致的。

"天人合一"的思想，虽然在古代不时被统治者作为"君权神授"的依据，但作为一种基本思想，同时也指导了科学的研究，"究天人之际"，是中国古代科学研究的最高目标。中国古代天文，主要目的是"观象授时"，即通过天文观测确定时节，指导人们按照"时令"去从事生产和礼仪活动。还值得一提的是，中国古代探究"天人合一"，认为"气"是天地感应的媒介，因此早在汉代，就设计了"候气"的实验，与现代科学测"以太"的迈克尔逊—莫雷实验，在探索科学终极问题这一点上，有相通之处。

"天人合一"思想的另一个要点就是"大宇宙"与"小宇宙"的对应。天地是"大宇宙"，人体是一个"小宇宙"，国家也是一个"小宇宙"。大小宇宙的结构、功能和运行方式都是相类似的。例如，《黄帝内经》把人的身体当作"小宇宙"，其结构与功能是与"大宇宙"相对应的。身体的健康就是体内阴阳之气的平衡和各脏腑功能的正常运行。这套理论构成了中医的理论基础。国家也犹如身体，国家强盛，犹如身体健壮；国家贫弱，犹如身体病弱。要像调理身体一样治理国家，而且按照"大宇宙"的节律来治理。这一思想，对于当今的国家治理都有启发意义。

中华文明就是有一种兼容并蓄、博采众长的气度，所以才历久而弥新

过去我们讲中国古代科技，总是倾向于追寻所谓"中国第一"。这种历史观带有很大的片面性，而且也不符合历史事实。看中国数千年文明史，中华文明其

实一直都在吸收、改造和利用外来文明。与域外文明的交流比我们起初想象的要早得多，内容也丰富得多。自汉以来，中国就先后受到印度文明、阿拉伯文明、欧洲文明的影响，中华文明就是有一种兼容并蓄、博采众长的气度，所以才历久而弥新。儒家思想，以经世致用为目的，对于科技历来是非常重视的。事关国计民生的科技知识的探索，历来受到国家的肯定与支持。这也是中国古代在很多科技方面能够取得重大成就的原因。如在宋代，国家重视天文学和医学，所以天文学和医学在宋代达到了一个高峰。再如，元明以来，中国官府的天文机构，对外来的阿拉伯天文学一直采取翻译、学习、传播的做法，使中国古代天文学保持着一种活力。今天，我们更应该本着兼容并蓄的态度，更加积极主动地向西方学习科学思想和科学精神。我们应该发扬中华文明"有容乃大"的气质，凡是有利于思想活跃、有利于创造、有利于国计民生的，都拿来为我所用。吸取中国古代科技发展方面的经验教训，对于我们今天发展科技也是有益的。

中国古代科技的成就，不仅仅在于可以罗列的种种发明和创造，而是在于其背后的科技智慧，包括科学思想、科学思维、科学方法、宇宙观、价值观、科学管理等，这才是造成中国古代科技不断产生发明创造的力量源泉。我们从传统科技文化中汲取的，应该是这样的促进科技发展的智慧。科学经历希腊—文艺复兴—科学革命—近代科学的历程，这是西方历史的诠释，并不证明科学是西方的专利。现代科学进入宇宙、生命更深更广的领域，无论从思想上还是从方法上都面临着新的挑战和机遇。中国古代科技上的智慧，或许对发展未来科学有所启迪。

（作者为中国科学院自然科学史研究所研究员、

副所长、党委副书记）